수학의 기초에 관한 고찰

수학의 기초에 관한 고찰

L. 비트겐슈타인 지음/박정일 옮김

서광사

이 책은 Ludwig Wittgenstein의 *Bemerkungen über die Grundlagen der Mathematik* (Oxford: Basil Blackwell, 1956)을 완역한 것이다.

수학의 기초에 관한 고찰

L. 비트겐슈타인 지음
박정일 옮김

펴낸이 | 김신혁, 이숙
펴낸곳 | 도서출판 서광사
출판등록일 | 1977. 6. 30.
출판등록번호 | 제 406-2006-000010호

(10881) 경기도 파주시 회동길 77-12 (문발동)
대표전화 (031) 955-4331 팩시밀리 (031) 955-4336
E-mail: phil6161@chol.com
http://www.seokwangsa.co.kr | http://www.seokwangsa.kr

제1판 제1쇄 펴낸날 · 1997년 3월 20일
제1판 제4쇄 펴낸날 · 2016년 2월 10일

ISBN 978-89-306-1912-7 93130

옮긴이의 말

위대한 작곡가의 교향곡은 한번 듣고 이해할 수 있는 것도 아니며, 그렇다고 해서 한번 듣고는 던져 버리게끔 하지도 않는다. 처음에는 듬성듬성 우리의 정신을 자극하는 어떤 악절만 남는다. 그 악절들은 다시 그 곡을 찾게 하고 몇 번이고 반복해서 듣게 한다. 이런 과정을 통해 결국 우리는 그 곡의 전체 흐름을 이해하게 되고, 나아가 그 곡에 감명받게 되며, 우리 자신이 변화하고 있음을 느끼게 된다.

비트겐슈타인의 어떤 저작들은—나는 이렇게 말하고 싶은데—그러한 교향곡과 흡사하다. 그러나 이 말은 내가 그를 우상화한다거나 억지 찬양해서 하는 말이 아니다. 바로 이 저작을 번역하는 과정에서 실제로 일어났던 것을 그저 표현하고 싶을 뿐인데, 그러한 비유를 제외한다면 나는 이 과정을 달리 묘사할 수 없을 듯하다.

이 책은 루드비히 비트겐슈타인(Ludwig Wittgenstein)의 저작 *Bemerkungen über die Grundlagen der Mathematik*을 완역한 것이다. 비트겐슈타인은 수학과 논리학에 관련된 철학적 문제들에 대한 사유의 결과를 여러 노트에 기입해 놓았는데, 그가 세상을 떠난 후 그의 제자들이 관련된 주제를 묶어 출판하였다. 초판은 앤스컴(G.E.M. Anscombe)의 영역과 함께 1956년에 출판되었고, 재판은 1967년에 출판되었으며, 편집자 서문에서 보여지듯이 편집자들의 희망에 따라 증보판이 1978년에 출판되었다. 증보판은 초판이나 재판과 내용상 어떤 본질적인 차이는 없지만 여러 내용이 첨가되었으며, 그 구성이 다르다. 보통 초판과 증보판이 거의 균등하게 인용되는데, 이 책은 초판을 완역한 것이다. 옮긴이는 부록에서 초판과 증보판의 구성을 비교하였다.

이미 알려진 바와 같이 비트겐슈타인은 생전에 그의 저작 중 《논리-철학 논고》(*Tractatus Logico-Philosophicus*)만을 출판하였다. 그의 《철학적 탐구》(*Philosophische Untersuchungen*)는 출판할 목적으로 씌어졌지만 사후에야 출판되었다. 여기에 번역된 이 저작을 비트겐슈타인이 출판하려는 의도를 지니고 있었는지는 불분명하다. 따라서 비트겐슈타인이 이 저작을 충분히 검토하지 않았을 가능성이 있다는 점에서 이 저작은 어떤 불완전한 측면을 지니고 있을지도 모른다. 반면에 바로 그만큼 이 저작은 그러한 제약 없이 씌어졌을 것이라는 의미에서 상대적으로 자유롭게 전개된 그의 사유의 과정을 담고 있다고 말할 수 있다. 다시 말해 이 저작을 통하여 우리는 생생하게 전개되는 그의 사유의 과정을 만끽할 수 있다.

비트겐슈타인에게 철학은 말하자면 '언어와의 싸움'이다. 즉 "철학은 언어 수단에 의해 우리의 지성에 마법을 걸려는 것에 대한 하나의 투쟁이다"(《철학적 탐구》, 109절). 그런데 비트겐슈타인은 이러한 싸움을 수행함에 있어서 두 가지 영역을 축으로 삼아 천착하고 있다. 그 하나는 심리학에 관련된 철학이고, 다른 하나는 수학과 논리학에 관한 철학이다. 후자의 영역은 이미 《논리-철학 논고》로부터 시작되었으며, 1929년 그가 철학에 복귀하고 나서 그의 사유를 정리한 《철학적 고찰》과 《철학적 문법》, 빈 학파와의 철학적 대화를 수록한 《비트겐슈타인과 빈 학파》, 그리고 그의 강의를 기록한 《강의록: 수학의 기초》의 주요 내용을 이루고 있다. 여기에 옮긴 이 저작은 이 후자의 영역에 관한 한 그의 사유가 말하자면 최종적으로 집약되고 정리되는 과정에서 씌어진 것이라고 말할 수 있다. 더구나 이 저작은 '언어가 걸어대는 마법과의 싸움'이라는 그의 철학관을 공고하게 하고 또 실제로 응용한 것이라고 말할 수 있으며, 따라서 그저 수학에 관련된 철학적 사유만을 담고 있지는 않다. 오히려 이 저작은 그의 《철학적 탐구》의 전주곡이며 그 저작을 이해하는 한 가지 결정적인 열쇠인 것이다.

아마도 이 책은 수학과 논리학에 관련된 철학적 문제에 관심이 있는 사람에게 처음에는 어떤 깊은 당혹감을 불러일으킬 것이다. 이 당혹감은 다음의 두 가지 측면에서 기인한다고 보인다. 하나는 긍정적인 측면이라고 말할 수 있는 것인데, 깊은 철학적 통찰을 담고 있는 글이 도처에서 확인된다는 것이다. 다른 하나는 부정적인 측면이라고 말할 수 있는 것인데, 보통 정설로 받아들여지는 것과는 완전히 다른 것을 비트겐슈타인이 말하고 있다는 점이다. 요컨대 뭔가 이상한(?) 이야기를 하면서 동시에 어떤 깊은 철학적 통찰을 내보이고 있다는 그런 인상을 준다.

얼핏 보기에 비트겐슈타인이 뭔가를 잘못 생각하고 있다거나 이상한 이야기를 하고 있는 것이 아닌가 하고 의구심을 불러일으키는 경우는 특히 그가 역설이나 모순을 다룰 때, 그리고 그가 괴델(K. Gödel)의 불완전성 정리에 관해 논의할 때이며, 또한 그가 수학의 본성을 해명하려고 시도하는 여러 곳—예컨대 '논리적 필연성'의 본성을 해명하려고 할 때—에서이다. 그런데 독자는 그와 함께 대단히 강력하고 깊은 철학적 통찰을 확인할 수 있다는 점을 부정할 수 없을 것이다.

실제로 이 저작이 처음 출판되었을 때 여러 학자들은 이 저작을 매우 신랄하게 비판하였다. 앤더슨(A. Anderson)은 비트겐슈타인이 수학을 단지 '계산 절차'로 여기고 있으며 추상 대수학과 같은 고급 수학은 아예 염두에 두고 있지 않다고 지적하면서, 과연 그가 '수학 기초론'을 제대로 이해하고 있는지, 그리고 "이 저작이 철학자로서의 비트겐슈타인의 명성에 걸맞을 것인지"를 의심한다. 크라이젤(G. Kreisel)은 비트겐슈타인을 '엄격한 유한주의자'로 간주하고, 이 저작은 "번뜩이는 정신의 놀랍도록 하찮은 산물"이라고 비꼰다. 더밋(M. Dummett)은 비트겐슈타인을 '골수 규약주의자'(full-blooded conventionalist)라고 부르면서, 비트겐슈타인의 사유는 "부정확하고 모호하게" 표현되어 있고, "어떤 단락들은 다른 것들과 모순되며", 특히 무모순성과 괴델의 정리에 관한 비트겐슈타인의 사유는 "빈약하기 짝이 없거나 명확한 오류를 포함하고 있다"고 비판한다.

그러나 현재는 이러한 비판들이 정당하지 않았다는 쪽으로 기울고 있다. 스트라우드(B. Stroud)를 선두로 클렌크(V.H. Klenk)와 생커(S.G. Schanker) 등의 학자들은 그러한 비판들이 단지 오해에서 비롯되었을 뿐이며 비트겐슈타인의 실제 사유와 주요 논점을 놓치고 있다는 것을 설득력 있게 보이고 있다. 과연 어느 쪽 진영의 주장이 옳은지는 물론 독자가 판단할 일이다. 그러나 옮긴이는 이 지점에서 독자의 판단에 개입하기 위해서가 아니라 '함께 나누기' 위해서, 그리고 이렇게 하는 것이 이 저작의 번역과 관련 있기 때문에 몇 가지 언급을 하고자 한다.

종래의 여러 학자들의 감정 섞인 격앙된 비판이 대부분 오해에서 비롯되었다는 점은 거의가 옳다. 비트겐슈타인은 결코 '골수 규약주의자'도 아니었고, '엄격한 유한주의자'도 아니었으며, 수학을 그저 '계산 절차'로 간주하지도 않았다. 더구나 그가 이른바 당시의 '수학 기초론'이라고 불릴 수 있는 것에 무지했다거나 철학을 함에 있어서 필요한 최소한의 고급 수학적 지식이 없었다는 것은 어불성설이다. 우리는 이 점을 바로 이 저작을 통해서도 얼마든지 확인할 수 있고, 나아가 위에서 언급한 다른 저작들에서도 확인할 수 있다.

모순이나 역설, 그리고 괴델의 불완전성 정리에 관한 비트겐슈타인의 사유는 매우 신중하게 다루어져야 할 부분이다. 우리는 러셀의 역설을 위시하여 여러 역설들이 발견됨으로써 수학의 기초가 뒤흔들리고 수학의 위기가 도래하였다는 말을 들어 왔다. 또 이러한 위기를 타개하기 위한 한 가지 방안으로서 힐베르트(D. Hilbert)가 수학적 형식 체계의 무모순성을 증명할 것을 제안했고, 괴델이 이러한 희망을 무참히 파괴해 버렸다고 들어 왔다. 그런데 비트겐슈타인은 이를 그저 어떤 선입견과 오해에서 비롯된 생각으로 간주한다. 비트겐슈타인에게는 이른바 '수학 기초론'의 의미에서 '수학의 기초'라는 것은 존재하지 않는다. 즉 그러한 의미의 '수학의 기초'를 비트겐슈타인은 인정하지 않는다(제 V부

13절). 따라서 실제로는 '수학의 위기'라는 것은 존재하지도 않았으며, '수학의 위기'라고 간주했던 수학자와 철학자들은 '모순'(또는 역설)의 의미와 역할을 오해했을 뿐이라는 것이다. 괴델의 불완전성 정리도 이러한 맥락과 지평에서 이해된다.

그렇다고 해서 비트겐슈타인이 괴델의 불완전성 정리를 인정했다거나 거부했다고 말할 수 없다. 이는 다른 모든 수학에도 적용되는 것인데, 기본적으로 비트겐슈타인은 수학에 대해서 철학을 하고 있지 수학을 하고 있는 것이 아니기 때문이다(제IV부 52절, 제V부 16절 등). 그가 문제삼는 것은 괴델이나 칸토르(G. Cantor), 데데킨트(J.W.R. Dedekind) 등의 수학적 작업에 대해 그것의 옳고 그름을 따지는 것이 아니라, 그것에 대한 수학자들과 철학자들의 해석의 정당성을 따지는 것이다. 그리하여 괴델의 불완전성 정리에 대한 비트겐슈타인의 논구는 두 가지 방향으로 전개되고 있다. 하나는 그 정리의 탄생 배경에 놓이는 힐베르트 프로그램에 대한 철학적 반성이다. 여기에서 비트겐슈타인은 모순(또는 역설)에 대한 "수학자의 미신적인 공포와 숭배"를 언급한다. 또한 모순에 대한 철학적·문법적 고찰을 통하여 그러한 공포가 근거 없다는 것을 보이고자 한다. 나아가 그러한 공포는 수학에 대한 특이한 파악, 즉 어떤 이상이나 이념으로부터 유래한 것이다. 비트겐슈타인은 그러한 '이상'에 대조해서 '규범'을 언급한다. 수학은 날카롭게 경계지어진 개념이 아니며, 더구나 인간의 활동과 확고하게 결합되어 있는 규범적인 학문이다. 그리하여 힐베르트가 하고 있는 것은 메타 수학이 아니라 어떤 다른 수학이며, 말하자면 그는 수학을 개선하고 있는 것이 아니라 수학의 어떤 새로운 부분을 발명하고 있는 것이라고 주장한다(제V부 9절). 다른 한 방향은 이러한 지평에서 괴델의 정리를 조명하는 것이다. 비트겐슈타인은 괴델이 힐베르트와 마찬가지로 어떤 새로운 수학을 발명해 내고 있다고 말하게 될 것이다. 그렇다면 괴델이 새로운 수학을 발명해 냄으로써 실제로 한 것이 무엇이냐가 비트겐슈타인에게 실질적인 문제가 될 것이다. 비트겐슈타인은 부론 I과 제V부에서 이 점을 논의한다. 물론 그의 생각은 그의 전체적인 논구, 특히 '증명'에 대한 그의 집요한 논구와 병행되어 이해되어야 할 것이다.

이 지점에서 비트겐슈타인의 수학관이 매우 독특한 것이라는 점은 충분히 지적할 만하다. 기존의 어떤 수학관도 비트겐슈타인의 그것과 어울리지 않는다. 즉 수학이란 인간의 정신으로부터 독립적인 수학적 실재를 다루는 학문이라는 실재론적 수학관, 인간의 정신의 구성물이라는 직관주의적 수학관, 경험의 일반화라는 경험주의적 수학관, 수학은 의미 없는 기호들로 이루어지는 놀이이며 수학적 체계는 형식 체계라는 형식주의적 수학관, 수학적 명제는 인간이 부여한 의미에 의해서 참이 된다는 규약주의적 수학관, 수학은 논리학으로부터 도출 가능하다는 논리주의적 수학관 등과 비트겐슈타인의 사유는 각기 다르다. 비트겐슈타인에게 수학은 말하자면 증명 기술들의 다채로운 혼합이며 가족을 이루는 것이다. 수의 개념도 가족 유사성에 의해 연결되어 있는 개념이다. 또한 논리적 추론 규칙들은 언어 놀이의 규칙들이고, 논리적 필연성은 언어의 문법의 필연성이며, 이는 다시 법률의 강제성과도 비교되는 그러한 인간적인 개념이다. 수학은 결국 하나의 인류학적 현상이다(제 V부 26절).

이러한 비트겐슈타인의 수학관에 대해서 아직까지 합의된 명칭은 없다. 클렌크는 기존의 행태주의와 구분되는 의미에서 '행태적 이론'이라고 부르는데 이는 만족스럽지 않다. 생커는 '규범주의적 수학관'이라고 부르고 있으며, 이 말은 어느 정도 적절해 보이나 아직 충분히 합의되지 않은 것으로 보인다. 어쨌든 비트겐슈타인의 사유는 매우 특이하며, 그의 실제 논점을 파악하기란 그리 쉽지 않다. 따라서 이러한 상황에서 그의 사유를 어떻게 파악하느냐 하는 것은 이 저작에 대한 번역에 상당한 차이를 불러일으킬 것이다.

이제 이 번역과 관련하여 몇 가지를 언급하겠다. 먼저 이 책에서는 'philosophy of mathematics'를 '수학 철학'이라고 번역하고 있다. 이 말은 보통 'mathematical philosophy'와 함께 '수리 철학'이라고 번역되어 왔다. 그러나 옮긴이는 이런 번역이 오해를 불러일으킬 여지가 있다는 점에서 좋지 않은 번역이라고 생각한다. 'mathematical logic'이나 'mathematical statistics'는 말 그대로 직역하자면 각기 '수학적 논리학'과 '수학적 통계학'이라고 옮겨질 것이다. 이는 수학적 방법이 원용되는 학문이라는 의미에서 다시 '수리 논리학'과 '수리 통계학'이라고 각각 번역될 수 있다. 그러나 'philosophy of mathematics'는 수학이 원용되는 학문이라기보다는 수학을 대상으로 하는 철학이다. 특히 이러한 구분은 비트겐슈타인의 사유에서는 결정적으로 중요한 것이므로, 이를 '수리 철학'이라고 번역한다면 적절하지 않다. 따라서 옮긴이는 이를 '수학 철학'이라고 번역하였다.

둘째, 옮긴이는 이 저작의 제목인 *Bemerkungen über die Grundlagen der Mathematik*을 《수학의 기초에 관한 고찰》이라고 번역하고 있는데, 이 점에 대해서도 몇 가지 언급이 필요하다. 비트겐슈타인은 약간 더 넓은 여백으로 분리된 단락들을 'Bemerkungen'이라고 부르고 있다. 먼저 이 말은 '언급들'이나 '소견들' 정도로 번역하는 것이 좋을 듯싶다. (옮긴이가 번역 원본으로 삼은 초판 원서에는 이 '소견들'이 더 넓은 여백으로 뚜렷하게 구분되어 있지 않다. 이에 옮긴이는 증보판을 참조하여 그 여백을 표시하였다.) 그러나 이것들은 한국어판의 책제목으로는 어울리지 않는다. 그 다음 후보로 우리는 '견해'와 '고찰'을 생각할 수 있다. 그런데 이 두 후보의 경합은 만만치 않다. 이미 언급했듯이 비트겐슈타인은 '수학 기초론'의 의미에서 '수학의 기초'는 존재하지 않는다고 주장한다. 따라서 '고찰'이라는 말을 택한다면, 이는 존재하지도 않는 것을 찾아 나가는 꼴이 될 것이므로 부적절해 보인다. 따라서 한편으로는 '견해'가 적절해 보이며, 이와 함께 그의 겸손함과 객관성 있는 태도가 부각될 것이다. 그러나 결국 옮긴이는 '고찰'이 더 적절하다고 판단했는데 그 이유는 다음과 같다. 비트겐슈타인은 '수학 기초론'의 의미에서 '수학의 기초'는 인정하지 않지만, 그가 염두에 두고 있는 다른 의미의 '수학의 기초'라는 것은 존재하며 이것에 대한 탐구가 가능하다고 보고 있다(부론 II, 18절). 게다가 이 저작에서 실제로 그는 그러한 탐구를 하고 있다. 더구나 비트겐슈타인의 다른 저작의 제목을 번역함에 있어서도 일관성을 부여할 것이므로, 이 번역이 더 적절하다고 생각한 것이다.

셋째, 'Übersehbarkeit'라는 매우 중요한 개념이 등장하는데, 옮긴이는 이를 '조망 가능성'이라고 번역하였다. 다른 번역어로서 우리는 '통람(通覽) 가능성'을 생각할 수 있다. 그런데 만일 이 말을 채용하게 되면 그것의 사전적인 의미상, 예컨대 모든 자연수의 집합은 통람 불가능하다. 만일 비트겐슈타인이 유한주의자라면 이 번역어를 생각해 볼 수도 있겠다. 그러나 이는 사실과 다르므로 '조망 가능성'이 더 적절하다고 보인다(제 II부 13, 14, 45절 참조). 또한 옮긴이는 'Übersichtlichkeit'도 약간의 차이는 있으리라는 것은 인정하지만 사소하다고 보고 그대로 '조망 가능성'이라고 번역하였다.

넷째, 옮긴이는 'Sinn'과 'Bedeutung'을 가급적 각각 '뜻'과 '의미'로 번역하려 했지만, 대부분은 둘 다 '의미'로 번역하였다. 옮긴이는 대체로 비트겐슈타인이 기호, 단어, 그리고 개념 차원에서는 'Bedeutung'을 사용하고 있고, 명제, 문장, 물음, 행위 등에 대해서는 'Sinn'을 사용하고 있다고 파악하고 있으며, 프레게(G. Frege)와 같이 어떤 특별한 의미를 부여하고 있다고는 보지 않는다. 그래서 이 둘이 대조되는 곳에서는 '뜻'과 '의미'를 구분해서 번역했지만, 그런 대조가 보이지 않는 곳에서는 둘 다 '의미'로 번역하였다. 그리고 'unsinnig', 'sinnlos', 'sinnvoll'을 각기 이영철 교수의 번역을 따라 '무의미한', '뜻없는', '뜻있는'으로 번역했다. 이러한 번역에 따르면, 가령 '$p \vee \sim p$'는 무의미하지 않지만 뜻이 없다. 옮긴이가 보기에 이런 어법은 한국어와 완전히 일치한다고는 볼 수 없지만, 그래도 다른 번역(예컨대 '비의미적', '무의미한', '의미있는')보다는 더 적합하다고 여겨진다.

다섯째, 옮긴이는 'Beschreibung'을 '기술'로, 'Darstellung'을 '묘사'나 때로는 '서술'로 옮겼다. 옮긴이는 그 둘이 어떤 결정적인 차이를 지닌다고 보지 않는다. 다만 전자는 언어적 수단에 의한 것이고, 후자는 그것을 포함하여 그림, 기호, 필름 등 다양한 수단에 의한 것까지도 포함하는 개념이라고 보고 있다. 요컨대 (이영철 교수의 표현을 빌리면) 비트겐슈타인에게 Beschreibung은 언어적 Darstellung이다. 또한 옮긴이는 'Paradigma'를 '범례'라고 번역해도 무방하며 문맥에 따라서는 그렇게 번역하는 것이 더 적절하다고 여기지만, 일관되게 '범형'이라고 번역하였다. 마지막으로 옮긴이는 'unendlich'와 'endlos'를 각기 가급적 '무한한'과 '끝없는'으로 번역하려고 하였지만, 'unsinnig'와 'sinnlos'에서와 같이 어떤 결정적인 차이가 있다고 여기지 않았기에 대부분 '무한한'으로 번역하였다.

옮긴이가 처음 이 저작을 접한 것은 1985년 석사 과정 때였다. 당시 나는 어떤 자극들이 드문드문 나에게 다가오는 것을 느꼈지만 그 전체를 볼 수 없어서 매우 답답해 하고 있었다. 그러면서 나는 만일 내가 번역이라는 것을 한다면 이 책만큼은 꼭 내 손으로 해보고 싶다는 작은 욕심을 품었다. 그러던 중 1990년을 전후해서 이영철 교수와 최세만 교수에 의해 비트겐슈타인의 저작이 하나 둘 번역되기 시작했다. 나는 일종의 위기 의식(?)을 느꼈고, 하여 1991년 봄에 은사이신 김여수 선생님께 번역을 하겠다는 뜻을 비추었다. 이 자리를 빌려 흔쾌히 알선해 주신 김여수 선생님께, 그리고 이에 응해 주신 서광사의 김신혁 사장님께 깊은 감사를 드린다.

그러나 이 번역 과정은 쉽지 않았다. 나는 우선 대강 숲이라도 볼 생각으로 대충 제1번역 초고를 끝냈다. 그리고 당시 서울대 철학과 박사과정에 있던 몇몇 분들과 함께 그 번역 초고를 검토하면서 세미나를 하기로 했다. 여기에는 박홍렬, 심철호, 김정숙, 배식한, 선우환 씨가 참가해 주었는데, 이 모임은 오래 가지 않았다. 무엇보다도 제1번역 초고가 좋지 않았고, 또 각자 할 일이 있었던 탓이었다. 그러나 그 몇 번의 모임은 나에게는 매우 유익했으며, 나의 부족한 점들을 돌아보는 계기가 되었다. 이 자리를 빌려 그때 그 모임에 참여해 준 분들께 깊은 감사를 드린다. 특히 나는 그 누구보다도 박홍렬 선배님께 깊은 감사를 드린다. 박홍렬 선배님은 계속 남아 나와 단둘이서 그 검토 작업을 계속해 나갔다. 우리는 두세 시간씩 일주일에 1～2회 만나서 토론하고 검토 작업을 계속해 나갔다. 이 과정은 매우 더뎠다. 그렇게 두세 시간씩 검토하고 토론하면 고작 한 페이지를 나가는 정도였다. 특히 박홍렬 선배님은 비트겐슈타인을 바라보는 시각이 나와는 아주 달랐으므로 우리는 불가피하게 많은 점들에서 논쟁을 하지 않을 수 없었다. 이러한 과정들이 나에게 매우 유익했다는 것은 두말 할 필요가 없을 것이다. 우리는 제Ⅱ부 중간 정도까지 함께 그 검토 작업을 해나갔다. 따라서 거기까지는 박홍렬 선배님과 나의 공역이라고 해도 과언이 아니다. 또한 그 과정에서 부록 Ⅰ을 검토할 때 선우환 씨가 참여해 주었다. 우리는 괴델에 관해 이런저런 토론을 했는데, 그 토론은 나에게 매우 유익했으며, 선우환 씨는 몇몇 지적도 해주었다. 선우환 씨에게도 깊은 감사를 드리지 않을 수 없다.

나는 이러한 과정을 통해서 차츰 이 저작을 이해해 나가기 시작했으며, 이를 토대로 뒷부분도 계속 손질했다. 그렇게 해서 나는 어느 정도 이 번역에 자신감을 갖게 되었고, 몇 번의 수정을 통해서 번역 초고를 끝냈다. 그 이후에는 서광사 편집부의 힘이 컸다. 편집부에서는 번역 초고를 꼼꼼히 읽고 그 표현들을 매끄럽게 다듬어 주었으며 몇 가지 중요한 지적을 해주었다. 무엇보다도 이런 작업을 소중하게 여긴다는 인상을 받아 좋았다. 이 자리를 빌려 편집부에 깊은 감사를 드린다. 또한 나는 짧은 만남과 짧은 토론이었지만, 몇 가지 조언과 의견을 주신 이영철 선생님께 감사드린다. 그 토론이 아니었다면 나는 아직까지도 앞에서 언급한 번역상의 몇몇 난점들로 고심하고 있었을 것이다.

어떤 저작을 번역함에 있어서 그것을 이해하는 데 누군가가 도움을 주었다면 당연히 감사를 표해야 할 것이다. 따라서 나는 원래 저작을 영역한 앤스컴에게 감사를 드린다. 그녀의 번역은 어떤 부분들은 만족스럽지 않았지만 나에게 매우 큰 도움이 되었다는 것을 부인할 수 없다. 또한 나는 때때로 일어판도 참조하곤 했는데, 따라서 나는 그 역자인 中村秀吉과 藤田晋吾에게도 감사드린다. 마지막으로 나는 저자인 루드비히 비트겐슈타인에게 감사를 드린다. 그는 그저 그의 생각을 나에게 전달하기만 한 것이 아니라, 나로 하여금 스스로 사유하게끔 함으로써 그의 생각을 이해하는 데 결정적인 도움을 주었던 까닭이다.

1997년 2월

박정일

차례/수학의 기초에 관한 고찰

편집자 서문

vi 여기에 출판된 수학 철학과 논리 철학에 관한 소견들은 1937년에서 1944년 사이에 씌어진 것이다. 그 이후로 비트겐슈타인은 다시 이 주제로 되돌아오지 않았다. 그는 1929년에서 대략 1932년까지의 기간 동안에도 그 주제에 관해 대단히 많은 양을 썼는데, 우리들은 그것들 중 일부를 그 시기의 다른 자료와 함께 나중에 다시 출판하기를 희망한다.

이 초기의 글들은 비트겐슈타인 사유의 발전 단계에서 살펴볼 때 여전히 그의 《논리-철학 논고》(*Tractatus Logico-Philosophicus*)의 사유 양식과 꽤 가까이 근접해 있다. 반면 바로 이 책에 나타나 있는 소견들은 《철학적 탐구》(*Philosophische Untersuchungen*)의 사유 양식에 속한다.

비트겐슈타인의 원래의 의도는 수학과 논리학에 관한 그의 생각을 《철학적 탐구》 속으로 통합시키는 것이었던 것처럼 보인다. 사실상 여기에서 출판된 단편들의 맨 처음 것(제I부)은 초기에 씌어진 《탐구》의 초고의 일부였다. 제I부는 《탐구》의 189절, 190절과 본질적으로 동일한 두 절로 시작된다.

제I부는 명백하게 여기에 수록된 단편들 중 가장 먼저 씌어졌다. 이것은 1937년에 씌어졌을 것이다. 이것은 이 수록집에서 유일하게 타자기로 정리된 부분이며, 확실히 가장 많이 다듬어져서 퇴고되었다. 그 초고의 마지막 부분은 여기에 수록되지 않았다. 그 내용은 《탐구》의 547~568절에서 더 개선된 형태로 나타난다. 122~130절은 《탐구》의 193~197절과 대부분 동일하지만, 그 문맥으로 인해 수록되었다.

두 개의 부록이 제I부 뒤에 첨부되어 있었다. 그 중 하나는 수학에 있어서의 놀라움을 다룬다. 그러나 이 책에는 수록되지 않았다. 다른 하나는 《수학 원리》(*Principia Mathematica*)의 체계에서 증명 불가능하지만 참인 명제의 존재에 대한 괴델(K. Gödel)의 정리를 논구한다(부론 I).

비트겐슈타인의 의도는 괴델의 정리에 대한 부론뿐만 아니라 칸토르(G. Cantor)의 무한 이론과 러셀(B. Russell)의 논리학에 관한 부론을, 《철학적 탐구》를 쓰기 위해 그가 계획했던 수학의 기초라는 문제에 관한 글들에 나란히 첨부시키는 것이었을 것이다. '보론'이라는 제목으로 아마도 1938년 초기에 그는 집합론의 문제에 관해서, 즉 대각선 논법과 상이한 종류의 수-개념들에 관해서 어느 정도를 정리하였다. 이들
vii '보론' 중 몇 개와, 이와 비슷한 주제를 다룬 다른 초고에서 몇몇을 골라내어 여기에 함께 출판하는데, 이는 1938년 4월에서 1939년 1월 사이에 씌어졌다(부론 II).

비트겐슈타인의 사유가 논리 계산으로부터 수학(산술)이 도출 가능하다는 러셀의 생각과 대결하는 것을 이 책의 제 II부에서 확인할 수 있다. 이 제 II부는 1939년 10월에서 1940년 4월 사이에 씌어졌다. 그 초고는 어느 것보다도 가장 광범위하고, 문체에서 그리고 실로 내용면에서 가장 불완전하다. 저자는 증명은 조망 가능해야만 한다, 증명은 하나의 그림을 우리에게 제시한다, 증명은 하나의 새로운 개념을 창조한다 등을 말하는 것이 무엇을 의미하는지에 관해서 수학적 증명의 본성에 관한 그의 생각을 명확히 하려고 되풀이해서 시도한다. 그의 노력은 "수학의 다채성"을 설명하기 위한 것이고, 상이한 계산 기술 사이의 연관을 밝히기 위한 것이었다. 동시에 이러한 노력과 함께 그는 러셀의 논리 계산의 형식이든, 힐베르트(D. Hilbert)의 메타 수학관의 형식이든 간에 수학의 '기초지움'이라는 생각에 반대하는 입장에 선다. 모순에 대한 생각과 무모순성 증명에 대한 생각이 상세하게 논의된다.

편집자 일동은 이 초고가 비트겐슈타인이 남긴 글 중 어디에서도 찾아볼 수 없는 상당히 귀중한 생각들을 풍부하게 포함하고 있다는 견해

를 가지고 있다. (여기에서 그가 수용하고 있는 관점은 부분적으로는 그의 후기의 사유의 관점과 아주 다르다.) 반면에 추려내지 않은 채로는 이 초고를 출판할 수 없다는 사실 또한 명확했다. 이러한 이유로 선별하여 수록하는 것이 필요했다. 그 일은 매우 어려웠으며, 편집자 일동은 그 결과에 거의 만족하지 못하고 있다.

1940년 가을에 비트겐슈타인은 수학 철학에 새롭게 몰두했으며, '규칙 따르기'라는 주제에 관해서—이것은 그의 사유가 가장 빈번하게 되돌아왔던 주제 중의 하나이다—어느 정도를 썼다. 여기에서 우리들은 그 글들을 출판하지 않았다. 이 작업은 1941년 5월에 다시 착수되어 탐구가 진행되었는데, 그 가운데 상당량이 발췌되어 여기에서—제 V부로—출판되고 있다.

제 V부는 서로 다른 시기에 씌어졌다. 전반부(1~16절)는 주로 1941년 6월에 씌어졌다. 그것은 수학적 명제와 경험적 명제 사이의 관계와, 계산과 실험 사이의 관계를 논구하고 있고, 모순과 무모순성의 개념을 새롭게 다루고 있으며, 괴델의 문제 주변에서 끝난다. 후반부는 1944년 봄에 씌어졌다. 그것은 주로 규칙 따르기의 개념과 수학적 증명의
viii 개념, 그리고 논리적 추론의 개념을 다룬다. 여기에서는 많은 점들이 한편에서는 그 중간 시기에 씌어진 초고(제 III부와 제 IV부)와, 다른 한편에서는 《철학적 탐구》의 사유와 매우 빈번하게 만나고 있다. 편집자 일동은 여기에서 상당수의 소견들을 수록하지 않았는데, 이는 《탐구》에서 같은 어구로 나오기 때문이다. 이 전반부와 후반부는 동일한 공책에 기입되어 있으며, 이는 저자가 그것들을 한군데에 속하는 것으로 간주했음을 시사한다.

제 III부는 1942년의 초고로부터 발췌되었고, 제 IV부는 1942년과 1943년의 초고로부터 발췌되었다. 제 III부와 제 IV부에 씌어 있는 것은 상당 부분이 제 V부의 후반부에 대한 예비적 연구의 성격을 띠고 있지만, 동시에 그것들은 제 V부에서 저자가 이용하지 않은 상당량의 자료를 포함하고 있다.

제 IV 부에서 비트겐슈타인은 브라우어(L.E.J. Brouwer)와 이른바 '직관주의'에 관계된 주제 즉 배중률과 수학적 존재, 데데킨트(J.W.R. Dedekind)의 절단과 수학에서의 외연적·내포적 고찰 방식에 대해 논구한다.

자료를 연대순으로 배열하면 하나의 동일한 주제가 때때로 상이한 장소에서 다루어지는 결과를 빚게 된다. 만일 비트겐슈타인 자신이 그의 글을 한 권의 책으로 수록해 놓는다면, 아마도 그는 당연하게도 이러한 몇몇 반복을 피했을 것이다. 편집자 일동은 감히 그렇게 배치하려고는 하지 않았다.

우리들은 다시 한번 여기에 출판하는 것이 보다더 광범위한 초고들로부터 발췌된 것임을 강조하지 않을 수 없다. 아마도 여기에서 누락된 것 또는 그것의 일부는 이후에 출판하는 것이 바람직할 것이다. 그러나 더 광범위한 자료의 출판에 대한 그러한 요구를 기대하는 것은 우리의 일이 아니라고 믿는다.

발췌된 절들에 번호를 붙인 것은 편집자 일동의 책임이다. 그러나 이 글에서 '소견들'을 구분한 것은—이 책에서는 약간더 넓은 여백으로 서로 분리되어 있다—비트겐슈타인 자신이 한 것이다. 우리들은 그 절들의 순서를 거의 예외 없이 변경시키지 않으려고 했다. 그렇지만 때때로, 특히 제 III 부와 제 IV 부의 끝부분에서처럼 초고의 상이한 장소에서 나타나지만 동일한 주제에 관한 소견들은 함께 묶어 놓았다.

내용 목차와 찾아보기는 독자들이 전체를 조감할 수 있도록 도움을 주기 위한 것이며, 필요한 페이지를 더 쉽게 찾을 수 있도록 하기 위한 것이다. 내용 목차에서 제시된 주제에 의한 자료 구분은 전적으로 편집자 일동의 책임이다.

❧ 내용 목차 ❧

제 I 부

에 대한 상징으로서의 기계(122). 단번에 파악된 낱말의 사용(123~130). 실재의 그림자로서의 가능성(125). 기묘한 과정으로 해석되는 오해된 낱말의 사용(127). (122~130에 대해서는 《철학적 탐구》 191~197절 참조.) '사유의 법칙'으로서의 논리학의 법칙(131~133). 계산에서 오류를 범하기(134~136). 측정에 관한 소견(139). 논리적 불가능성(140). "우리가 제시하는 것은 참으로 인간의 자연사에 대한 소견들이다" (141).

142~155. 계산 과정과 논리적 추론의 정초. —명제 없이 계산하기(142~144). 목재 판매의 예(142~151). "우리의 추론 법칙들은 영원 불변한가?"(154). 논리학은 진리에 선행한다(155).

156~169. 수학, 논리학, 그리고 경험. —증명과 실험(156-161). 수학 안에 있는 것이 논리학이다: 그것은 우리 언어의 규칙들 안에서 움직인다 (164). 수학자는 발명가이지 발견가가 아니다(167).

부 론 I

1~4. 명제들의 종류. —명제 없이 행해지는 산술(4).

5~7. 《수학 원리》의 체계에서의 진리와 증명 가능성.

8~19. 《수학 원리》의 체계에서의 자기 자신의 증명 불가능성을 주장하는 명제 '*P*'에 대한 논의. —언어 놀이에서의 모순의 역할(11~14, 17).

20. 논리학의 명제들. '명제'와 '명제적인 형성물'.

부 론 II

1~3. 대각선 논법. —'세어서 열거할 수 없는'의 개념(2). 실수 개념과 기수 개념의 비교(3).

4. 한 시대의 질병.

5. 명제 "가장 큰 기수는 없다"에 대한 논의.

6~7. 무리수

8~9. $\aleph_0$

10~13. 명제 "분수는 크기의 순서로 정렬될 수 없다"에 대한 논의.

14. 상이한 놀이들의 비교.

15~16. 분수들(수들의 순서쌍)은 무한 수열로 정렬될 수 있다는 명제에 대한 논의.

17. "무한"이라는 낱말.

18. 유한주의, 행태주의. 일반적 소견.

제 II 부

1~2. 증명. —수학적 증명은 조망 가능해야만 한다. 정의의 역할(2).

3~8. 러셀의 논리학, 그리고 산술을 기호 논리학으로 환원한다는 생각. —계산의 적용은 스스로를 돌보지 않으면 안 된다(4). 러셀의 계산 체계에서의 증명. 십진법 계산 체계에서의 증명, 그리고 단위 1로 이루어지는 계산 체계에서의 증명.

9~11. 증명. —인상적인 그림으로서의 증명(9). 증명 그림의 재생(10~11).

12~20. 러셀의 논리학, 그리고 상이한 계산 기술간의 상호 관계의 문제. —십진법 체계의 발명이란 무엇인가?(12). 러셀의 계산 체계에서의 증명과 십진법 체계에서의 증명(13). 조망 가능하고, 조망 가능하지 않은 수기호들(Zahlzeichen)(16). 축약된 계산 기술과 축약되지 않은 계산 기술

간의 상호 관계(17~20).

21~44. 증명. ―증명의 동일성과 재생 가능성(21). 모델로서의 증명. 증명과 실험(22~24). 증명과 수학적 확신(25~26). 증명에서 우리는 결단을 획득했다(27). 규칙으로서 증명된 명제. 그것은 우리에게 무엇을 말하는 것이 의미 있는지를 보여주게 될 것이다(28). '언어의 도구'로서의 수학의 명제(29). 수학적인 …여야만 함: 언어에 설치된 철로(30). 증명은 어떤 새로운 개념을 도입한다(31). '$p \supset p$'는 무슨 개념을 창조하는가? (32~33). 언어적 묘사 방법의 선회점으로서의 '$p \supset p$'(32~33). 제도의 일부분으로서의 증명(36). 의미 규정과 의미 사용간의 차이의 중요성(37). 증명의 승인;증명의 '기하학적' 파악(38~40). 특정한 기호 사용에 대한 고백으로서의 증명(41). "증명은 직관적 절차여야만 한다"(42). "모든 수학의 기초로서 논리학은 아무것도 하지 않는다. 왜냐하면 논리적 증명의 증명력은 그 기하학적 증명력과 존립을 함께 하기 때문이다"(43). 수학에서 우리는 논리적 증명을 제거할 수 있다(44).

45~64. 러셀의 논리학. ―일상적인 증명 기술과 러셀의 증명 기술간의 관계(45). 수학의 '기초'로서의 논리학관에 대한 비판. 수학은 계산 기술들의 다채로운 혼합이다. 축약되지 않은 [계산] 기술에 대한 새로운 관점으로서의 축약된 [계산] 기술(46~48). 삼각법에 관한 소견(50). 십진법은 단위 1로 이루어지는 계산과는 독립적이다(51). 왜 러셀의 논리학은 우리에게 나눗셈을 가르쳐 주지 않는가? (52). 왜 수학은 논리학이 아닌가? (53). 회귀적 증명(54). 증명과 실험(55). 상이한 계산 체계간의 대응; 선분 기호법과 십진법(56~57). 하나의 동일한 명제에 대한 여러 증명; 증명과 수학적 명제의 의미(58~62). 음악과 수학에서의 설득력 있는 이행의 정확한 대응(63).

65~76. 계산과 실험. ―수학의 명제들은 인류학적 명제인가? (65). 일치하는 계산 결과에 대한 예언으로 파악된 수학적 명제(66). 일치는 계산이라는 현상에 속한다(67). 만일 계산이 실험이라면, 계산에 있어서의 오류란 무엇인가? (68). 실험으로서의 계산과 행로로서의 계산(69). 증명은

상호 이해에 기여한다. 실험은 상호 이해를 전제한다(71). 수학과 조건화된 계산 반응에 관한 과학(72). 계산의 개념은 혼란을 배제한다(75~76).

77~90. 모순. ―먼저 시작하는 사람이 항상 이길 수밖에 없는 놀이(77). $(a-a)$로 계산하기. 계산 체계에서의 심연이란, 내가 그것을 보지 못한다면 존재하지 않는다(78). 이논리적(heterologischen) 역설에 대한 논의(79). 언어 놀이의 관점에서 고찰되는 모순. 계산 체계에서의 '숨겨진 질병'으로서의 모순(80). 모순과 어떤 한 계산 체계의 사용 가능성(81). 무모순성 증명과 모순에 대한 기계적 안전 장치라는 생각의 오용(82~89). "나의 목표는 모순과 무모순성 증명에 대한 태도를 바꾸는 것이다"(82). 명제 "나는 잘못 계산했음에 틀림없다"의 역할―수학의 '기초'를 이해하기 위한 관건(90).

제 III 부

1~7. 공리에 관해서. ―공리의 자명성(1~3). 자명성과 적용(2~3). 공리와 경험적 명제(4~5). 한 공리의 부정(5). 수학적 명제는 네 발로 서 있지 세 발로 서 있지 않다(7).

8~9. 규칙 따르기. ―하나의 규칙에 의거한 기술(8).

10. 산술적 가정은 경험과 전혀 관련이 없다.

11~13. 수의 자연사로서의 산술에 대한 파악. ―그림에 의한 경험에 대한 판단(12).

14. 논리적(수학적) 명제와 외부와의 관계.

15~19. 순수 수학 없이 응용 수학을 할 수 있는 가능성. ―수학은 명제들로 수행될 필요가 없다;그 무게 중심은 전적으로 행위 속에 놓일 수 있다(15). 예로서 든 교환 법칙(16~17).

20. 기계의 작동으로서의 계산.

21. 증명으로서의 그림.

22, 27. 직관.

26. 계산하지 않는 것과 잘못 계산하는 것 사이의 차이란 무엇인가?

29~33. 증명과 수학적 개념 형성. —증명은 개념 형성을 변화시킨다. 경험의 한계로서의 개념 형성(29). 증명은 강제적이지 않고 오히려 인도한다(30). 증명은 우리의 경험을 특정한 통로로 인도한다(31, 33). 증명과 예측(33).

34. 철학적 문제는 이러하다: 어떻게 우리는 진리를 말할 수 있고, 또 그렇게 함에 있어서 이 강한 선입견을 평정시킬 수 있는가?

35~36. 수학적 명제. —우리는 그것에 등을 기댐으로써 그것을 승인한다(35). 증명의 효과: 사람들은 새로운 규칙으로 뛰어들어간다(36).

39, 42. 수학적 명제의 종합적 성격. —예로서 든 소수의 분포(42).

40. 조작의 등가물로서의 결과.

41. 증명이 조망 가능해야만 한다는 것은 인과성이 증명에서는 아무런 역할도 하지 않음을 의미한다.

43~44. 수학에 있어서의 직관.

47. 어떤 새로운 형식의 발견에 따라나오는 개념 규정으로서의 수학적 명제.

48. 수학적 기계의 작업은 단지 기계의 작업에 대한 그림일 뿐이다.

49. 증명으로서의 그림.

50~51. 한 단어의 역렬.

52~53. 수학적 명제와 경험적 명제. —어떤 수학적 개념의 수용은 어떤 경험에 대한 확실한 기대를 표현한다; 그러나 이러한 척도의 확립은 그 기대

들에 대한 언명과 동등하지 않다(53).

55~60. 모순. —거짓말쟁이 [역설](58). 초-명제적인 어떤 것으로서, 논리학의 명제들 위에 있는 야누스의 머리를 가진 기념비로서 파악된 모순(59).

제 IV 부

1~4. 놀이로서의 수학, 그리고 기계적 활동으로서의 수학. —계산기는 계산을 하는가? (2). 러셀의 수리 논리학을 이해하기 위해서는 어느 정도로 '명제'의 개념을 지녀야만 하는가? (4).

5~8. 수학의 가능한 적용에 관한 오해는 수학의 일부로서의 계산에 손상을 끼치는가? —집합론(7).

9~13. 수학에 있어서의 배중률. —어떤 결정 근거도 없는 곳에서 배중률의 적용에 의미를 부여하기 위해서, 그 결정 근거는 비로소 발명되어야만 한다.

14~16 그리고 21~23. 무한 개념의, 그리고 그 적용이 오해된 다른 수학적 개념들의 '연금술'. —무한 예측(23).

17~20. 배중률. 명령으로서의 수학적 명제. 수학적 존재.

24~27. 수학에서의 존재 증명. —"수학 안으로의 논리학의 재앙에 찬 침입"(24; 46과 48도 보라). 수학적 일반은 수학적 특수에 대해서, 다른 곳에서 일반이 특수에 대해서 갖는 관계와 동일한 관계에 있지 않다(25). 존재하는 것의 구성을 허용하지 않는 존재 증명(26~27).

28. 귀류법에 의한 증명.

29~40. 수학에서의 외연적인 것과 내포적인 것에 관해서; 데데킨트의 절단. —해석학의 기하학적 도해(29). 무리수 없는 데데킨트의 절단(30).

어떻게 이 정리는 어떤 깊은 내용을 얻게 되는가? (31). 수 직선(Zahlengerader)의 그림(32, 37). 절단의 개념에 대한 논의(33~34). 함수들의 일반성은 무질서한 일반성이다(38). 수학적 함수 개념에 대한 논의; 해석학에서의 외연과 내포(39~40).

41. '필연적인' 명제들에서 나타나는 개념들은 또한 비-필연적인 명제들에서도 어떤 의미를 지녀야만 한다.

42~46. 증명과 수학적 명제에 대한 이해에 관해서. —하나의 개념에서 다른 개념에로의 운동으로 파악된 증명(42). 수학적 명제를 이해하기(45~46). 증명은 새로운 개념을 도입한다. 증명은 우리에게 어떤 것을 확신시켜 준다(45). 존재 증명과 구성(46).

47. 개념은 본질적으로 술어가 아니다.

48. '수리 논리학'은 수학자와 철학자의 사유를 완전히 왜곡시켜 버렸다.

49. 수기호는 개념 기호에 속하며, 오직 이것과 함께 할 때 척도이다.

50. 일반성의 개념에 관해서.

51. 증명은 결과가 어떻게 산출되는지를 보여준다.

52~53. 일반적 소견. —철학자는 건전한 인간 지성의 개념에 도달할 수 있기 전에, 자신의 지성의 수많은 질병을 스스로 치유해야만 하는 사람이다(53).

제 V 부

1. 척도를 다루지만 경험의 명제가 아닌 명제들의 역할. 그러한 명제(예컨대 12인치=1피트)는 어떤 계산 기술에 내함되어 있고, 따라서 이 계산 기술의 조건들 속에 내함되어 있다; 그러나 그 명제는 그러한 조건들에 대해서 말하지 않는다.

2. 규칙의 역할. 그것은 또한 예측을 하는 데 사용될 수 있다. 이것은 자의 속성들과 그것을 사용하는 인간의 속성에 의존한다.

3. 어떤 한 수학적 명제—표현의 변형. 유용성과 존엄성의 관점으로부터 고찰된 규칙. 어떻게 두 개의 산술적 표현이 동일한 것을 말하게 되는가? 산술은 그것들을 동일화한다.

4. 그저 나의 예를 따름으로써 산술을 배우는 어떤 사람. 내가 "만일 당신이 이 수들을 가지고서 내가 당신에게 다른 수들로 해보였던 것을 한다면, 당신은 그러그러한 것을 얻게 될 것이다"라고 말한다면—이는 예측임과 동시에 수학적 명제인 것처럼 보인다.

5. 묘사의 규칙과 기술하는 명제 사이의 대조는 모든 방향으로 퇴조해 버리는 대조가 아닌가?

6. 수학적 명제와 수학적 증명이 둘 다 "수학적"이라고 불린다는 것에서 그 공통점은 무엇인가?

그림으로서의 증명. 이 그림을 계산으로 만드는 것은 인가만이 아니라 인가의 일치이다.

7. 하나의 증명이 발견될 때 그 명제의 의미는 변하는가? 새로운 증명은 그 명제를 어떤 새로운 질서 속에 자리 매긴다.

8. 러셀의 '$\sim f(f)$'.

가령 우리가 어떤 숨겨진 모순을 통하여 여러 계산 결과를 얻었다고 하자. 그런 이유로 해서 그 계산 결과들은 부당하게 되는가?

사람들이 모순을 승인하는 것은 불가능할까?

9. "기계적으로 어떤 한 모순을 피하는 방법." 여기에서는 해로운 수학이 개선되고 있는 것이 아니라, 수학의 어떤 새로운 부분이 발명되고 있다.

10. 논리학적 공리는 항상 확실시되는 것이어야만 하는가?

11. 때때로 0이라는 값의 표현으로 약분하는 사람들.

12. 만일 내가 이제 어떤 임의의 결과라도 산출해 낼 수 있는 방법을 알게 되자마자 그 계산이 나에게 그 의의를 상실해 버린다면—내가 그것을 알지 못했던 한에서 그 계산은 어떤 의의도 지니지 않았던 것인가?

13. 무엇을 위해서 수학은 기초를 필요로 하는가?
어떤 착한 천사는 항상 필요할 것이다.

14. 계산의 실용적 가치. 계산과 실험.
실험 기술의 일부로서의 계산.
계산 행위는 또한 하나의 실험일 수 있다.

15. 수학은 사실들을 명백하게 드러낼 수 있는가? 우리가 '사실'이라고 부르는 것의 성격을 수학은 비로소 결정하지 않는가? 수학은 우리로 하여금 사실들에 관해서 물을 수 있도록 가르치지 않는가?
수학에서는 어떤 인과적 연관들도 없으며, 오직 그림의 연관만이 있을 뿐이다.

16. 소견.

17. 벽그림의 경계선의 망 구조. 왜 우리는 이것을 수학적 문제라고 부르는가?
수학은 단위들로 실험을 하는가?

18. "자기 자신에 대해서 그 자신이 증명 불가능하다고 주장하는 명제"—이것은 어떻게 이해되어야 하는가?

19. 규칙에 따라 공리들로부터 어떤 한 명제적 기호를 구성하기;그리고 우리는 그 명제의 실제 의미가 거짓이라고 논증해 보였고, 동시에 그 명제를 증명한 것처럼 보인다.

20. 계산과 경험.

21. "이논리적"의 모순은 이 개념의 논리적 속성을 보여주는가?

22. 어떤 놀이. 그리고 어떤 수를 둔 뒤에 계속 놀이를 해 나가려는 어떠한

시도도 그 규칙에 어긋나는 것으로 판명된다.

23. 논리적 추론은 언어 놀이의 일부분이다.
논리적 추론과 비논리적 추론.
논리적 추론 규칙들은 잘못될 수도 옳을 수도 없다. 그것들은 기호들의 의미를 규정한다.

24. 수기호들로 이루어지는 어떤 합목적적인 과정이 우리가 "계산"이라고 부르는 것일 필요는 없다.

25. 순전히 공상적인 적용을 지니는 수학은 그래도 수학이 아닌가?

26. 수학이 개념을 형성한다는 사실은 대부분의 수학에 본질적일 수 있지만, 다른 부분에서는 어떤 역할도 하지 않을 수도 있다.

27. 어떤 모순을 알아차리지 못하고, 그것으로부터 결론들을 이끌어 내는 사람들.
수학을 수학으로 만드는 것은 수학적인 문제일 수 있는가?

28. 만일 어떤 모순이 산술에서 실제로 발견된다면, 이는 그러한 모순을 지니는 산술이 우리에게 상당한 기여를 할 수 있다는 사실을 증명하는 것이 될 것이다.

29. "사자들의 집합은 사자가 아니지만, 집합들의 집합은 집합이다."

30. "나는 항상 거짓말한다." 이 문장은 인간의 삶에서 어떤 역할을 할 수 있을 것인가?

31. 논리적 추론. 하나의 규칙은 자의적인 것이 아닌가?
"인간에게는 하나의 대상을 그 자신과 다른 것으로서 인정하는 것은 불가능하다."

32. "옳다—즉 그것은 규칙과 일치한다."

33. "동일한 것을 가져오기"—나는 어떻게 이것을 어떤 사람에게 설명할 수

있는가?

34. 언제 우리는 어떤 소수 전개에서의 '777'의 존재 증명을 말하게 될 것인가?

35. "개념 형성"은 다양한 것을 의미할 수도 있다.
무한 소수를 형성하는 규칙의 개념.

---

36. 사람들이 일반적으로 이러한 결과에 도달한다는 사실은 계산의 개념에 속하는가?

37. 만일 내가 예컨대 어떤 한 물체가 어떤 한 포물선의 방정식에 따라 운동하는지의 여부를 묻는다면—이 경우에 수학은 무엇을 하는가?

38. 수학이 개념들을 형성하는 방식에 관한 물음들.

---

39. 그러나 그래도 사람들은 수학적으로 실험할 수 없는가?

40. 형태들을 더하기. 한 장의 종이 접기에 있어서의 가능성들. 만일 우리가 기하학적 가능성과 물리적 가능성을 구분하지 않았다고 가정하면?
어떤 상황에서는 사람들은 어떤 특정한 결과가 나와야만 한다는 것 없이 수들로 계산할 수 없을까?
만일 계산이 당신에게 어떤 인과적 연관을 보여준다면, 당신은 계산하고 있지 않다.
수학은 규범적이다.

41. 어떤 새로운 언어 놀이에로의 이행으로서 새로운 추론 규칙의 도입.

42. 어떤 평면이 빨갛고 파랗게 색칠되어 있다는 것은 보지만 그것이 빨갛다는 사실을 보지 못하는 관찰. 이것으로부터의 추론.
논리학은 우리가 무엇을 관찰해야만 하는지를 우리에게 말해 줄 수 있는가?

43. 변화하는 색깔들의 띠들로 된 평면.
그 함축들을 관찰하는 것은 가능할까?

44. 빨갛고 노란 별표를 보고 있으면서도 노란 것은 전혀 없다고 말하는 어떤 사람.

45. "나는 규칙에 의해 제지받는다."

46. 수학적인 …여야만 함—계산 기술에 대한 태도의 표현.
수학이 개념들을 형성한다는 사실에 대한 표현.

47. A와 B로 된 복합체는 보지만 A도 B도 보지 못하는 경우.
내가 A와 B를 보지만 오직 $A \vee B$만을 관찰하는 것은 가능한가?
그리고 그 역은?

48. 경험과 비시간적 명제.

49. 어떤 의미에서 산술의 명제는 우리에게 하나의 개념을 준다고 말할 수 있는가?

50. 사람들이 "개념"이라고 부르려고 하는 것이 모든 언어 놀이에 존재하는 것은 아니다.

51. 증명과 그림.

□ 일러두기

1. 본문의 왼쪽 여백에 원서의 해당 페이지를 밝혔다.
2. 본문과 찾아보기에 인용된 페이지는 모두 원서 페이지를 나타낸다.
3. 【 】는 비트겐슈타인이 원고의 여백에 써놓은 방주(旁註)를 나타내며, [ ]는 독자의 이해를 돕기 위해 옮긴이가 덧붙인 용어나 표현을 나타낸다.
4. 일부 예문이나 단위 등을 우리 개념에 맞게 수정하여 번역한 부분이 있다(예: 독일어 → 한국어).

2

I

대략 1937~1938년

1. 우리는 "그 이행들은 그 수식…에 의해 결정되어 있다"라는 표현을 사용한다. 그 표현은 어떻게 사용되는가? —가령 우리는 사람들이 모두 x에 동일한 수를 대입했을 때 항상 y에 대해 동일한 값이 계산되도록 $y=x^2$이라는 수식을 사용하게끔 교육(훈련)받았다는 점에 대해 이야기할 수 있다. 또는 우리는 "이 사람들은 '+3'*이라는 명령을 받을 때 그들 모두가 동일한 단계에서 동일한 이행을 해내도록 훈련받았다"라고 말할 수 있다. 우리는 이것을 다음과 같이 표현할 수도 있을 것이다: "이 사람들에게는 '+3'이라는 명령은 어떤 한 수에서 그 다음 수로 넘어가는 모든 이행을 완전히 결정한다." (이 명령을 받을 때 무엇을 해야 하는지를 모르는 사람들, 혹은 실로 확신을 가지고 반응하지만 각자는 상이한 방식으로 그 명령에 반응하는 다른 사람들과 대조해서.)

다른 한편으로 우리는 상이한 종류의 수식들과 그것들에 딸린 상이한 종류의 사용(상이한 종류의 훈련)을 서로 대조시킬 수 있다. 그 경우에 우리는 어떤 특정한 종류의 수식들(그리고 그것들에 딸린 사용 방식을 지니는 수식들)을 "주어진 x의 값에 대해 어떤 수 y를 결정하는 수식들"이라고 부르고, 또 다른 종류의 수식들을 "주어진 x의 값에 대해 y

---

* 비트겐슈타인은 '+3'과 같은 표현을 다음과 같이 사용하고 있다. 즉 가령 '수열 +2'는 '0, 2, 4, 6, 8, 10, 12, …'라는 수열을 뜻하며, 마찬가지로 '수열 +3'은 '0, 3, 6, 9, 12, 15, …'라는 수열을 뜻한다. 이때 '명령 +3'은 '수열 +3을 전개하라'는 명령 또는 '수열 +3'의 어떤 항의 단계부터 3을 계속 더해 나가라는 명령을 뜻한다(《철학적 탐구》, 185~186절)—옮긴이 주.

라는 수를 결정하지 않는 수식들"이라고 부른다. ($y=x^2+1$ 은 첫번째 종류의 것이고, $y>x^2+1$, $y=x^2\pm1$, $y=x^2+z$ 는 두번째 종류가 될 것이다.) 그렇게 되면 "수식 …은 하나의 수 y를 결정한다"라는 명제는 그 수식의 형식에 관한 진술이 될 것이며—따라서 우리는 "내가 적어 놓은 그 수식은 y를 결정한다" 또는 "여기에 y를 결정하는 하나의 수식이 있다"와 같은 명제를 "수식 $y=x^2$은 주어진 x의 값에 대해 어떤 수 y를 결정한다"와 같은 명제와 구별하지 않으면 안 된다. 그렇게 되면 "거기에 적혀 있는 수식은 어떤 수 y를 결정하는 수식인가?"라는 질문은 "거기에 있는 것은 이런 종류의 수식인가 아니면 저런 종류의 수식인가?"라는 질문과 의미가 같게 된다.—그러나 "$y=x^2$은 주어진 x의 값에 대해 어떤 수 y를 결정하는 수식인가?"라는 질문으로 우리가 무엇을 하려고 하는지가 곧바로 명료한 것은 아니다. 가령 혹자는 한 학생에게 그가 "결정하다"라는 낱말의 사용을 이해하고 있는지의 여부를 시험하기 위해서 이 질문을 할 수도 있을 것이고, 또는 예를 들어 $y=(x^2+z)^2-z(2x^2+z)$의 경우에서와 같이 그 질문은 수식의 우변에 오직 하나의 변수만 있는지의 여부를 알아내기 위한 수학적 문제일 수도 있을 것이다.

2. "어떻게 그 수식이 의미되느냐가 어떤 이행들을 해내야 할 것인지를 결정한다." 그 수식이 어떻게 의미되느냐 하는 것에 대한 기준은 무
3 엇인가? 아마도 우리가 그것을 항상 사용하는 방식, 그것을 사용하도록 교육받은 방식일 것이다.

예를 들어 우리에게 알려져 있지 않은 기호를 사용하는 어떤 사람에게 우리는 다음과 같이 말한다: "만일 당신이 '$x!2$'로 x^2을 의미한다면 당신은 y에 대해 이 값을 얻게 될 것이고, $\sqrt{x}$ 를 의미한다면 저 값을 얻게 될 것이다."—자, 그럼 당신 자신에게 물어 보라: 어떻게 사람들은 "$x!2$"로 전자 또는 후자를 의미하게 되는가?

의미함은 그렇게 미리부터 그 이행들을 결정할 수 있다.

3. 수열 +2를 전개함에 있어서 내가

"20004, 20008"

이 아니라

"20004, 20006"

이라고 써야만 한다는 것을 나는 어떻게 아는가? —(이는 "이 색깔이 '빨강'임을 나는 어떻게 아는가?"라는 물음과 비슷하다.)

"그러나 당신은 예컨대 다음의 사실을, 즉 당신이 항상 일의 자리 수에서 2, 4, 6, 8, 0, 2, 4 등과 동일한 순서열(Zahlenfolge)을 써야만 한다는 점을 확실히 알고 있다."—전적으로 옳다! 그 문제는 이미 이 순서열에도 나타남이 틀림없고 또한 이 순서열: 2, 2, 2, 2 등에도 나타남이 틀림없다. —왜냐하면 내가 5백번째 "2" 뒤에도 "2"를 써야 한다는 것을 나는 어떻게 아는가? 즉 그 자리에서 '동일한 숫자'가 "2"라는 것을 말이다. 그리고 만일 내가 그것을 미리부터 알고 있다면, 이 알고 있음은 나에게 나중에 무슨 도움이 되는가? 내가 말하고자 하는 것은, 그 단계가 실제로 취해져야 할 때 그 전의 앎을 가지고 내가 무엇을 해야 하는지를 나는 어떻게 아느냐 하는 것이다.

(만일 수열 +1을 계속 전개해 나가는 데 직관이 필요하다면, 수열 +0을 계속 전개해 나가는 데도 또한 직관이 필요하다.)

"그러면 당신은 '+2'라는 표현이 예를 들어 2004 뒤에 당신이 무엇을 써야 할지 의문을 품게 한다고 말하고 싶은 것인가?" —아니다; 나는 주저없이 "2006"이라고 대답한다. 그러나 바로 그러한 이유 때문에 이것이 이전부터 미리 결정되었다고 생각하는 것은 쓸모없다. 그 질문이 주어졌을 때 내가 의문을 품지 않는다는 것이, 그것이 이전에 이미 대답된 것임을 뜻하는 것은 아니다.

"그러나 그래도 나는 어떤 수가 나에게 주어진다 하더라도 곧바로 확실히 그 다음 수를 제시할 수 있으리라는 것을 알고 있다."—내가 그 전에 먼저 죽는 경우는 확실히 제외되어 있고, 다른 많은 경우들도 역시 제외되어 있다. 그러나 내가 계속 전개해 나갈 수 있다는 것을 그렇게 확신한다는 사실은 당연하게도 아주 중요하다.—

4. "그렇다면 수학의 그 특이한 엄정성은 무엇에서 성립하는가?"—둘이 하나 뒤에 따라나오고 셋이 둘 뒤에 따라나오고 하는 등등의 엄정성은 그것에 대한 좋은 예가 아닌가?—그러나 이 말이 뜻하는 것은 기수의 수열에서 따라나온다는 것이다; 왜냐하면 다른 수열에서는 다른 것이 따라나오기 때문이다. 그리고 이 수열(Reihe)은 바로 이 순서열(Folge)에 의해 정의되지 않았는가?—"이는 한 사람이 어떤 방식으로 셈하든 옳고, 누구든지 마음대로 셈할 수 있다는 것을 뜻하는가?"—
4 우리는 가령 모든 사람들이 어떤 방식으로든 차례대로 숫자들을 말한다고 해서 이를 "셈"이라고 부르지는 않을 것이다; 그러나 물론 이는 단순히 명명의 문제가 아니다. 왜냐하면 우리가 "셈"이라고 부르는 것은 우리의 삶의 활동의 중요한 일부분이기 때문이다. 셈과 계산하기는—예를 들어—단순히 소일거리가 아니다. 셈(그리고 이것은 그렇게 세는 것을 뜻한다)은 우리의 삶의 가장 다양한 실행 속에서 일상적으로 사용되는 기술이다. 그리고 이 때문에 우리는 끝없는 연습으로, 그리고 혹독한 정확성을 지니고 우리가 배우는 대로 셈하는 법을 배우는 것이며, 그리하여 "하나" 뒤에 "둘"을, "둘" 뒤에 "셋"을 우리 모두가 말하도록 엄정하게 강제되는 것이다.—"이러한 셈은 단지 하나의 사용에 불과한가? 이 순서열에 대응하는 어떤 진리 또한 존재하지 않는가?" 여기서 진리란 그 셈이 확증되었다는 것이다.—"그렇다면 당신은 '참이다'가 쓸모있다(또는 유용하다)는 것을 뜻한다고 말하고자 하는 것인가?"—아니다. 오히려 자연수의 수열에 대해서—우리들의 언어에 대해서와 마찬가지로—그것이 참이라고 말할 수 없으며, 오히려 그것이 쓸모있

고 또 무엇보다도 그것이 사용되고 있다는 것이다.

5. "그러나 하나에 하나를 더 세면 둘이 되고, 또 둘에 하나를 더 세면 셋이 되는 것 등은 논리적으로 필연적인 귀결이 아닌가? 그리고 이러한 엄정성은 논리적 추론의 엄정성과 동일하지 않은가?"—그렇다! 동일하다.—"그러나 그렇다면 논리적 추론에 상응하는 진리가 있지 않은가? 이것으로부터 저것이 따라나온다는 것은 참이 아닌가?"—이 명제, 즉 "이것으로부터 저것이 따라나온다는 것은 참이다"라는 명제는 단순히 이것으로부터 저것이 따라나온다는 것을 뜻한다. 그렇다면 우리는 이 명제를 어떻게 사용하는가?—만일 우리가 다르게 추론을 한다면 무슨 일이 일어날 것인가?—어떻게 우리는 진리와 충돌하게 될 것인가?

만일 우리의 자(尺)가 나무나 쇠가 아니라 아주 말랑말랑한 고무로 만들어져 있다면 우리는 어떻게 진리와 충돌하게 될 것인가?—"글쎄, 우리는 그 책상의 올바른 측정 길이를 알 수 없게 될 것이다."—당신이 의미하는 것은 이렇다: 즉 우리는 딱딱한 자로 잰 그 측정치를 얻을 수 없든가, 얻었다고 확신할 수 없다. 그래서 만일 어떤 사람이 그 책상을 탄력성 있는 자로 재고 나서 우리의 통상적 측정법에 따라 1.80 m가 나왔다고 주장한다면 그는 틀렸다; 그러나 그 사람의 측정법에 따라 1.80 m가 나왔다고 말한다면 그것은 옳다는 것이다.—"그러나 그것은 도대체가 측정하는 것이 아니다!"—그것은 우리의 측정하기와 비슷하고, 어떤 상황에서는 '실제 목적'을 충족시킬 수 있다. (어떤 상인은 서로 다른 고객을 서로 다르게 대하기 위해 그것을 사용할 수도 있다.)

만일 자가 약간만 열을 받아도 유별나게 팽창한다면 우리는—정상적 상황에서—그 때문에 그것은 사용 불가능하다고 말할 것이다. 그러나 우리는 바로 이것이 오히려 바람직하게 되는 상황을 생각해 볼 수도 있다. 나는 우리가 육안으로도 그것이 팽창하는 것을 지각할 수 있는 상황을 염두에 두고 있다; 그리고 만일 육안으로 볼 때 한때는 더 길어지고 한때는 더 짧아지는 자에 의해서 동일한 것을 측정한다면, 이제 우리는 온도가 서로 다른 방에 있는 물체에 동일한 수치의 측정 길이를 부여하게 된다.

그러면 다음과 같이 말할 수 있는데, 여기에서 "측정하기"와 "길이"와 "동일한 길이"라고 불리는 것은 우리가 그렇게 부르는 것과 다른 것이다. 여기에서 이 낱말들의 쓰임은 우리의 그것과 다르다; 그러나 서로 유사하다; 그리고 우리들 또한 이 낱말들을 다양한 방식으로 사용한다.

6. 우리는 추론이 실제로 무엇에 있는지를 명확하게 밝혀야 한다. 아마도 우리는 어떤 한 주장에서 어떤 다른 주장으로 이행하는 것에서 성립한다고 말할 것이다. 그러나 이 말은 추론이, 한 주장에서 다른 주장으로 이행할 때, 그래서 그 다른 주장이 발화되기 전에 일어나는 어떤 것임을 뜻하는가? —아니면 하나의 주장이 다른 주장에 뒤따라나오게 하는 것, 다시 말해서 예를 들어 그 하나의 주장이 그 다른 주장 뒤에 발화하는 것에서 성립함을 뜻하는가? "추론하다"라는 동사의 특수한 사용에 오도되어 우리는 추론이 어떤 특이한 활동이며, 지성을 매개로 하는 어떤 한 과정이라고, 말하자면 도출 결과가 나타나 보이도록 그것을 감쌌던 안개를 걷어내는 것이라고 으레 생각한다. 그러나 도대체 거기에서 무엇이 일어나는지를 살펴보자! —하나의 명제로부터 다른 명제들을 경유하여, 그래서 추론의 사슬을 통하여 또 다른 명제로의 이행이 있다; 그러나 우리는 여기에 대해 말할 필요가 없다; 왜냐하면 그것은 또 다른 종류의 이행—그 사슬의 한 고리로부터 그 다음 고리로의 이행—을 전제하고 있기 때문이다. 이제 이 이행 과정은 그 고리들 사이에서 일어날 수 있다. 이때 이 과정에서 신비스러운 것은 아무것도 없다; 그것은 어떤 규칙에 따라 한 문장 기호를 다른 문장 기호로부터 도출하는 것이고, 이행 도식을 나타내는 어떤 범형과 그 둘을 비교하는 것이며, 기타 등등이다. 이것은 종이 위에서, 구두(口頭)로, 또는 '머리 속에서' 진행될 수 있다. —그렇지만 결론은 중간의 이행 과정 없이 한

명제가 다른 명제 뒤에 발화되는 방식으로도 이끌어 낼 수 있다. 즉 그 이행 과정은 "그러므로" 또는 "그것으로부터 따라나오는 것은" 등을 말하는 것만으로도 성립할 수 있다. 우리는 추론된 명제가 실제로 전제로부터 도출될 수 있을 때 그것을 "결론"이라고 부른다.

7. 그렇다면 한 명제가 다른 명제로부터 규칙에 의해서 도출될 수 있다는 것은 무엇을 뜻하는가? 모든 것은 어떤 규칙에 의해서든지—또는 적절한 해석을 지니는 각각의 규칙에 따라서—무엇이든 그것으로부터 도출될 수 있지 않은가? 예컨대 내가 이 수는 저 두 수를 곱해서 얻어질 수 있다고 말한다면 이는 무엇을 뜻하는 것인가? 이것은 만일 우리가 올바르게 곱한다면 우리는 이 수를 얻게 되어야만 한다고 말하는 규칙이며, 그리고 우리는 이 규칙을 이 두 수를 곱함으로써 혹은 다른 방법(비록 이 결과에 이르는 어떤 절차도 '곱셈'이라고 불릴 수 있겠지만)
6 으로도 얻을 수 있다. 이제 내가 곱셈 265×463을 수행했을 때는 물론이고 또한 "4 곱하기 2는 8이다"라고 말할 때에도—비록 이 경우에는 어떤 계산 절차도 값을 구하는 데 들어가 있지 않지만(그렇지만 나는 또한 그것을 계산해 낼 수 있었다)—나는 곱셈을 했다고들 말한다. 그리고 그렇게 계산되지 않은 곳에서도 결론이 나온다고 우리는 또한 말한다.

8. 그러나 그래도 나는 실제로 따라나오는 것을 추론할 수 있을 뿐이다! —그것은 추론 규칙에 맞게 따라나오는 것만을 의미하는가, 아니면 그 어떤 종류의 실재에 일치하는 그러한 추론 규칙에 맞게 따라나오는 것만을 의미하는가? 여기에서 모호한 방식으로 우리의 마음에 떠오르는 것은, 이러한 실재는 매우 추상적이고 일반적인 아주 견고한 어떤 것이라는 것이다. 논리학은 일종의 초-물리학으로서, 우리가 일종의 초-경험(가령 지성)을 통해서 지각하는 세계의 논리적 구조에 대한 기술(記述)이다. 아마도 여기에서 다음과 같은 추론이 떠오를 것이다: "난로

에서 연기가 나고 있다. 따라서 연통이 다시 고장났다."(그리고 바로 그런 방식으로 이런 결론이 이끌어진다! 다음과 같은 방식은 아니다: "난로에서 연기가 나고 있다. 그리고 연기가 나올 때마다 연통은 항상 고장난 것이다. 따라서 ….")

9. 우리가 '논리적 추론'이라고 부르는 것은 표현을 변형시키는 것이다. 한 척도를 다른 척도로 환산하는 것의 한 예로 한쪽 변은 인치로, 다른 쪽은 센티미터로 표시된 자를 들 수 있다. 나는 책상을 인치로 재고 나서 그 자 위에서 센티미터로 바꾼다. —그리고 물론 한 척도에서 다른 척도로 넘어가는 데에는 옳음과 그름이 있다. 그러나 그 옳음은 여기에서 무슨 실재와 일치하는가? 추측하건대 규약 또는 사용이며, 아마도 우리의 실천적인 요구일 것이다.

10. "그러나—예를 들어—'$(x).fx$'가 우리가 의미한 대로 의미된 것이라면, '$(x).fx$'로부터 'fa'가 따라나와야만 하지 않는가?"—그렇다면 어떻게 우리가 그것을 의미하는 방식이 드러나는가? 그것의 사용이라는 항시적인 실행을 통해서, 그리고 아마도 더 나아가 어떤 몸짓이나 그와 비슷한 것들을 통해서가 아닌가?——그러나 우리가 "모든"을 말할 때에는 마치 그 낱말에 부착된 어떤 것이 더 있는 것처럼 보인다; 즉 다른 사용은 결합될 수 없도록 하는 것; 다시 말해 그 의미(Bedeutung)가. 우리는 이 의미를 설명해야만 할 때 "'모든'은 확실히 모든을 뜻한다!" 라고 말하고 싶어한다; 그리고 그러면서 우리는 어떤 몸짓을 하고 표정을 짓는다.

이 모든 나무를 잘라내라!——도대체 너는 '모든'이 무엇을 뜻하는지 이해하지 못하느냐? (그는 한 그루를 남겨 두었었다.) 어떻게 그는 '모든'이 의미하는 것을 배웠는가? 아마도 훈련을 통해서. —그리고 물론 이 훈련은 그가 명령을 받을 때 그것을 한다는 것만을 야기시킨 것은 아니다. —그것[그 훈련]은 우리가 그 낱말을 듣고 말할 때 이것 또는

저것을 떠올리는 한 무더기의 그림(시각적인 것, 그리고 그 밖의 것)으
7 로 그 낱말을 둘러쌀 것이다. (그리고 만일 우리가 그 낱말의 '의미'가 무엇인지 설명하고자 하면, 우리는 이 무더기로부터 맨 처음 한 그림을 끄집어 낸다. ─우리가 한번은 이 그림이, 한번은 저 그림이 나타나고 가끔은 전혀 아무것도 나타나지 않는다는 것을 알게 되면, 그때 우리는 그것을 비본질적인 것으로서 다시 거부한다.)

우리는 "모든"의 의미를 '$(x).fx$'로부터 'fa'가 따라나온다는 것을 배움으로써 배운다. ─이 낱말의 사용을 익히게 하고 그 의미를 가르치는 훈련은 어떤 예외도 허용되지 않아야 한다는 것을 항상 목표로 한다.

11. 그러면 어떻게 우리는 추론하는 것을 배우는가? 아니면 우리는 그것을 배우지 않는가?

어린 아이는 이중 부정으로부터 긍정이 따라나오는 것을 아는가? ─그리고 그것이 그러함을 우리는 어떻게 그 아이에게 확신시키는가? 아마도 어떤 과정(두 번 역전하는 것, 180°로 두 번 도는 것 등)을 그 아이에게 보임으로써. 그리하여 그 아이는 이제 이것을 부정의 그림으로 받아들인다.

그리고 '$(x).fx$'의 의미는 이것으로부터 'fa'가 따라나온다고 주장됨으로써 명료하게 된다.

12. "그 말이 그와 같이 의미된 것이라면, '모든'으로부터 이것은 확실하게 따라나온다!"─그 말이 어떻게 의미된다면? 생각해 보라. 당신은 그것을 어떻게 의미하는가? 여기에서 아마도 또 하나의 그림이 당신의 마음에 떠오를 것이다. ─그리고 더 이상 떠오르는 그림이란 없다. ─아니다. 그것이 그래야만 하는 것은 아니다. ─그러나 다음은 따라나온다: 우리는 이러한 이행을 수행한다.

그리고 우리는 말한다: 이것이 따라나오지 않으면 그것은 그야말로 모든이 아닌 것이다. ─그리고 이는 우리가 그러한 상황에서 낱말들을 가

지고 어떻게 반응하는지를 보여줄 뿐이다.—

13. 만일 '*fa*'가 '(*x*). *fx*'로부터 더 이상 따라나오지 않는다면 "모든"이라는 낱말의 사용 너머 어떤 다른 것이, 즉 그 낱말 자체에 부착되었던 어떤 것이 변했음이 틀림없는 것으로 우리에게 떠오른다.

이는 마치 "이 사람이 달리 행동한다면, 그의 성격 역시 달라야 할 것이다"라고 말하는 것과 비슷하지 않은가? 그러면 이것은 어떤 경우에는 중요할 수 있으며, 다른 경우에는 그렇지 않을 수 있다. 우리는 "행동 방식은 성격으로부터 흘러 나온다"라고 말하며, 그리고 그렇게 사용은 의미로부터 흘러 나온다.

14. 이것은—아마도 이렇게 말할 수 있을텐데—어떤 몸짓들, 그림들, 반응들이 항시적으로 훈련된 사용과 얼마나 확고하게 결합되어 있는지를 당신에게 보여준다.

'그 그림이 끈질기게 우리에게 떠오른다….' 그림들이 우리에게 끈질기게 떠오른다는 것은 아주 흥미롭다. 그리고 그렇지 않다면 어떻게 "행해진 것은 되돌릴 수 없다"와 같은 문장이 우리에게 무엇인가를 말할 수 있을까?

15. 우리의 언어—우리의 자연 언어—에서 '모든'이 기본 개념이고 '하나를 제외한 모든'이 덜 기본적이라는 것은 중요하다; 즉 그것에 대해서는 하나의 낱말도, 또 하나의 특징적인 몸짓도 없다.

8 16. "모든"이라는 낱말의 핵심은 그것이 어떤 예외도 허용하지 않는다는 것이다. —실로 그것은 우리 언어에 있어서 그 사용의 핵심이다. 그러나 어떤 종류의 사용을 우리가 '핵심'이라고 느끼느냐는 이러한 사용이 우리의 전체 생활에서 어떤 역할을 하느냐와 연결되어 있다.

17. 우리가 추론은 어디서 성립하는지 묻는다면 가령 다음과 같은 대답을 듣게 된다: "만일 내가 명제들…가 참임을 알아냈다면, …을 더 써 내려가는 것이 정당화된다." — 어떤 의미에서 정당화되는가? 그 전에는 내게 그것을 써내려 갈 권리가 없었는가? — "그 명제들은 나에게 이 명제의 진리를 확신시킨다." 그러나 물론 그것이 문제가 되는 것은 역시 아니다. — "정신이 이들 법칙에 따라서 논리적 추론이라는 특수한 활동을 수행한다." 그것은 확실히 흥미롭고 중요하다; 그러나 과연 그것은 참인가? 정신은 항상 이들 법칙에 따라 추론하는가? 그리고 추론이라는 특수한 활동은 어디서 성립하는가? — 이 때문에 우리가 언어의 실행 속에서 어떻게 추론을 수행하는지; 언어 놀이에서 추론이 어떤 종류의 절차인지를 보는 것이 필요하다.

예를 들어: 어떤 규정이 "키가 1.80 m 보다 큰 모든 사람은 …부에 소속된다"라고 되어 있다고 하자. 관청 서기는 사람들의 이름과 키를 읽는다. 다른 관청 서기는 그들을 그러그러한 부에 소속시킨다. — "아무개, 1.90m" "따라서 아무개는 …부로." 이것이 추론이다.

18. 그렇다면 우리는 무엇을 러셀과 유클리드에서의 '추론'이라고 부르는가? 나는 증명 속에서의 한 명제로부터 다음 명제로의 이행들이라고 말해야 하는가? 그러나 그러한 이행은 어디에 있는가? — 내가 말하는 것은, 러셀에서는 증명에서의 두 명제의 위치와 그것들에 부착된 기호들에 따라 한 명제가 다른 명제로부터 도출될 수 있다면 전자가 후자로부터 따라나온다는 것이다 — 우리가 그 책을 읽을 때 말이다. 왜냐하면 이 책을 읽는 것은 배워야 하는 하나의 놀이이기 때문이다.

19. 따라나옴과 추론하기가 참으로 어디서 성립하는지; 그것이 어떤 종류의 사태이며 절차인지 사람들은 종종 오리무중에 빠져 있다. 이 동사들의 특유한 사용으로 인해, 따라나옴이란 우리가 추론할 때 따라가는 명제들 사이의 연관의 존재라고 우리에게 시사된다. 이것은 러셀의

설명(《수학 원리》)에서 아주 교훈적으로 나오고 있다. $\vdash q$라는 명제가 $\vdash p \supset q . p$라는 명제로부터 따라나온다는 것은 여기서는 논리학의 근본 법칙이다:

9. 12. 참인 전제에 의해 함축된 것은 참이다. Pp.*

이제 이것은 말하자면 우리가 $\vdash p \supset q . p$로부터 $\vdash q$를 추론하는 것을 정당화한다. 그러나 지금 정당화된 '추론'이라는 그 절차는 도대체 어디서 성립하는가? 확실히 이것은 다음에서이다: 즉—어떤 언어 놀이에서—
9 우리는 어떤 한 명제 뒤에 다른 명제를 주장으로서 발화하고, 글로 쓰는 따위를 한다는 것에서이다; 그리고 어떻게 이 근본 법칙은 내가 그렇게 하는 것을 정당화할 수 있는가?

20. 이제 러셀은 다음과 같이 말하고자 할 것이다: "나는 이렇게 추론할 것이며 또 그것은 옳다." 그렇게 그는 그가 추론하려는 방식을 우리에게 말하려고 한다: 즉 이것은 추론의 규칙에 의해 이루어졌다고. 그 규칙의 내용은 무엇인가? —이 명제가 저 명제를 함축한다는 것? —아마도 이 책 속의 증명들 속에서 그러한 명제는 그러한 명제 뒤에 나와야 한다는 것. —그러나 이런 방식으로 추론하는 것이 옳다는 것은 논리학의 근본 법칙이어야 한다! —그렇다면 근본 법칙은 다음과 같이 되어야 할 것이다: 즉 "… 로부터 …을 추론하는 것은 옳다"; 그리고 이 근본 법칙은 자명해야 할 것이다——그러나 그렇다면 그 규칙 자체도 옳은 것 또는 정당한 것임이 우리에게 자명해질 것이다. "그러나 그래도 이 규칙은 어떤 책에 있는 문장들을 다루고 있으며, 결국 그것은 논리학에 속하지 않는다!"—전적으로 옳다. 실제로 그 규칙은 이 책에서 한 명제에서 다른 명제에로의 이 이행만이 사용될 것이라는 하나의 정보일 뿐이다(마치 색인에 나오는 정보처럼); 왜냐하면 이행의 옳음은 그

* 이것은 primitive proposition의 약자로서, 비트겐슈타인은 이것을 "근본 법칙"(Grundgesetz)이라고 부르고 있다. 부록 I, 6절 참조—옮긴이 주.

자신의 장소와 위치에서 명백해야 하기 때문이다; 그리고 '논리학의 근본 법칙'이라는 표현은 그렇게 되면 명제들의 순서열 자체와 같다.

21. 러셀은 그의 근본 법칙으로 다음의 명제를 말하는 것처럼 보인다: "그것은 이미 따라나오는 것이다—나는 그것을 그저 추론하기만 하면 된다." 그래서 프레게는 두 점을 연결하는 직선은 우리가 그것을 그리기 이전에도 실제로 이미 존재한다고 어디에선가 말한다; 그리고 이것은 가령 수열 +2에서의 이행들이 우리가 말이나 글로 그 이행을 수행하기 이전에—마치 그것들을 추적하듯이—실제로 이미 이루어져 있다고 말하는 것과 마찬가지이다.

22. 우리는 위와 같이 말하는 사람에게 다음과 같이 대답할 수도 있다: 여기에서 당신은 하나의 그림을 사용하고 있다. 우리는 수열의 전개에서 그 사람이 해야 할 이행들을 그에게 먼저 해보임으로써 그 이행들을 결정지을 수 있다. 예를 들어 그가 써야 할 수열을 다른 기호법으로 써내려 감으로써 그에게 남겨진 일이란 그것을 번역하는 일이 되도록 말이다; 또는 그것을 실제로 아주 희미하게 쓰고서 그것을 그가 뒤쫓아 쓰도록 함으로써 그렇게 할 수 있다. 첫번째 경우에 우리는 그가 써내려 가야 했던 바로 그 수열을 쓰지 않았다고 말할 수 있다. 즉 그 수열의 이행 과정을 우리 자신이 수행한 것은 아니라고; 그러나 두번째 경우에는 그가 써야 할 수열이 이미 거기에 있었다고 확실히 말할 것이다. 또한 우리는 만일 그가 받아써야 하는 것을 우리가 구술한다면, 비록 우리가 일련의 소리를 산출시키고 그가 일련의 문자 기호를 산출시키더라도 그렇다고 말하게 될 것이다. 어쨌든 우리가 어떤 의미에서든 그 이행을 먼저 수행하는 것은 어떤 사람이 수행해 내야 하는 이행들을 결정
10 하는 확실한 한 가지 방법이다. —그러므로 만일 우리가 전혀 다른 의미에서 학생들에게 예컨대 어린 아이들이 구구단과 곱셈을 익히게 되는 것과 같은 그런 훈련을 받게 함으로써 이 이행들을 결정한다면, 그리하

여 그렇게 훈련받은 모든 학생들이 학습 기간 동안 계산해 본 적이 없었던 어떤 임의의 곱셈을 동일한 방식으로, 또 일치하는 결과가 나오도록 해낸다면—다시 말해 만일 '+2'라는 지시에 대해 어떤 사람이 수행해야 하는 그 이행들이, 지금까지 전혀 그가 이 이행을 해낸 적이 없다 하더라도, 그가 어떻게 나아갈지 우리가 확실하게 예견할 수 있도록 훈련에 의해 결정된다면—그러면 이 사태에 대한 하나의 그림으로서 이것을 사용하는 것은 우리에게 자연스러울 수 있다: 그 이행들은 모두 이미 수행되었고 그는 단지 그것들을 써내려 가고 있다.

23. "그러나 확실히 우리는 이 명제를 저 명제로부터 그것이 실제로 따라나오기 때문에 추론하고 있다! 우리는 그것이 따라나온다는 것을 확신한다."—우리는 여기에 있는 것이 저기에 있는 것으로부터 따라나옴을 확신한다. 그리고 이 명제는 시간적으로 사용되고 있다.

24. 일치의 느낌들(몸짓들)을, 증명할 때 당신이 하는 것으로부터 분리하라.

25. 그러나 이런 선분들의 도식이

(a) 

이런 꼭지점들의 도식과

(b) 

수가 같다는 것(나는 의도적으로 그 도식들을 인상적인 것으로 만들었다)을 내가 양자를 다음과 같이 대응시킴으로써 확신한다면 어떻게 되는가?

(c) 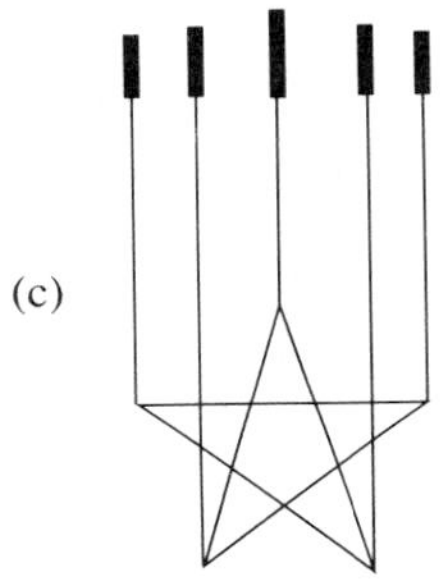

자, 내가 이 도형을 바라볼 때 나는 무엇을 확신하는가? 내가 보는 것은 실과 같은 부수물이 딸린 별표이다. —

11 26. 그러나 나는 이 도형을 다음과 같이 이용할 수 있다: 다섯 사람이 오각형으로 정렬해서 서 있다; (a)에 있는 선분들과 같이 벽에 지팡이가 세워져 있다; 나는 도형 (c)를 보고 말한다: "나는 사람들에게 각각 지팡이를 하나씩 줄 수 있다."

나는 도형 (c)를 다섯 사람에게 지팡이를 하나씩 주는 도식적인 그림으로 파악할 수도 있다.

27. 만일 내가 어떤 임의의 다각형을 먼저 그리고 나서:

어떤 임의의 일련의 선분들을 그린다면,

| | | | | | | | | | | | | | | | | | | | | | | | | | | | | | | | |

나는 위의 그림에서의 모서리들과 아래 그림에서의 선분들이 수가 같은지 여부를 그것들을 대응시킴으로써 알아낼 수 있다. (그것이 어떻게 판명될지는 모른다.) 그리하여 투사선을 그림으로써 나는 도형(c)에서 위에 있는 선분들과 아래에 있는 별표의 모서리들이 수가 같음을 확신한다고 말할 수 있다. (시간적으로!) 이렇게 파악할 때 그 도형은 수학적 증명과 같지 않다(내가 일단의 사람들에게 한 바구니의 사과를 나누어 주고 각 사람이 단 한 개씩의 사과를 가질 수 있다는 것을 알게 될 때, 이것이 수학적 증명이 아닌 것과 마찬가지로).

그렇지만 나는 도형(c)를 수학적 증명으로서 파악할 수 있다. 도식(a)와 (b)의 형태들에 이름을 주도록 하자! 형태(a)를 "손", *H*라고 부르고, 형태(b)를 별표, *P*라고 하자. 나는 *H*의 선분들이 *P*의 모서리들과 수가 같음을 증명했다. 그리고 이 명제는 다시 비-시간적이다.

28. 증명이란—나는 다음과 같이 말할 수도 있는데—한쪽 끝에는 어떤 문장들이 씌어져 있고, 다른 쪽 끝에는 한 문장(이 문장을 우리는 '증명되는' 명제라고 부른다)이 씌어져 있는 하나의 도형(Figur)이다.*

그러한 도형을 기술하기 위해서 우리는 다음과 같이 말할 수 있다: 그것 안에서는 명제 … 은 … 로부터 따라나온다. 이는 한 도안(Muster, 견본)을 기술하는 한 가지 방식(Form)이며, 그것은 예를 들어 또한 하나의 장식(벽지 도안)이 될 수도 있을 것이다. 그러면 나는 "저 칠판에 있는 증명에서는 명제 *p*는 *q*와 *r*로부터 따라나온다"고 말할 수 있고, 이는 단지 거기에서 보여지게 되는 것에 대한 하나의 기술일 뿐이다.

---

* 증명이 도형이라는 비트겐슈타인의 생각은 '기하학'(Geometrie)이라는 낱말에 대한 그의 특이한 사용과 맞물려 있다. 제2부 38절, 제3부 14절 참조—옮긴이 주.

12 그러나 p가 q와 r로부터 따라나온다는 것은 수학적 명제가 아니다. 그것은 다른 용도를 지니고 있다. 그것이 말하는 것은—우리는 이렇게 표현할 수도 있을텐데—p가 q와 r로부터 따라나오게 되는 하나의 증명(견본)에 대해 말하는 것은 의미가 있다는 것이다. "하양은 검정보다 더 밝다"라는 명제를 더 밝은 것은 하얗고 다른 것은 검은 두 대상에 대해서 말하는 것은 의미 있고, 더 밝은 것은 검고 다른 것은 하얀 두 대상에 대해서 말하는 것은 의미가 없다고 주장하고 있다고 말할 수도 있는 것처럼 말이다.

29. 우리가 '더 밝음'과 '더 어두움'에 대한 범형을 하얀 반점과 검은 반점의 형식으로 제시했고, 그리고 지금 그것을 말하자면 빨강은 하양보다 더 어둡다라는 것을 도출해 내는 데 사용한다고 생각해 보자.

30. (c)에 의해서 증명된 명제는 이제 수적 동일성을 확신시키는 새로운 규정으로서 이바지한다: 만일 한 대상들의 집합이 손의 형식으로 배열되고 다른 집합이 별표의 모서리로 배열되면, 우리는 그 두 집합은 수적으로 동일하다고 말한다.

31. "그러나 그것은 그저 우리가 H와 P를 이미 대응시켰고 그것들이 수적으로 동일하다고 보았기 때문이 아닌가?"—그렇다. 그러나 만일 그것들이 한 경우에 그렇다면, 그것들이 이제 다시 그렇게 되리라는 것을 나는 어떻게 아는가?—"왜냐하면 수적으로 동일하다는 것이 H와 P의 본질에 속하기 때문에."—그러나 어떻게 당신은 그 대응에 의하여 그것을 산출해 낼 수 있는가? (셈 또는 대응은 단지 내 앞에 있는 이 두 개의 집단이 수적으로 동일하다는—또는 그렇지 않다는—결과를 낳을 뿐이라고 나는 생각했다.)

—"그러나 만일 그가 이제 어떤 것들의 H를 갖고 있고 또 어떤 것들의 P를 갖고 있어서 그것을 실제로 대응시킨다면, 그것들이 수적으

로 동일하다는 것과는 다른 어떤 결과를 그가 얻어낸다는 것은 확실히 가능하지 않다. —그리고 그것이 가능하지 않으리라는 사실을 확실히 나는 그 증명으로부터 보고 있다."—그러나 그것은 가능하지 않은가? 예를 들어 만일 그가—어떤 다른 사람은 이렇게 말할 수도 있는데—대응시키는 선들 중의 하나를 빠뜨리고 그렸다면 말이다. 그러나 나는 엄청나게 많은 경우들 속에서 그가 항상 동일한 결과를 얻게 될 것임을 받아들인다. 그리고 만일 그 결과를 얻지 못했다면, 무엇인가가 그를 잘못 나아가게 했으리라고 생각할 것이다. 그리고 만일 이와 같지 않다면 전체 증명의 토대가 잘려져 나갈 것이다. 왜냐하면 우리는 집단들간의 대응 대신에 증명 그림(Beweisbild)을 사용할 것을 결정하기 때문에; 우리는 그것들을 대응시키지 않고 그 대신에 그 집단들을 증명의 집단들과 비교한다. (이 속에서 물론 두 개의 집단은 서로 대응된다.)

32. 나는 또한 그 증명의 결과로서 다음과 같이 말할 수도 있겠다: "*H*와 *P*는 이제부터 '수적으로 동일하다'라고 일컬어진다."

또는: 그 증명은 그 두 도형의 본질을 탐구하는 것이 아니라, 지금부터 내가 도형의 본질에 속하는 것으로 간주하려는 것을 표현하고 있다고.
13 —나는 본질에 속하는 것을 언어의 범형들 아래에 놓는다.

수학자는 본질을 창조한다.

33. "이 명제는 저 명제로부터 따라나온다"라고 내가 말할 때, 이는 한 규칙을 승인하는 것이다. 그 받아들임은 증명에 기초하여 일어난다. 다시 말해서 나는 이 사슬(이 도형)이 증명으로서 수용 가능함을 알게 된다. —"그러나 나는 달리 할 수도 있겠는가? 그것은 받아들여야만 하는 것이 아닌가?"—왜 당신은 당신이 그래야만 한다고 말하는가? 왜냐하면 가령 "그래—나는 이 결론을 받아들여야만 해"라고 증명의 끝에서 당신이 말하기 때문이다. 그러나 그것은 결국 단지 당신의 무조건적인 승인을 표현한 것에 지나지 않는다.

즉 (나는 이렇게 믿는다):"나는 이것을 받아들여야만 해"라는 말은 다음의 두 가지 경우에서 사용된다:우리가 한 증명을 얻게 될 때—그리고 또한 증명의 각각의 단계들 자체와 관련해서.

34. 그러면 그 증명이 나에게 강제한다는 것은 어디에서 드러나는가? 내가 일단 그 위에서 그러그러하게 나아가고, 다른 길로 가는 것은 거부한다는 바로 그 점에서. 그 방식으로 나아가기를 원하지 않는 어떤 사람에게 맞서서 마지막 논증으로서 나는 단지 다음과 같이 말하게 될 뿐이다:"그래, 당신에게는 도대체 …가 보이지 않는가!"—그리고 이것은 결코 논증이 아니다.

35. "그러나 만일 당신이 옳다면, 모든 사람들(또는 여하튼 모든 정상적인 사람들)이 이 명제들의 증명으로서 이들 도형을 받아들인다는 사실은 어떻게 나오게 되는가?"—참으로 여기에는 거대한—그리고 흥미로운—일치가 있다.

36. 당신에게 지금 일렬로 놓여 있는 구슬이 있고, 1부터 100까지 아라비아 숫자로 그것들에 번호를 붙인다고 상상해 보라;그때 당신은 매번 10개마다 그 뒤에 큰 틈을 두고, 그 각각의 10개에서 양쪽으로 5개씩을 갈라놓기 위해 가운데에 조그만 틈을 둔다—이것으로 그 10개는 명확하게 표시된다;그리고 지금 당신은 10개들의 묶음을 취하여 차례대로 아래로 놓고, 세로열의 가운데에는 더 큰 틈을 두어서 윗쪽에 다섯 행, 아랫쪽에 다섯 행으로 나눈다;그리고 그 행들에 1부터 10까지 번호를 붙인다.—우리는 말하자면 구슬로 연습을 한 것이다. 나는 우리가 100개의 구슬의 속성들을 펼쳐 보였다고 말할 수 있다.—그러나 지금 그 100개의 구슬을 가지고 한 전체 과정, 이 실험의 전과정이 촬영되었다고 상상해 보라. 내가 지금 화면에서 보는 것은 확실히 실험이 아니다. 왜냐하면 한 실험의 그림은 그 자체로 실험이 아니기 때문

이다. —그러나 나는 그 과정에서 '수학적으로 본질적인 것'을 지금 투사에서도 본다! 왜냐하면 여기에서는 먼저 100개의 반점들이 나타나고, 그리고 나서 그것들이 10개씩 배열되고 등등 그러하기 때문이다.

따라서 나는 이렇게 말할 수도 있겠다: 증명은 나에게 실험으로서 이바지하지 않는다; 오히려 실험의 그림으로서 이바지한다.

14 37. 사과 두 개를 빈 탁자 위에 놓고, 그것들 가까이에 아무도 다가서지 않게 하고 그 탁자가 흔들리지 않도록 주의하라; 지금 다른 두 개의 사과를 그 탁자 위에 놓아라; 이제 거기에 있는 사과를 세어 보자. 당신은 하나의 실험을 했다; 그 셈의 결과는 4일 것이다. (우리는 그 결과를 다음과 같이 서술하게 될 것이다: 그러그러한 상황에서 탁자 위에 먼저 사과 두 개를 놓고 나서 그 위에 다른 사과 두 개를 놓으면, 대개는 아무것도 사라지지 않고 아무것도 첨가되지 않는다.) 그리고 우리는 동일한 결과가 나오는 유사한 실험들을 온갖 종류의 고체들을 가지고 수행할 수 있다. —그렇게 해서 우리 아이들은 셈을 배운다; 왜냐하면 아이들에게 먼저 강남콩 세 개를 놓게 하고 다시 다른 강남콩 세 개를 놓게 하고 나서 거기에 있는 것을 세도록 해보아라. 만일 그 결과가 한때는 5이고 또 다른 한때는 7이라면 (왜냐하면 우리가 이제 말하게 될 것처럼 어떤 때는 한 개가 저절로 덧붙여지고, 어떤 때는 한 개가 사라질 수도 있기 때문에), 우리는 우선 강남콩이 계산을 가르치는 데 적합하지 않다고 말하게 될 것이다. 그러나 만일 똑같은 일이 막대기, 손가락, 선, 그리고 대부분의 다른 것들에서도 일어난다면, 이와 더불어 모든 계산은 종말을 고할 것이다.

"그러나 그래도 여전히 2+2=4가 아니겠는가?"—이 문장은 그와 더불어 사용 불가능하게 되어 버릴 것이다.

38. "당신은 2+2가 4라는 것을 보려면 다음의 도형을 보기만 하면 된다."

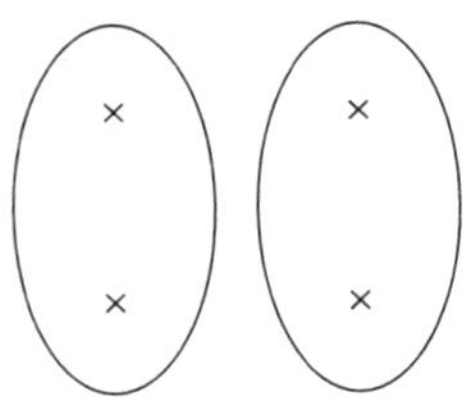

—그러면 나는 2+2+2=4임을 보기 위해 다음의 도형을 보기만 하면 된다.

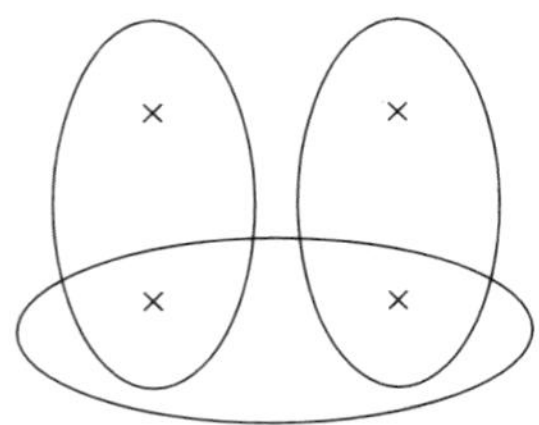

39. 만일 어떤 사람이 필름에 투사된 대로 구슬 100개로 했던 실험을 따라해 본다면 나는 그에게 무엇을 확신시키고 있는가?

우리는 그런 것이 일어났었다는 것을 내가 그에게 확신시키는 것이라고 말할 수 있을 것이다. —그러나 이것은 수학적 확신이 아닐 것이다. ——그러나 나는 이렇게 말할 수 없는가: 나는 그에게 하나의 절차를 각인시킨다고? 이 절차는 일렬로 된 100개를 10개씩 10개의 행으로 재배열하는 것이다. 그리고 이 절차는 사실상 항상 다시 수행될 수 있다. 그리고 그는 정당하게 그것을 확신할 수 있다.

40. 그리고 바로 그렇게 증명 25는 투사선을 그림으로써 우리에게 하나의 절차, 즉 H와 P 사이에 일대일 대응시키는 절차를 각인시킨다. —"그러나 그것은 또한 나에게 이러한[1] 대응이 가능하다는 것을 확신시

1) 여기에서 '이러한 대응'이란 증명 자체에 있는 도형들의 대응을 말하는가? 그 어떤 것도 척도인 동시에 측정되는 것일 수는 없다—방주(旁

켜 주지 않는가?"—만일 그것이 당신은 항상 그것을 수행할 수 있다는 것을 의미한다면, 그것은 결코 참일 필요는 없다. 그러나 투사선을 그리는 것은 밑에 있는 모서리의 수만큼 위에는 같은 수의 선분들이 있다는 것을 우리에게 확신시킨다; 그리고 그것은 그런 도형들을 대응시키는 데 사용되는 하나의 본보기를 우리에게 제공한다.—"그러나 확실히 그 본보기는 이를 통하여 그것이 제대로 들어맞는다는 것을 보여주지 않는가? 이번에 그것이 제대로 들어맞았다는 것이 아니고 말이다! 즉 그 도형에서 윗부분이 ı | | | ı 대신에 | | | | | | 였더라면 그것이 제대로 들어맞지 않았으리라는 의미에서."—어떻게 그러한가? 그렇다면 그것은 제대로 들어맞지 않는가? 예를 들어 다음과 같이:

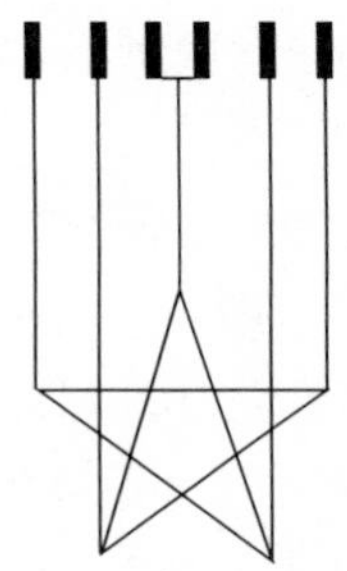

이 그림(Figure, 도형) 또한 어떤 것에 대한 증명으로서 사용될 수도 있을 것이다! 더구나 그것은 이러한 형식들의 집단 사이에 1-1 대응이 주어질 수 없다는 것을 보여주기 위해서 사용될 수 있을 것이다.[2] '1-1 대응이 여기에서 불가능하다'는 예를 들자면 "이들 도형과 1-1 대응은 서로 들어맞지 않는다"를 뜻한다.

"나는 그와 같이 의미하지 않았다!"—그러면 당신이 그것으로 무엇을 의미하고 있는지 나에게 보여주시오. 그러면 나는 그렇게 할 것

註).

2) 가령 나는 그 그림에 의거하여 앞의 대응을 시도할 것이지만, 뒤의 대응은 시도하지 않을 것이며, 전자는 가능하지 않다고 말할 것이다—방주.

이다.

그러나 나는 어떻게 그러한 대응이 가능한지를 그 그림이 보여주고 있다고 말할 수 없는가? —그리고 그러한 이유로 해서 그 그림은 또한 그 대응이 가능하다는 것을 보이지 않아야만 하는가? —

41. 다섯 개의 평행한 선분의 형식과 다섯 개의 모서리를 지니는 별표 형식에 이름을 붙이자는 우리의 제안의 의미는 무엇이었는가? 그것들이 이름을 얻게 됨으로써 무엇이 일어났는가? 그렇게 함으로써 그 도형들이 지니고 있는 사용의 종류에 대하여 어떤 것이 지칭된다. 요컨대 —한눈에 우리는 그것들을 그러그러한 것으로서 인지하는 것이다. 그러
16 기 위해서 우리는 그 선분들이나 모서리를 세지 않는다;그것들은 우리에게는 나이프와 포크, 또 글자와 숫자처럼 전형적인 형태들이다.

그러므로 (예를 들어) "*H*를 그리시오"라는 명령이 주어질 때—나는 이 형식을 곧장 재현할 수 있다.—이제 증명은 나에게 두 형식을 대응시키는 방식을 가르쳐 준다. (증명에서 대응된 것은 이들 개별적 도형들뿐만 아니라 그 형식들 자체라고 나는 말하고 싶다. 그러나 이것은 확실히 이들 형식이 나에게 잘 각인되었음을, 범형으로서 각인되었음을 의미할 뿐이다.) 그러면 이제 내가 형식 *H*와 *P*를 그렇게 대응시키고자 할 때 어떤 곤란에 빠지는 것은 가능하지 않은가? —가령 아래에 모서리가 너무 많이 있다거나, 위에 선분이 너무 많이 있다는 사실에 의해서. —"그러나 만일 당신이 *H*와 *P*를 실제로 다시 그린다면 확실히 그렇지 않다! —그리고 그것은 증명될 수 있다;이 그림을 보라!" —이 그림은 내가 실제로 동일한 도형들을 그렸는지 여부를 검사하는 새로운 방법을 나에게 가르쳐 준다. 그러나 내가 지금 이 본보기를 따르고자 할 때 그럼에도 불구하고 나는 곤란에 빠질 수 있지 않은가? 그러나 나는 정상적으로는 내가 어떠한 곤란에도 빠지지 않을 것임을 확신하고 있다고 말한다.

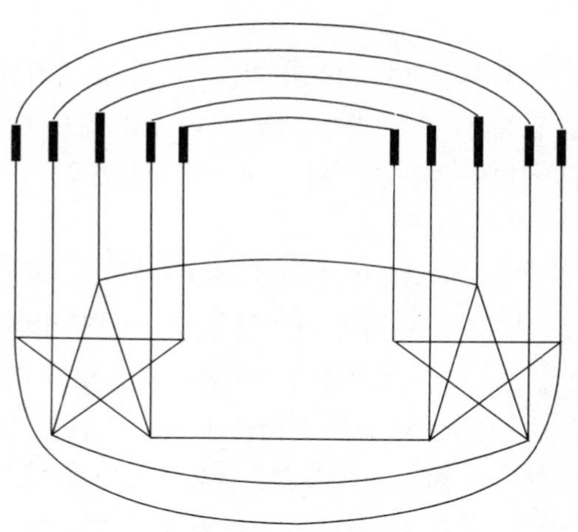

42. 어떤 특정한 도형, 예를 들어 직사각형을 주어진 조각들로부터 끼워 맞추어 내는 그림 맞추기 놀이가 있다. 그 도형을 분리시키면 그 부분들을 올바로 조합해 내는 방법을 알아내기란 어렵다. 이를테면 다음과 같다고 하자:

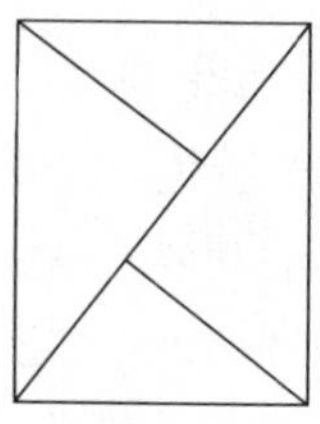

17 그것을 조합하는 데 성공하는 사람은 무엇을 발견하는가? —그는 하나의 배치를 발견한다—이것에 대해서 그는 이전에는 생각하지 않았다. —좋다; 그러나 우리는 또한 다음과 같이 말할 수 없는가: 그는 이 삼각형들이 그와 같이 조합될 수 있음을 확신한다고? —그러나 '이 삼각형들': 이것들은 위의 직사각형 속에 놓여 있는 것들인가, 아니면 비로소 그렇게 조합되어야 할 삼각형들인가?

43. "나는 이 도형들이 그렇게 조합될 수 있다고는 믿지 않았을거야" 라고 말하는 어떤 사람에게, 우리는 그 그림 맞추기의 풀이를 보여주면서 "오, 당신은 그 조각들이 그렇게 조합될 수 있음을 믿지 않았다고?"라고 말할 수 없다. —그러면 그는 대답할 것이다: "내가 의미하는 것은 그것들을 이렇게 조합하는 방식을 전혀 생각하지 않았다는 것이다."

44. 그림 맞추기의 조각들의 물리적 속성이 우리가 찾으려는 그 배치로 놓여질 수 없는 그런 것이라고 상상해 보자. 그러나 그 속성은 만일 어떤 사람이 이런 배치로 그것들을 놓으려고 하면 어떤 저항감을 느끼게 된다는 것이 아니라; 단지 다른 모든 것들을 시도해 보는데 오직 이것만을 못할 뿐이며, 그 조각들이 우연하게 이러한 배치로 놓여지지는 않는다는 것이다. 이 배치는 말하자면 공간으로부터 배제된 것이다. 마치 우리의 뇌에 가령 어떤 '맹점'이 있기나 한 것처럼. —그러면 그것은 내가 가능한 모든 조합을 시도했다고 믿지만 마치 마법에 걸린 듯 이것만 항상 지나쳐 버렸을 때와 같지 않은가?

우리는 다음과 같이 말할 수 없는가: 즉 당신에게 그 풀이를 보여주는 도형은 어떤 맹점을 제거한다거나 심지어 당신의 기하학을 바꾼다고? 그것은 말하자면 당신에게 새로운 차원의 공간을 보여준다. (마치 파리에게 파리잡이 병으로부터 출구를 보여주는 것처럼.)

45. 어떤 악마가 이러한 배치에 어떤 마법을 걸었고 그것을 우리의 공간으로부터 제외시켜 버렸다.

46. 그 새로운 배치는 말하자면 무(無)로부터 생겨났다. 전에는 아무것도 없었던 곳에 이제 갑자기 어떤 것이 있다.

47. 어떤 의미에서 그 풀이는 당신에게 그러그러한 것이 이루어질 수

있다는 것을 확신시켜 주었는가? ―당신은 전에는 그것을 할 수 없었다 ―그리고 지금은 아마도 할 수 있다. ―

48. "나는 그러그러한 것을 한 명제의 증명으로서 받아들인다"라고 나는 말했다. ―그러나 나는 그 그림 맞추기의 조각들의 조합을 보여주는 그 도형을, 이 조각들이 이런 윤곽으로 조합될 수 있다는 증명으로서 받아들이지 않을 수 있는가?

49. 그러나 지금 그 조각들 중의 하나가 그 본보기의 대응 부분들의
거울에 비친 상으로 놓여 있다고 상상해 보자. 이제 그는 그 본보기에 따
18 라 그 도형을 조합하고자 한다. 그는 그것이 제대로 되어야 한다고 보
지만, 그의 머리 속에는 그 조각을 뒤집는다는 생각이 떠오르지 않으
며, 그 조합에 성공하지 못함을 알게 된다.

50. 하나의 직사각형은 두 개의 평행사변형과 두 개의 삼각형으로 조합될 수 있다. 증명:

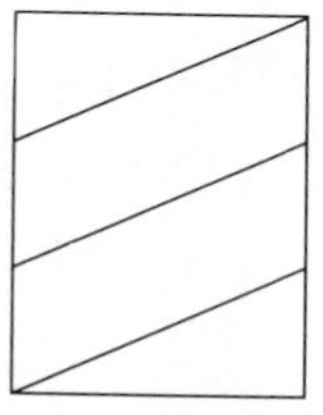

어린 아이는 이 부분들로 하나의 직사각형 조합을 끼워 맞추기가 어려울 것이며, 그 평행사변형들이 비스듬히 놓일 때 그 평행사변형의 두 변들이 하나의 직선을 만든다는 사실에 의해 놀라게 될 것이다. ―마치 그 직사각형이 마술에 의해서 이 도형들로부터 생겨난 것처럼 그 아이에게 언뜻 떠오를 수도 있을 것이다. 참으로 그것들이 하나의 직사각형을 형성한다는 것을 그 어린 아이는 받아들여야 하지만, 어떤 속임수에

의해, 어떤 왜곡된 조합에 의해 부자연스러운 방법으로 이루어진 것이라고 볼 것이다.

나는 다음과 같이 상상할 수 있는데, 즉 그 어린 아이가 그러한 방식으로 그 두 평행사변형을 함께 놓은 후에 그것들이 그렇게 끼워 맞추어지는 것을 보지만 자기 눈을 믿지 않는다고 말이다. '그것들이 그렇게 끼워 맞춰지는 것처럼 보이지는 않아.' 그리고 나는 다음과 같이 말해지는 경우도 생각해 볼 수 있겠다: 우리에게 마치 그것들이 직사각형을 생겨나게 한 것처럼 보이는 것은 단지 어떤 속임수에 의해서이다—실제로는 그것들이 자신의 본성을 변화시켜 버렸으며, 이제 더 이상 그것들은 평행사변형이 아니다.

51. "당신은 이것을 인정한다—그렇다면 당신은 이것을 인정하지 않으면 안 된다."—그는 그것을 인정해야만 한다—그리고 그럼에도 불구하고 그가 그것을 인정하지 않는 것이 가능하다! 당신은 다음과 같이 말하고 싶어한다: "만일 그가 생각한다면, 그는 그것을 인정해야만 한다."

"왜 당신이 그것을 인정해야만 하는지 보여주겠다."—나는 만일 당신이 그것을 곰곰이 생각하면 당신이 그렇게 판단하도록 결정해 줄 한 가지 경우를 당신의 눈앞에 보여주겠다.

52. 그렇다면 어떻게 증명의 조작이 그가 어떤 것을 인정하게끔 할 수 있는가?

53. "이제 당신은 5가 3과 2로 이루어진다는 것을 인정하게 될 것이다."

내가 이 그림을 사용하고자 한다는 것을 제외하고는 아무것도 인정하지 않을 때만, 나는 그것을 인정할 것이다.

19 54. 혹자는 예를 들어 이 도형을 100개의 평행사변형이 이와 같이 조합될 때 하나의 직선 띠를 생겨나게 한다는 것에 대한 증명으로서 간주할 수도 있겠다.

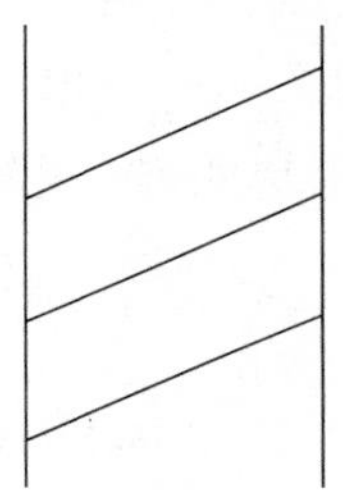

그러고 나서 실제로 그가 100개를 함께 놓으면 예를 들어 약간 굽은 띠를 얻는다. ―그러나 그 증명은 우리가 이 그림과 표현 방식을 사용하도록 결정하였다: 만일 그것들이 직선 띠를 생겨나게 하지 않으면 그것들은 부정확하게 만들어졌다.

55. 단지 생각해 보라. 당신이 나에게 보여준 그 그림이(또는 절차가) 어떻게 이제 내가 항상 그러그러하게 판단하도록 속박할 수 있는지!

참으로 우리가 여기에서 갖는 것이 실험이라면, 확실히 하나의 실험은 너무 미약해서 어떠한 판단에도 나를 붙들어 맬 수 없다.

56. 증명을 제시하는 사람은 말한다: "이 도형을 보라! 우리는 그것에 대해 뭐라고 말해야 할까? 직사각형은 …으로 이루어진다가 아닌가? ―"

또는 다시: "이제 확실히 당신은 이것을 '평행사변형'이라고 부르고 또 이것을 '삼각형'이라고 부르며, 그리고 바로 이것이 하나의 도형이 다른

것들로 이루어진다는 것이 어떤 것인지를 보여주고 있다."

57. "그렇다. 당신은 하나의 직사각형은 항상 …으로 이루어진다는 것을 나에게 확신시켜 주었다."—나는 또한 다음과 같이 말하게 될 것인가: "그렇다. 당신은 바로 이 직사각형(그 증명 속의 직사각형)이 …으로 이루어진다는 것을 나에게 확신시켜 주었다"라고? 그리고 바로 이것이 설령 그 일반 명제를 받아들이지 않을지라도 당연하게 받아들여야 할 더 온건한 명제일 것이다. 그러나 이상하게도 그것을 받아들이는 사람은 온건한 기하학적 명제를 받아들이는 것이 아니라 어떤 기하학적 명제도 받아들이지 않는 것처럼 보인다. 물론이다—왜냐하면 그 증명 속에 있는 직사각형에 관해서 그는 나에게 아무것도 확신시키지 않았기 때문이다. (만일 내가 그것을 이전에 보았다면, 나는 이 도형에 대해서는 어떤 의심도 갖지 않았을 것이다.) 이 도형에 관한 한, 나는 모든 것을 자발적으로 인정했다. 그리고 그는 나를 확신시키는 데 그것을 매개로 했을 뿐이다. —그러나 한편 만일 그가 이 직사각형에 관해서 어떤 것을 나에게 확신시키지 않았다면, 어떻게 그는 다른 직사각형의 어떤 성질에 대해서 나에게 확신시키겠는가?

58. "참으로 이 형식은 두 개의 비스듬한 부분들로 이루어질 수 있는 것처럼 보이지 않는다."

무엇이 당신을 놀라게 하는가? 지금 이 도형을 본다는 것이 놀라게 한 것은 아니다! 나를 놀라게 하는 것은 이 도형 안에 있는 어떤 것이다. —그러나 이 도형에서는 아무것도 일어나고 있지 않다!

나를 놀라게 한 것은 경사가 직선과 함께 조합될 수 있다는 것이다. 그것은 말하자면 나에게 현기증을 느끼게 한다.

59. 그러나 어쨌든 나는 실제로 다음과 같이 말한다: "나는 이 도형이 이 부분들로부터 조합될 수 있다는 사실을 확신하게 되었다." 가령 내

가 그 그림 맞추기의 해답 그림을 보았다면.

그리고 만일 이제 내가 이것을 누군가에게 말한다면 그것은 확실히 다음을 의미하게 될 것이다:"단지 시도해 보라! 이 조각들은 적절하게 놓여지면 실제로 그 도형을 생겨나게 한다." 나는 그에게 어떤 것을 하도록 격려하고 그가 성공하리라고 미리 말해 준다. 그리고 그 예언은 우리가 방법을 알기만 하면 그 조각들로부터 그 도형을 용이하게 조합할 수 있다는 점에 기초하고 있다.

60. 당신은 증명이 보여준 것에 놀란다고 말한다. 그러나 당신은 이 선들이 그려질 수 있었다는 것에 놀라는가? 아니다. 당신은 이런 두 조각이 이 형식을 산출한다고 당신 자신에게 말할 때 단지 놀랄 뿐이다. 즉 어떤 다른 것을 기대했는데 이제 이 결과를 보게 되는 상황에 처한 자신을 생각하게 될 때.

61. "이것은 저것으로부터 엄정하게 따라나온다."—참으로 이 증명에서 이것은 저것으로부터 생겨나온다.

이것은 어느 누구든지 그것을 증명으로서 승인하는 사람들에 대해서 증명이다. 그것을 승인하지 않는 사람, 증명으로서 그것을 따르지 않는 사람은 심지어 우리와 말하기 전에도 이미 우리와의 관계를 떠난 것이다.

62.

여기에서 우리는 뭔가 엄정하게 보이는 것을 가지게 된다. 그리고 확실히 그것은 오직 그것의 귀결에서만 '엄정'할 수 있다! 왜냐하면 그렇지 않다면 그것은 단지 하나의 그림에 불과하기 때문이다.

이 도식의 원격 작용—우리는 이렇게 부를 수도 있을텐데—은 어디에서 성립하는가?

63. 나는 하나의 증명을 읽었다—그리고 이제 나는 확신한다. —만일 내가 이 확신을 곧바로 잊어버리면 어떻게 되는가?

왜냐하면 다음은 특유한 과정이기 때문이다: 나는 증명을 관통하여 나아가며 그러고 나서 그것의 결과를 받아들인다. —내가 의미하는 것은: 바로 이것을 우리가 그렇게 한다는 것이다. 이것은 우리들 사이의 관행 혹은 우리의 자연사적 사실이다.

21 64. '만일 내가 다섯을 갖고 있으면 나는 셋과 둘을 갖고 있다.'——그러나 다섯을 갖고 있음을 나는 어떻게 아는가? —글쎄, 만일 그것이 ||||| 와 같이 보인다면. —그리고 그렇게 보일 때 내가 그것을 그와 같은 묶음으로 항상 나눌 수 있다는 것은 또한 확실한가?

우리가 다음과 같은 놀이를 할 수 있다는 것은 하나의 사실이다: 나는 어떤 사람에게 두 개, 세 개, 네 개, 다섯 개로 된 묶음이 어떤 것인지를 가르치고, 선분들을 서로 일대일 대응시키는 것을 가르친다; 그리고 나는 항상 그에게 "다섯 개로 된 묶음을 그리시오"라는 명령을 두 번 수행하도록 만든다—그러고 나서 나는 "이 두 묶음을 대응시키시오"라는 명령을 수행하도록 가르친다; 그러면 여기에서 그가 실제로 항상 그렇듯이 나머지 없이 그 선분들을 서로 대응시킨다는 것이 드러난다.

또는 다시: 내가 다섯 개의 묶음들로 그린 것을 일대일 대응시킬 때 실제로는 결코 곤란에 빠지지 않으리라는 것은 사실이다.

65. 나는 그 그림 맞추기를 해야 한다. 나는 이런 식으로, 저런 식으로 시도해 보고 내가 그것을 끼워 맞추게 될지를 의심한다. 이제 어떤 사람이 나에게 해답 그림을 보여준다. 그러면 나는 어떠한 의심도 없이 다음과 같이 말한다—"이제 나는 그것을 할 수 있어!"—그렇다면 내가 이제 그것을 끼워 맞추게 되리라는 것은 확실한가? —그렇지만 사실

은 다음과 같다: 즉 나는 그것에 대해서는 어떠한 의심도 하지 않는다.

이제 어떤 사람이 다음과 같이 묻는다고 하자: "그 그림의 원격 작용은 어디에서 성립하는가?"—내가 그것을 적용한다는 것에.

66. 증명에서 우리는 어떤 사람과 일치에 이른다. 그렇지 않다면, 이 언어를 매개로 해서 의사 소통에 이르기 전에 우리의 길은 갈라져 버린다.

어떤 한 사람이 증명에 의해서 다른 사람들을 설득시킨다는 것은 본질적이지 않다. 양쪽 다 그것을 볼 수 있고(읽을 수 있고), 승인할 수 있다.

67. "그러나 당신은 *A*와 같은 묶음이 본질적으로 *B*와 같은 묶음과 *C*와 같은 묶음으로 이루어진다는 것에는 어떤 의심의 여지도 있을 수 없다는 것을 보고 있다."

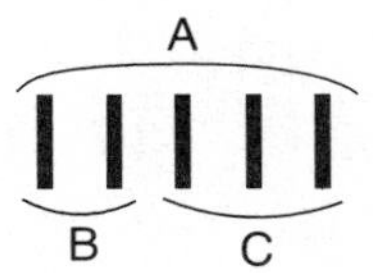

—나 역시 말하는데—즉 나 또한 그렇게 표현하는데—거기에 그려진 묶음은 더 작은 두 묶음으로 이루어진다; 그러나 첫번째 종류(또는 형태)의 묶음이라고 부르게 될 모든 묶음이 무조건 후자의 더 작은 종류의 묶음으로 이루어질 것인지 여부를 나는 알지 못한다. ——그러나 그것이 아마도 항상 그렇게 될 것이라고 나는 믿으며(아마도 나는 경험으로부터 이것을 배웠을 것이다), 그리고 이러한 이유로 해서 나는 다음
22 을 규칙으로서 기꺼이 받아들일 것이다: 나는 어떤 묶음이 *B*와 *C* 같은 두 묶음들로 분해될 수 있을 때, 그리고 오직 그때에만 그 묶음을 *A*의 형태의 묶음이라고 부를 것이다.

68. 그리고 그림 50 또한 그렇게 하나의 증명으로서 작동한다. "정말로 그렇다! 두 개의 평행사변형은 이 형식으로 조합된다!" (그것은 내가 다음과 같이 말할 때와 아주 흡사하다: "참으로 그렇다! 곡선은 곧은 조각들로 이루어질 수 있다.") — 나는 그것을 생각하지도 못했을 것이다. 실로 이 도형의 부분들이 이 도형을 산출한다는 것을 말이다. 그러나 이는 중요하지 않다. — 오히려 나의 놀라움은 단지 내가 부지불식간에 위쪽 평행사변형을 아래쪽 평행사변형에 끼워 맞추고는 그 결과를 보는 것을 생각할 때 생겨난다.

69. 그리고 다음과 같이 말할 수도 있겠다: 나를 놀라게 할 수도 있는 것 — 그것을 증명이 나에게 납득시켰다.

70. 왜냐하면 왜 나는 도형 50은 나에게 뭔가를 납득시키지만, 다음의 도형 역시 바로 그렇게 하는 것은 아니라고 말하는가 말이다:

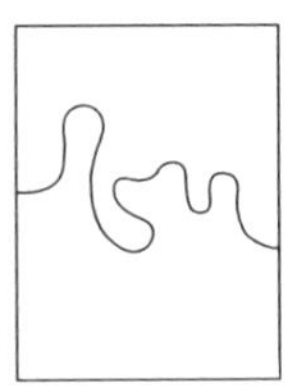

결국 이것도 이런 두 조각이 하나의 직사각형을 산출시킨다는 것을 보여준다. "그러나 그것은 흥미롭지 않다"라고 우리는 말할 것이다. 그러면 왜 그것은 흥미롭지 않은가?

71. 우리가 "이 형식은 이 형식들로 이루어진다"라고 말할 때 — 우리는 그 형식을 순수한 그림으로서, 말하자면 이 형식을 지니는 사물들이 겨냥하는 이러한 형식의 순수한 골격으로서 생각한다. (속성들이 한 사물의 구성분이라고 했던 플라톤의 견해와 비교하라.)

72. "이 형식은 이 형식들로 이루어진다. 당신은 이 형식의 본질적인 속성을 나에게 보여주었다."—당신은 나에게 하나의 새로운 그림을 보여주었다.

마치 신이 그렇게 그것들을 구성한 듯하다.——따라서 우리는 하나의 비유를 이용하고 있는 것이다. 그 형식은 이 형식을 가진 천상의 실재(Wesen)로 된다. 그것은 마치 한꺼번에 그와 같이 구성된 듯하다(본질적인 속성들을 사물에 부여해 놓은 이에 의해). 왜냐하면 만일 그 형식이 부분들로 이루어진 사물로 된다면, 그 형식을 만든 창조자는 또한 빛과 어둠, 색과 딱딱함 따위도 만든 이이기 때문이다. (누군가가 다음과 같이 묻는다고 생각해 보라: "…라는 형식은 이 부분들로 만들어져 있다; 누가 그것을 만들었는가? 당신이?")

23 "존재"(Sein)라는 낱말은 숭고한 천상의 종류의 현존(Existieren)에 대해 쓰여져 왔다. 이제 (예컨대) "빨강은 존재한다"(Rot ist)라는 명제에 대해 고찰해 보자. 물론 어느 누구도 그것을 사용하지 않는다; 그러나 만일 내가 그것에 대해 그래도 어떤 용도를 발명해야만 한다면, 그것은 다음과 같을 것이다: "빨강"이라는 낱말을 앞으로 사용하게 될 진술에 대한 도입적인 공식으로서. 나는 그 공식을 발화할 때면 빨강이라는 색깔의 견본을 바라본다.

사람들은 색깔을 주의깊게 관찰할 때 "빨강은 존재한다"와 같은 문장을 말하고 싶은 유혹을 느낀다; 그러니까 사람들이 어떤 사물(예를 들어 나뭇잎처럼 생긴 곤충)의 현존(Existenz)을 확인하게 되는 것과 같은 상황에서.

그리고 나는 이렇게 말하고 싶다: "사태가 그러하다는 것을 증명이 나에게 가르쳐 주었고—납득시켜 주었다"라는 표현을 사용할 때, 사람들은 여전히 그러한 비유를 하고 있다.

73. 나는 또한 다음과 같이 말할 수 있었을 것이다: '본질적'이라는 것은 결코 대상의 속성이 아니라 오히려 개념의 징표라고.

· 67 ·

74· "그 묶음의 형태가 동일했다면, 그것은 동일한 측면들, 동일한 분할의 가능성을 지녀야만 한다. 만일 그것이 다른 것들을 지닌다면 그것은 동일한 형태가 아니다. 아마도 그것은 여하튼 당신에게는 동일한 인상을 만들어 주었을 것이다. 그러나 그것은 당신이 그것을 동일한 방식으로 나눌 수 있을 때에만 동일한 형태인 것이다."

이는 마치 이것이 그 형태의 본질을 표현하는 듯하다. —그렇지만 나는 이렇게 말한다: 본질에 대해서 말하는 사람은 단지 어떤 규약을 확인하고 있을 뿐이다. 그러나 여기에서 혹자는 다음과 같이 응수하고 싶어한다: 본질의 심층에 대한 명제와 단순한 규약에 대한 명제 사이에 존재하는 차이보다 더 큰 차이란 존재하지 않는다. 그러나 내가 다음과 같이 대답한다면 어떻게 되는가? 본질의 심층에 대해서 규약에 대한 심층적인 요구가 대응한다.

따라서 만일 내가 "이 명제는 그 형태의 본질(Wesen)을 표현한 것처럼 보인다"라고 말한다면—이때 내가 의미하는 것은, 이 명제가 형태라는 존재(Wesen)의 어떤 속성을 표현한 듯하다는 것이다! —그리고 혹자는 다음과 같이 말할 수 있다: 어떤 속성을 지닌다고 그 명제가 주장하는 존재, 그리고 내가 여기에서 '형태'라는 존재라고 부르는 존재는, 내가 "형태"라는 낱말을 들을 때 갖지 않을 수 없는 그림이다.

75· 그러나 당신은 100개의 구슬이 지닌 무슨 종류의 속성들을 펼쳐 보이거나 전개해 보였는가? ——글쎄, 그것들로 이것들을 할 수 있다는 것을. ——그러나 어떤 것들을? 당신은 그것들을 그와 같이 움직일 수 있었다는 것, 구슬들이 탁자 표면 위에 달라붙지 않았다는 것을 의미하고 있는가? ——그렇다기보다는 이들 형성물이 구슬들로부터 생겨나고, 거기서는 어떤 누락이나 첨가도 없다는 것을 의미한다. ——그러니까 당신은 그 열(列)의 물리적 속성들을 보였다. 그러나 왜 당신은
24 "펼쳐 보인다"라는 표현을 사용했는가? 당신은 어떤 쇠막대기가 그러그러한 온도에서 녹는다는 것을 보이면서 그것의 속성을 펼쳐 보인다고

말하지는 않을 것이다. 그리고 (예컨대) 그 열의 속성들을 펼쳐 보인다고 말하는 것처럼, 당신은 수들에 대한 우리의 기억의 속성을 펼쳐 보였다고 마찬가지로 말할 수 있지 않겠는가? 당신이 실제로 펼쳐 보인 것은 바로 구슬들의 열이다. ―그리고 당신이 보여주는 것은 예를 들어 만일 하나의 열이 그러그러하게 보인다면, 또는 그와 같이 로마 숫자로 번호를 붙인다면, 어떤 단순한 방식으로 그리고 어떤 구슬이 첨가되거나 누락됨이 없이 그것이 다른 인상적인 형식으로 될 수 있다는 것이다. 그러나 마찬가지로 이것은 결국 당신이 100개의 반점들의 단순한 자리바꿈으로 만들어지게 되는 어떤 형식이 인상적인 것임을 이제야 발견한다는 사실을 보여주는 하나의 심리학적인 실험일 수도 있었다.

“나는 100개의 구슬로 무엇이 이루어질 수 있는지를 보여주었다.”―당신은 이 100개의 구슬들(또는 저기 저 구슬들)이 이런 방식으로 펼쳐질 수 있다는 것을 보여주었다. 그 실험은 (이를테면 태우기 실험에 대조해서) 펼쳐 놓기 실험이었다.

그리고 그 심리학적 실험은 예를 들어 당신이 속는 것이 얼마나 쉬운지를 보여줄 수도 있었다: 즉 만일 구슬들이 그 열에 몰래 들어가거나 빼내어지거나 해도 당신이 그것을 알아차리지 못한다는 것을 말이다. 혹자는 또한 다음과 같이 말할 수도 있겠다: 나는 외견상의 자리바꿈에 의해 100개의 반점들의 열로 무엇이 만들어질 수 있는지를 보여주었다―즉 외견상의 자리바꿈에 의해 그것으로부터 어떤 도형이 산출될 수 있는지를. ―그러나 이 경우에 나는 무엇을 펼쳐 보였는가?

76. 다음과 같이 말해졌다고 상상해 보자: 우리는 대각선으로 세 변씩 함께 취함으로써 어떤 다각형의 성질을 펼쳐 보인다. 그러면 24각형임이 판명된다. 나는 24각형의 한 속성을 펼쳐 보였다고 말하고자 하는가? 아니다. 나는 이 다각형(여기에 그려진 다각형)의 어떤 속성을 펼쳐 보였다고 말하고자 한다. 나는 지금 하나의 24각형이 여기에 그려져 있음을 알고 있다.

이것은 하나의 실험인가? 그것은 이를테면 어떤 종류의 다각형이 여기에 지금 그려져 있는지를 나에게 보여준다. 내가 한 것은 셈의 실험이라고 부를 수 있다.

그러나 그러한 실험을 이미 내가 한눈에 파악할 수 있는 오각형에 대해 수행한다면 어떻게 되는가? ——글쎄, 내가 한눈에 파악할 수 없는 경우를 잠시 가정해 보자—(예컨대) 그것이 아주 크다면 그런 경우가 될 것이다. 그러면 대각선을 그리는 것은 이것이 오각형임을 나에게 확신시키는 한 가지 수단이 될 것이다. 나는 여기에 그려진 다각형의 속성들을 펼쳐 보였다고 다시 말할 수도 있다. ——이제 만일 내가 그것을 한눈에 파악할 수 있다면, 확실히 그것에 관해서는 어떤 것도 변경될 수 없다. 아마도 이 속성을 펼쳐 보이는 것은 쓸모없었다. 내 눈앞에 있는 두 개의 사과를 세는 것이 불필요한 것과 마찬가지이다.

나는 이제 "그것은 다시 하나의 실험이었다. 그러나 나는 그 결과를 확실히 알고 있었다"라고 말해야 하는가? 그러나 나는 어떤 일정량의 물을 전기 분해했을 때의 결과를 확실히 알고 있는 그런 방식으로 그 결과를 확신하고 있는가? 아니다. 다른 방식으로이다! 만일 그 액체의 전기 분해가 …을 산출시키지 않는다면, 나는 내 자신이 제정신이 아니라고 간주하거나 또는 내가 뭐라고 말해야 할지 이제는 도대체 더 이상 모르겠다고 할 것이다.

내가 다음과 같이 말하는 경우를 상상해 보라: "그렇다. 여기에 하나의 사각형이 있다. —그러나 여전히 한 대각선이 그것을 두 개의 삼각형으로 나누는지 여부를 살펴보도록 하자!" 그 다음에 나는 대각선을 그리고 나서 말한다: "그렇다. 여기에 두 개의 삼각형이 생긴다." 여기에서 나는 다음과 같은 질문을 받게 될 것이다: 그것이 두 개의 삼각형으로 나누어질 수 있다는 사실을 당신은 알아 보지 못했는가? 당신은 이제야 여기에 한 사각형이 있다고 그저 확신하게 되었는가? 그러면 왜 당신은 이전보다 오히려 지금 당신의 두 눈을 더 신뢰하는가?

77. 연습 문제: 음들의 갯수—한 곡조의 내적 속성; 잎사귀의 갯수—한 나무의 외적 속성. 이것은 어떻게 개념의 동일성과 연관되어 있는가? (램지 F.P. Ramsey)

78. 만일 어떤 사람이 네 개의 구슬을 두 개씩 나누고, 다시 그것들을 모아 놓고, 또다시 나누고, 이렇게 반복한다면, 그는 우리에게 무엇을 보이고 있는 것인가? 그는 어떤 모양을, 그리고 이 모양의 전형적인 변화를 우리에게 각인시키고 있다.

79. 어떤 꼭두각시 인형의 가능한 자세들에 대해 생각해 보라. 또는 어떤 사슬이 하나 있는데, 예를 들어 고리가 열 개라고 하고, 이것이 어떤 종류의 특징적인(즉 인상적인) 형태들이 될 수 있는지를 당신이 보여준다고 생각해 보라. 그 고리마다 번호가 매겨져 있다고 하자; 이렇게 함으로써 그것들은 쉽게 인상적인 구조가 된다. 비록 그것들이 일직선으로 놓여 있다 할지라도.

따라서 나는 이 사슬의 특징적인 위치와 이동을 당신에게 각인시키고 있다.

내가 지금 "보라. 이것 역시 그 사슬로 만들 수 있다"고 말하고 그것을 내보일 때, 나는 여기서 실험을 당신에게 해보이고 있는가? —그렇다고 말할 수 있다; 나는 예를 들어, 그것이 이런 형태로 될 수 있음을 보여주고 있는 것이다; 그러나 당신은 이것을 의심하지 않는다. 그리고 당신을 흥미롭게 하는 것은 이 개별적인 사슬과 관계 있는 어떤 것이 아니다. —그러나 내가 펼쳐 보이는 것은 어쨌든 이 사슬의 어떤 속성이 아닌가? 확실히 그렇다: 그러나 나는 그저 인상적인 종류의 이동, 그런 변형을 펼쳐 보일 뿐이다; 그리고 이들 변형을 배우는 것은 당신을 흥미롭게 한다. 그러나 왜 그것이 당신에게 흥미로운지 그 이유는 다른 대상에서도 그 변형들을 얼마든지 반복해서 만들어 내기가 아주 쉽기 때문이다.

80. "내가 그것으로 무엇을 만들 수 있는지 보라—"라는 말은 실로 예를 들어 내가 진흙 덩어리로 무엇을 빚을 수 있는지를 당신에게 보여 줄 때 사용하게 될 말과 똑같다. 예를 들어 나는 이 진흙 덩어리로 그런 것을 빚을 수 있을 만큼 재주 있다는 따위 등이다. 다른 경우에서는: 이 재료는 이렇게 빚어질 수 있다는 것이다. 여기서 나는 내가 이것을
26 만들 수 있다는 것 혹은 이 재료가 이렇게 될 수 있다는 것에 '내가 당신의 주의를 환기시키고 있다'라고는 좀처럼 말할 수 없을 것이다;—반면에 사슬의 경우에는 혹자는 다음과 같이 말하게 될 것이다: 나는 이것이 그 사슬로 만들어질 수 있다는 것에 당신의 주의를 환기시키고 있다. —왜냐하면 당신 또한 그것을 상상할 수 있었기 때문이다. 그러나 물론 당신은 상상을 통해서는 그 재료의 어떤 속성도 알 수 없다.

그 과정을 단순히 하나의 인상적인 그림으로 바라보게 될 때 그 실험적 성격은 사라져 버린다.

81. 내가 펼쳐 보이는 것은 '100'이 우리의 계산 체계에서 수행하는 역할이라고 우리는 말할 수 있다.

82. (나는 언젠가 이렇게 썼다:[3] "수학에서 과정과 결과는 서로 동등하다.")

83. 그럼에도 나는 '100'이 그런 방식으로 산출되거나 또는 산출될 수 있다는 것이 '100'의 한 속성이라고 느낀다. 그러나 예를 들어 만일 '100'이 전혀 그런 방식으로 산출되지 않기라도 한다면, 어떻게 그런 방식으로 산출된다는 것이 '100'이라는 구조의 한 속성일 수 있는가? 만일 어떤 사람도 그런 방식으로 곱하지 않는다면? 확실히 이 규칙의 대상이 된다는 것이 이 기호의 속성이라고 사람들이 말할 수 있을 때에만

3) 《논리-철학 논고》 6.1261 참조: "논리학에서 과정과 결과는 동등하다"— 편집자 주.

그렇다. 예를 들어 규칙 '3+2=5'의 대상이 된다는 것은 '5'의 속성이다. 왜냐하면 이 수는 그 규칙의 대상으로서만 다른 수들의 덧셈의 그 결과이기 때문이다.

그러나 내가 지금 규칙 …에 따라 …의 덧셈의 결과가 된다는 것은 수 …의 속성이다라고 말한다면? —그러니까 우리가 이 규칙을 이 수들에 적용할 때 그 수가 생겨난다는 것은 그 수의 속성이다. 문제는 다음과 같다: 만일 이 수가 그 결과가 아니라면 우리는 그것을 '규칙의 적용'이라고 부르게 될 것인가? 그리고 그 물음은 다음과 동일하다: "당신이 '이 규칙의 적용'이라는 말로 이해하는 것은 무엇인가? 예를 들어 그것으로 당신이 하는 것(그리고 당신이 한때는 이런 방식으로, 다른 때는 저런 방식으로 그것을 적용할 수도 있다는 것)인가, 아니면 '규칙의 적용'은 달리 설명되는가?"

84. "이 과정이 이 수에 이르게 된다는 것은 이 수의 한 속성이다." —그러나 수학적으로 말하자면 어떤 과정도 그것에 이르지 않는다; 오히려 그것은 한 과정의 끝이다(여전히 그 과정에 속한다).

85. 그러나 왜 나는 그 열의 어떤 속성이 펼쳐진다고, 보여진다고 느끼는가? —왜냐하면 나는 보여지는 것을 그 열에 본질적이라고, 그리고 비본질적이라고 교대로 바라보기 때문이다. 또는: 왜냐하면 나는 이들 속성들을 외적인 것과 내적인 것으로 교대로 생각하기 때문이다. 왜냐하면 나는 교대로 어떤 것을 자명하다고 간주하고 그것이 주목할 만한 것임을 알게 되기 때문이다.

27 86. "당신이 그 100개의 구슬로 무엇을 만들 수 있는지를 보일 때 당신은 확실히 그 100개의 구슬의 속성들을 펼쳐 보인 것이다." —어떻게 그것들로 만들어질 수 있는가? 왜냐하면 그것들로 그것이 만들어질 수 있음은 어느 누구도 의심하지 않았고, 그래서 문제가 되어야만 하는 것

은 그것들로부터 그것이 어떻게 산출되는가 하는 방식이기 때문이다. 그러나 이것을 보라! 아마도 그것이 이미 그 결과를 전제하지 않는지를. —

왜냐하면 이 방식으로 한때는 이 결과가, 다른 때는 다른 결과가 나온다고 가정하면; 당신은 이제 이것을 받아들일 것인가? 당신은 이렇게 말하지 않을 것인가? "나는 어떤 오류를 범했음에 틀림없다; 항상 동일한 방식으로는 동일한 결과가 나와야 할 것이므로." 이는 당신이 그 변형의 결과를 변형이 이루어지는 방식 안으로 통합시키고 있다는 것을 보여주고 있다.

87. 연습 문제: 나는 이 모양이 이 변경을 통하여 저 모양으로 된다는 것을 경험의 사실이라고 불러야 하는가? (…을 위해서 '이 모양', '이 변경'은 어떻게 설명되어야 하는가?)

88. 혹자는 말한다: 이 분할은 여기에 구슬들의 어떤 종류의 열이 있는지를 명료하게 해준다. 그것은 어떤 종류의 열이 그 분할 이전에 있었는지를 명료하게 해주는 것인가, 아니면 지금 어떤 종류의 열이 있는지를 명료하게 해주는 것인가?

89. "나는 얼마나 많이 있는지를 한눈에 알 수 있다." 자, 얼마나 많이 있는가? 그 대답은 "이만큼 많이"인가? — (대상들의 묶음을 가리키면서). 그런데 그 대답은 어떻게 이루어지는가? '50개' 또는 '100개'가 있다는 식으로.

90. "그 분할은 거기에 어떤 종류의 열이 있는지를 나에게 명료하게 해준다." 자, 거기에 어떤 종류의 열이 있는가? 그 대답은 "이 종류"인가? 의미 있는 대답은 어떻게 이루어지는가?

91. 만일 내가 동일하게 구성된 어떤 다른 사슬의 변형들을 전개한다면, 마찬가지로 나는 확실히 원래 사슬에 대해서도 기하학적 속성들을 펼쳐 보이고 있는 것이다. 그렇지만 바로 그렇게 한다고 하더라도, 만일 그 다른 사슬이 사실상 구부릴 수 없다거나 또는 어떤 다른 방식으로 물리적으로 부적절하다는 것이 판명된다면, 내가 원래의 사슬로 사실상 무엇을 할 수 있는지를 나는 보여주지 못한다.

따라서 결국 나는 이 사슬의 속성들을 펼쳐 보인다고 말할 수 없다.

92. 그 사슬이 전혀 지니고 있지 않은 속성들을 펼쳐 보일 수 있는가?

93. 나는 책상을 잰다; 그 길이는 1미터이다. —이제 나는 하나의 미터자를 다른 미터자에 갖다댄다. 그렇게 함으로써 나는 다른 미터자를 측정하고 있는 것인가? 나는 지금 두번째 미터자의 길이가 1미터임을 알아내고 있는가? 나는 지금 결과에 대해 확신한다는 차이만 가질 뿐이고 그러면서 동일한 측정의 실험을 하고 있는 것인가?

94. 그렇다면 내가 그 자를 그 책상 위에 갖다댈 때, 나는 항상 그 책
상을 재는 것인가? 때때로 나는 그 자를 검사하고 있지 않은가? 그리
28 고 전자의 절차와 후자의 절차간의 차이는 어디에 있는가?

95. 하나의 열을 펼쳐 놓는 그 실험은 다른 것들 중에서도 그 열이 얼마나 많은 구슬로 이루어져 있는지를, 다른 한편으로는 우리가 (가령) 이 100개의 구슬들을 그러그러하게 옮길 수 있다는 것을 우리에게 보여줄 수 있다.

그러나 펼쳐 놓기 계산은 우리가 무엇을 '단순히 펼쳐 놓기에 의한 변형'이라고 부르는지를 보여준다.

96. 다음의 명제를 검토해 보라: 어떤 시각적인 곡선의 접선이 그 곡선과 하나의 절편으로 접한다는 것은 전혀 경험의 사실이 아니다; 그리고 만일 어떤 도형이 이것을 보여준다면, 그것은 어떤 실험의 결과로서가 아니다.

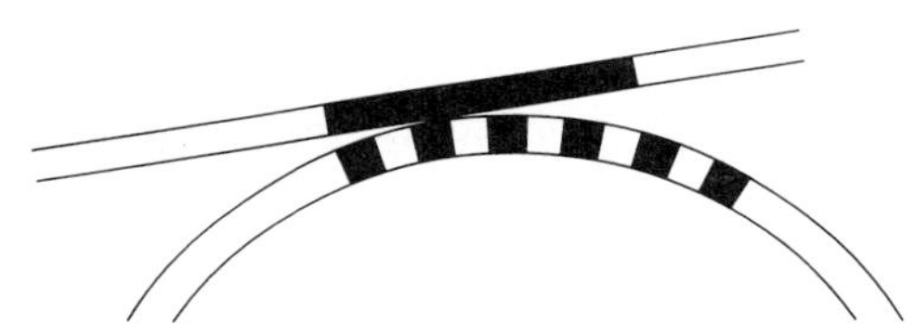

다음과 같이 말해질 수도 있을 것이다: 여기에서 당신은 시각적인 연속 곡선의 절편이 곧다는 것을 본다. ——그러나 나는 다음과 같이 말해야 하지 않을까? —"지금 당신은 확실히 이것을 '곡선'이라고 부른다. — 그렇다면 당신은 이제 그 곡선의 이 작은 절편을 '굽었다'고 말하는가 아니면 '곧다'고 말하는가? —확실히 당신은 그것을 '직선'이라고 부른다; 그리고 그 곡선은 이 절편을 포함한다."

그러나 왜 우리는 그 자체로 어떤 굴곡도 보이지 않는, 그 곡선의 시각적인 직선에 대해 어떤 새로운 이름을 사용하지 않아야 하는가?

"그러나 이 선들을 그리는 실험은 그것들이 한 점에서 접하지 않음을 확실히 보여주었다."——그것들이 한 점에서 접하지 않는다는 것을? 어떻게 '그것들'은 정의되는가? 또는: 당신은 그것들이 '한 점에서 접한다'는 것이 어떤 것인지에 대해서 나에게 그림으로 보여줄 수 있는가? 왜 나는 그것들이—즉 한 곡선과 한 직선이—서로 접한다는 것을 그 실험이 산출했다고 단순히 말해서는 안 되는가? 왜냐하면 이것이 내가 부르는 바 그 선들의 "접합"이 아닌가?

97. 점점 작아져 가는 검은 절편과 흰 절편으로 이루어진 하나의 원을 그려 보자.

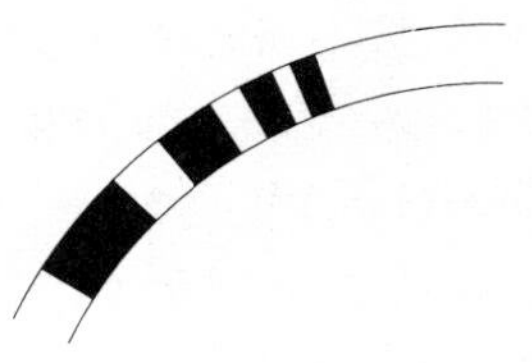

29 "왼쪽에서 오른쪽으로 가고 있는 이 절편들 중에서 어느 것이 최초로 당신에게 곧은 것으로 보이는가?" 여기에서 나는 실험을 하고 있다.

98. 어떤 사람이 "경험은 당신에게 이 선이 휘었다는 것을 가르쳐 준다"라고 말한다면 어떻게 되는가?

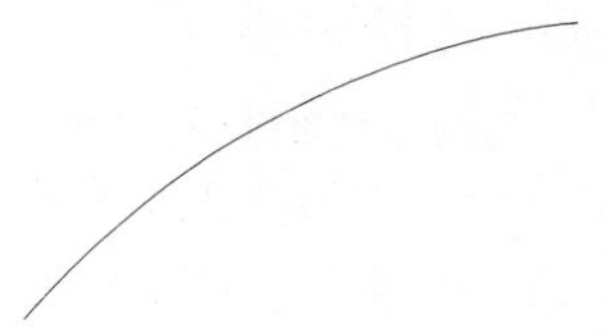

—여기에서 "이 선"이라는 말은 종이에 그려진 선을 의미한다고 말해야 할 것이다. 사람들은 실제로 실험을 행할 수 있고, 이 선을 다른 여러 사람들에게 보이면서 질문할 수 있다: "당신은 무엇을 보는가? 직선인가, 곡선인가?"—

그러나 어떤 사람이 "나는 지금 곡선을 하나 상상하고 있다"라고 말하고, 그 말을 듣고 우리가 "따라서 당신은 그 선이 곡선임을 보고 있다"라고 말한다면—이는 어떤 종류의 의미를 지닐 것인가?

그렇지만 이제 혹자는 또한 다음과 같이 말할 수 있다: "나는 지금 검은 절편과 흰 절편으로 만들어진 하나의 원을 상상하고 있다; 하나는 크고 휘었는데 그것 다음에 따라오는 것들은 점점 작아지며, 여섯번째 것은 최초로 곧은 것이다." 여기에는 어디에 실험이 있는가?

나는 상상 속에서 계산할 수 있지만, 실험은 할 수 없다.

99. 계산으로서의 도출 과정의 특징적인 사용이란 무엇인가? — 실험으로서의 도출 과정의 사용에 대조해서.

우리는 계산을 구조들의 어떤 내적 속성(본질의 어떤 속성)을 증명해 주는 것으로 간주한다. 그러나 이는 무엇을 의미하는가?

다음은 '내적 속성'의 원형(Urbild)으로서 이바지할 수도 있을 것이다.

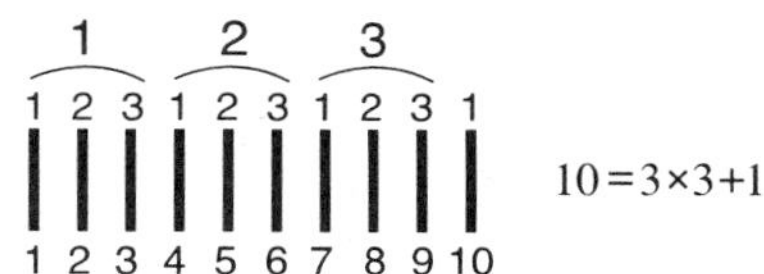

지금 내가 10개의 선분은 필연적으로 3×3개의 선분과 1개의 선분으로 이루어진다라고 말할 때 — 이는 만일 거기에 10개의 선분이 있다면 항상 이들 숫자와 그것들 둘레에 있는 호가 있을 것이다를 의미하지 않는다. — 그러나 만일 내가 그것들을 선분들에 덧붙여 놓는다면 나는 단지 그 선분들의 묶음의 본질을 증명하고 있을 뿐이라고 말한다. — 그러나 그 기호들을 적어 놓고 있는 동안에 그 묶음이 변하지 않았음을 당신은 확신하는가? — "나는 모르겠다: 그러나 어떤 일정한 수의 선분이 거기에 있었다; 그리고 만일 10이 아니었다면 그것은 다른 수였으며, 그래서 그것은 그저 다른 속성들을 가지고 있었다. —"

30 100. 계산은 100의 속성을 '펼쳐 보인다'라고 사람들은 말한다. — 100이 50과 50으로 이루어진다고 말하는 것은 참으로 무엇을 의미하는가? 사람들은 말한다: 그 상자의 내용물은 50개의 사과와 50개의 배로 이루어져 있다. 그러나 만일 어떤 사람이 "그 상자의 내용물은 50개의 사과와 50개의 사과로 이루어져 있다"라고 말한다면 — 우선 우리는 그가 무엇을 의미하고 있는지 알지 못할 것이다. — 만일 혹자가 "그 상자의 내용물은 50개의 사과의 두 배로 이루어져 있다"라고 말한다면,

이는 두 개의 칸이 있어서 각각이 50개의 사과를 담고 있다거나, 또는 예를 들어 개개인이 50개의 사과를 얻기로 되어 있는 어떤 분배가 문제이고, 이제 두 사람이 이 상자로부터 그들의 몫을 받을 수 있다고 내가 듣고 있다는 것을 의미한다.

101. "이 상자에 있는 100개의 사과는 50개와 50개로 이루어진다" ―여기에서 '이루어진다'의 비-시간적 성격은 중요하다. 왜냐하면 그것은 그것들이 50개와 50개로 이루어진다는 것이 지금이라거나 또는 어느 한동안임을 의미하지 않기 때문이다.

102. 도대체 '내적 속성들'의 특징적인 징표란 무엇인가? 그것들이 항상 불변적으로 그것들이 구성하는 전체 속에서 존립한다(bestehen)는 것, 말하자면 어떤 외부의 사건과도 독립해서 존립한다는 것이다. 마치 기계 자체가 외부의 힘에 의해 부서지더라도 종이 위에 작도된 기계는 부서지지 않는 것처럼. ―또는 나는 이렇게 말하고 싶다: 그것들은 사물의 물리적인 것과 같이 바람과 날씨에 좌우되지 않으며; 오히려 그림자와 같이 난공 불락이다.

103. 우리가 "이 명제는 저 명제로부터 따라나온다"고 말할 때, 여기에서의 "따라나온다"도 역시 비-시간적으로 사용되고 있다. (그리고 이것은 그 명제가 어떤 실험의 결과를 표현 aussprehen 하지 않음을 보여준다.)

104. "하양은 검정보다 밝다"와 비교해 보라. 이 표현 역시 비-시간적이고 그것 또한 내적 관계의 존립을 표현하고 있다.

105. "그러나 이 관계는 성립한다(besteht)"―라고 혹자는 말하고 싶어한다. 그러나 문제는 이렇다: 이 명제는 쓰임을 지니고 있는가? ―그

리고 어떤 쓰임을? 왜냐하면 그 순간에 내가 알고 있는 것은 단지 그 때 어떤 그림이 내게 떠오른다는 것(그러나 이것이 나에게 그 사용을 보장해 주지는 않는다)과 그 말이 하나의 한국어 문장을 형성한다는 것 뿐이기 때문이다. 그러나 그 말이 여기에서 일상적인 경우에 유용한 진술과는 다르게 사용되고 있다는 것이 주목된다. (가령 바퀴 제조공이 둥근 것이나 곧은 것에 대해 일상적으로 말하는 진술들이 유클리드 기하학 속의 진술과는 다른 종류임을 알아차릴 수 있는 것처럼.) 왜냐하면 우리는 다음과 같이 말하기 때문이다: 이 대상은 저것보다 더 밝다. 또는 이 사물의 색깔은 저것의 색깔보다 더 밝다. 그리고 그렇다면 어떤 것은 지금은 밝은데 나중에는 어두워질 수 있다라고.

"하양이 검정보다 밝다"가 그 두 색깔의 본질에 대해 무엇인가를 표현하고 있다는 느낌은 어디로부터 오는가? —

31 그러나 그 물음은 도대체 올바르게 설정되었는가? 도대체 우리는 하양 또는 검정의 '본질'이라는 말로 무엇을 의미하는가? 우리는 아마도 '내적인 것', '구성'을 생각한다. 그러나 이것은 여기에서는 어떤 의미도 산출하지 않는다. 우리는 예컨대 "… 보다 더 밝다는 것은 하양 속에 놓여 있다"라고도 말한다.

그것은 다음과 같지 않은가?

검은 반점과 하얀 반점의 그림은 "더 밝은"과 "더 어두운"이라는 말로 우리가 이해하는 것의 범형으로서, 또 동시에 "하양"과 "검정"에 대한 범형으로서 우리에게 이바지한다. 이제 어둠과 검정 둘 다가 이 반점에 의해 묘사되는 그런 한에서 어둠은 검정 '속에' '놓여 있다'. 그것은 검정임으로 해서 어둡다. —그러나 그것을 더 올바르게 고쳐 쓰자면: 그것은 "검정"이라고 불리며, 그래서 우리의 언어에서는 또한 "어둡다"라고 불린다. 그러한 연관, 범형들과 이름들의 연관은 우리의 언어에서 설정

· 80 ·

된다. 그리고 우리의 명제는 "하양", "검정" 그리고 "더 밝은" 등의 말과 한 범형과의 연관만을 표현하므로 비-시간적이다.

"이 물체의 색깔은 저 물체의 색깔보다 밝다"라고 말하는 것은 무의미하며; 우리는 "이 물체는 저 물체보다 더 밝다"고 말함으로써 오해를 피할 수 있다. 즉 전자의 표현 형식은 우리의 언어에서 배제된다.

우리는 누구에게 "하양은 검정보다 더 밝다"라고 말하는가? 그것은 그 사람에게 무엇을 전달해 주는가?

106. 그러나 나는 증명이 없이도, 예컨대 어떤 다른 사람의 보증에 따라 기하학의 명제를 믿을 수는 없는가? —그리고 그 명제는 증명을 잃어 버릴 때 무엇을 잃어 버리는가? —여기에서 나는 아마도 "나는 그 명제로 무엇을 할 수 있는가?"라고 질문해야 할 것이다. 왜냐하면 이것이 문제이기 때문이다. 어떤 다른 사람의 보증으로 명제를 받아들이는 것—이것은 어떻게 보일까? 나는 예를 들어 더 계속되는 연산들(Rechenoperation)에서 그것을 사용할 수 있고, 또는 어떤 물리적 사태를 판단하는 데 그것을 사용할 수도 있다. 만일 어떤 사람이 나에게 예컨대 13×13은 196이라고 보증해 주고 내가 그를 믿는다면, 나는 내가 196개의 호두를 13개씩 13개의 열로 배열할 수 없다는 사실에 놀라게 될 것이며, 나는 그 호두들이 저절로 증가했다고 가정하게 될 것이다.

그러나 나는 다음과 같이 말하고 싶은 유혹을 느낀다: 사람들은 13×13=196을 믿을 수는 없으며, 단지 어떤 다른 사람으로부터 이 수를 기계적으로 받아들일 수 있다고. 그러나 왜 나는 그것을 믿는다고 말해서는 안 되는가? 그것을 믿는 것은 말하자면 옳은 계산과 어떤 은밀한 연관을 지니는 신비한 행위이기 때문인가? 어쨌든 나는 "나는 그것을 믿는다"라고 말할 수 있고 그에 따라 행동할 수 있다.

혹자는 다음과 같이 묻고 싶을 것이다: "13×13=196임을 믿으면서 어떤 사람이 하고 있는 것은 무엇인가?" 그러면 그 대답은 이럴 수 있
32 다: 글쎄, 그것은 다음에 달려 있을텐데, 즉 예를 들어 그가 스스로 계

산을 해냈는지 그리고 그러면서 연필로 적었는지의 여부, —또는 어떤 다른 사람이 그것을 했지만 그도 역시 어떻게 그러한 계산이 이루어지는지를 알고 있는지의 여부, —또는 그는 곱하기를 할 수는 없지만 그 곱한 값이 13명씩 13열로 서 있는 사람들의 수와 같다는 것을 알고 있는지의 여부, —요약하자면 그가 등식 13×13=196으로 무엇을 할 수 있는지의 여부에 달려 있을 것이다. 왜냐하면 그것을 검사한다는 것은 그것으로 무엇인가를 한다는 것이기 때문이다.

107. 즉 만일 어떤 사람이 어떤 산술적 등식을 내적 관계의 표현으로서 생각한다면, 그 사람은 다음과 같이 말하고 싶을 것이다. "그는 13×13이 이것을 산출한다고는 전혀 믿을 수 없다. 왜냐하면 196이 맨 뒤에 나온다면 그것은 전혀 13과 13의 곱셈 또는 그 산출이 아니기 때문이다." 그러나 이는 어떤 계산과 그 결과의 경우에 대해 "믿는다"라는 낱말을 적용하지 않겠다는 것을 의미한다. —또는 눈앞에 옳은 계산을 갖게 되는 경우에만 "믿는다"라는 말을 적용하려고 한다는 것을 의미한다.

108. "만일 어떤 사람이 13×13=196임을 믿는다면 그는 무엇을 믿고 있는가?"—얼마나 깊이 그는—혹자는 이렇게 말할 수도 있을텐데—그의 믿음을 견지한 채 이 수들의 관계 속으로 관통해 들어가는가? 왜냐하면—혹자는 이렇게 말하고자 할 것이다—그는 끝까지 관통해 낼 수 없거나, 또는 그것을 믿을 수 없을 것이기 때문이다.

그러나 언제 그는 수들의 관계 속으로 관통해 들어가는가? 그가 …을 믿는다고 말할 때 바로 그동안만? 당신은 그렇다고 주장하지 않을 것이다. —왜냐하면 이러한 현상(Schein)이 단지 우리의 문법(이렇게 명명할 수도 있을텐데)의 피상적인 형식에 의해서만 생겨난다는 것을 우리는 쉽게 볼 수 있기 때문이다.

109. 왜냐하면 나는 다음과 같이 말하고자 하기 때문이다: "우리는 $13 \times 13 = 169$라는 것을 단지 볼 수만 있을 뿐이며, 그것을 믿을 수는 없다. 그리고 우리는—다소 맹목적으로—어떤 규칙을 받아들일 수 있다." 그리고 이렇게 말할 때 나는 무엇을 하고 있는가? 나는 지금 자신의 결과(Resultat)를 지니는 계산(다시 말해 어떤 특정한 그림, 특정한 본보기)과 결과(Ausgang)를 지니는 실험 사이에 어떤 경계선을 긋고 있다.

110. 나는 다음과 같이 말하고 싶다: "내가 $a \times b = c$라고 믿을 때—때때로 나는 그러한 믿음을 지니게 되는데—또 내가 그것을 믿는다고 말할 때—나는 그 수학적 명제를 믿고 있는 것이 아니다. 왜냐하면 그 수학적 명제는 어떤 한 증명의 끝에 나오며, 증명의 끝이기 때문이다; 오히려 나는 그것이 그러그러한 장소에 나오고 내가 그러그러한 방식으로 획득하게 될 그런 등등의 수식이라고 믿고 있는 것이다."—그리고 이 말은 마치 내가 그러한 명제를 믿는 과정 속으로 관통해 들어가는 것처럼 들린다. 하지만 나는 단지—숙달되지 않은 방식으로—그와 함께 산술적 명제의 역할과 경험적 명제의 역할 사이의 근본적인 차이를, 외형상의 유사성을 지적하고 있을 뿐이다.

왜냐하면 나는 어떤 상황에서는 "나는 $a \times b = c$라고 믿는다"라고도 말하기 때문이다. 이 말을 통해 내가 의미하고자 하는 것은 무엇인가?—
33 내가 말한 것! ——그러나 다음의 물음은 흥미롭다: "나는 비가 올 것이라고 믿는다"와 같은 진술의 상황과는 대조적으로 어떤 상황에서 나는 그렇게 말하며, 어떻게 그런 상황들은 특징지어지는가? 왜냐하면 우리가 염두에 두고 있는 것은 바로 이 대조이기 때문이다. 우리가 요구하는 것은 수학적 명제가 믿음의 대상인 곳에서 수학적 명제들과 "나는 …을 믿는다"라는 문장들의 사용에 대한 그림을 획득하는 것이다.

111. "그러나 당신은 확실히 수학적 명제를 믿지 않는다."—이 말이

의미하는 것은 다음과 같다: '수학적 명제'는 명제에 대해서 어떤 역할, 기능을 나타내며, 그것[역할, 기능]에서는 어떤 믿음이 발생하지 않는다.

다음과 비교하라: "만일 당신이 '나는 캐슬링*이 그러그러한 방식으로 일어난다고 믿는다'라고 말한다면, 당신은 장기의 규칙을 믿고 있는 것이 아니라, 예컨대 장기의 한 규칙이 그와 같이 되어 있음을 믿고 있는 것이다."

112. "우리는 곱셈 13×13이 169를 산출한다고 믿을 수 없다. 왜냐하면 그 결과는 계산의 일부분이기 때문이다." —나는 무엇을 "곱셈 13×13"이라고 부르는가? 오직 맨 끝에 169가 나오는 옳은 곱셈 그림** 만을? 또는 '잘못된 곱셈'도 그렇게 부르는가?

어떤 그림이 곱셈 13×13인지 어떻게 확정되는가? —그것은 곱셈 규칙에 의해 정해지지 않는가? —그러나 만일 당신이 오늘 이들 규칙을 사용하여 모든 산수책에 씌어 있는 것과 다른 결과를 얻게 되면 어떻게 되는가? 그것은 가능하지 않은가? —"만일 당신이 그 규칙들대로 그 규칙들을 적용하면 가능하지 않다!"—물론 가능하지 않다! 그러나

---

* 캐슬링이란 서양 장기에서 왕(王)과 차(車)의 위치를 바꾸는 것을 말한다—옮긴이 주.

** 13×13을 직접 계산할 때 우리는 다음과 같이 한다.

$$\begin{array}{r} 13 \\ \times\ 13 \\ \hline 39 \\ 13\ \ \\ \hline 169 \end{array}$$

이것을 비트겐슈타인은 "곱셈 그림"(Multiplikationsbild) 또는 "곱셈 도형"(Multiplikationsfigur)이라고 부른다. 제2부 61절 참조—옮긴이 주.

그 말은 하나마나한 소리다. 그리고 그 규칙들이 어떻게 적용되어야 하는지는 어디에 씌어 있는가? ― 그리고 만일 그것이 어디엔가 씌어져 있다면, 이번에는 이것이 어떻게 적용되어야 하는지는 어디에 씌어 있는가? 그리고 그 말은 어떤 책에 씌어 있느냐 뿐만 아니라 누구의 머리에 있느냐도 의미한다. ― 그렇다면 곱셈 13×13이란 무엇인가? ― 또는 만일 규칙들과 산수책에 나오는 곱셈, 이 양자가 일치하지 않는다면, 나는 그것들 중 어느 것에 따라 곱셈을 해야 하는가? ― 어쨌거나 계산하는 법을 배운 사람이 이러한 곱셈에서 산수책에 나오는 것과는 다른 결과를 고집스럽게 계속 얻어내는 일이란 실제로는 결코 일어나지 않는다. 그러나 만일 그것이 일어난다면, 우리는 그를 비정상적이라고 간주하게 될 것이며, 그의 계산에 더 이상 주목하지 않게 될 것이다.

113. "그러나 그렇다면 나는 추론의 연쇄 속에서 내가 나아가는 바로 그 방식으로 가도록 강제되지 않는가?" ― 강제되었다고? 그래도 나는 내가 가고자 하는 대로 나아갈 수 있다! ― "그러나 만일 당신이 그 규칙들과 계속 일치한 채로 남고자 한다면 당신은 그렇게 가야만 한다." ― 전혀 그렇지 않다. 나는 바로 이것을 '일치'라고 부른다. "― 그렇다면 당신은 '일치'라는 낱말의 의미를 변화시켰거나, 그 규칙의 의미를 바꾼 것이다." ― 아니다; ― 여기에서 '변화시키다'와 '동일하게 남다'가 무엇을 의미하는지를 누가 말하는가?

34 아무리 많은 규칙들을 당신이 나에게 제시한다 하더라도 ― 나는 당신의 규칙들에 대한 나 나름대로의 사용을 정당화해 주는 어떤 규칙을 당신에게 준다.

114. 우리는 다음과 같이 말할 수도 있을 것이다: 우리가 추론 법칙(추론 규칙)을 따를 때, 따른다는 것에는 항상 해석도 포함되어 있다.

115. "당신은 그래도 그 법칙을 지금 갑자기 달리 적용해서는 안 된

다 ! "—만일 이 말에 내가 "그래, 내가 바로 그렇게 적용했었구나 ! "라거나, 또는 "아, 나는 그렇게 적용했어야 했어— ! "라고 대답한다면, 나는 당신과 같은 놀이를 하고 있는 것이다. 그러나 만일 내가 단순히 "다르다고 ? —전혀 다르지 않아 ! "라고 대답한다면—당신은 어떻게 하겠는가 ? 즉 어떤 사람은 합리적인 사람처럼 대답하지만 우리와는 같은 놀이를 하고 있지 않을 수도 있다. *

116. "그럼 당신에 따르면 모든 사람들은 마음대로 그 수열을 전개할 수 있고, 그래서 그 어떤 방식으로도 추론할 수 있을 것이다." 그렇다면 우리는 그것을 "그 수열을 전개하기"라고 부르지 않을 것이고, 또 그래서 아마도 "추론하기"라고도 하지 않을 것이다. 그리고 생각과 추론(셈과 같은)은 물론 어떤 자의적인 정의에 의해서가 아니라, 생각과 추론이 우리의 삶에 있어서 지니는 역할이라고 불릴 수 있는 것, 그 몸체에 상응하는 자연적 경계들에 의해서 우리에게 한계지어져 있다.

왜냐하면 철로가 기관차를 강제하는 것처럼 추론 법칙이 그러그러하게 말하거나 쓰도록 강제하지는 않는다는 것에 우리는 동의하기 때문이다. 그리고 만일 당신이 그는 실제로 그것을 말할 수는 있겠으나 그것을 생각할 수는 없다고 말한다면, 나는 이 말이 의미하는 것은 아무리 그가 시도해도 그는 그것을 생각할 수 없을 것이다가 아니라—말하고 쓰는 따위를 하면서—그가 그렇게 이행하는 것은 우리에게 있어서 '생각'의 본질적인 부분이다라고 그저 말한다. 그리고 더 말하고자 하는 것은 우리가 여전히 "생각하다"라고 부르는 것과 더 이상 그렇게 부르지 않는 것 사이의 경계선은 "합법칙성"이라고 여전히 불리는 것과 더 이상 그렇게 불리지 않는 것 사이의 경계선만큼이나 날카롭지 않다는 것이다.

그럼에도 불구하고 추론 법칙들은 우리를 강제한다고 말할 수 있다; 다시 말해 인간 사회의 다른 법칙들과 동일한 의미에서. 17절에서와

* 마지막 문장은 1944년 3월에 덧붙여진 것이다—편집자 주(증보판).

같이 추론하는 그 관청 서기는 그것을 그와 같이 해야만 한다; 만일 그가 달리 추론한다면 그는 처벌받을 것이다. 달리 추론하는 사람은 예컨대 아무튼 사회와 충돌하게 될 것이고, 또한 다른 실천적 결과와도 실로 충돌하게 될 것이다.

그리고 또한 그는 그것을 생각할 수 없다라고 말할 때 거기에는 뭔가가 있다. 혹자는 예를 들어 다음과 같이 말하려고 한다: 즉 그는 그것을 개인적 내용물로 채울 수 없다: 그는 참으로—그의 지성, 그의 개성을 견지하고서—함께 나아갈 수 없다. 그것은 다음과 같이 말할 때와 비슷하다: 이 일련의 음표는 어떤 의미도 없다. 나는 표정을 지으면서 그것을 노래부를 수 없다. 나는 그것에 공명할 수 없다. 또는 여기에서 다음과 같이 말해도 동일하다: 나는 그것에 공명하지 않는다.

"만일 그가 그렇게 말한다면"—이렇게 말할 수도 있을텐데—"그는 그것을 생각 없이 말할 수 있을 뿐이다." 그리고 여기에서는 다음과 같은 사실만이 주목될 필요가 있다. 즉 '생각 없이 이루어지는' 말과 이와는 다른 말은, 말을 하고 있는 동안에 그 화자의 심상들(Vorstellungen), 감각들 따위에 관해서는 때때로 구분되는 것이 사실이지만, 이러한 수반물이 그 '생각'을 이루는 것은 아니며, 그것의 결여가 '생각 없음'을 이루지도 않는다는 것이다.

117. 어떤 의미에서 논리적 논증은 강제인가? —"결국 당신은 이것을 인정한다. 그리고 이것을 인정한다; 그러면 당신은 이것도 인정해야만 한다!" 바로 이것이 어떤 사람을 강제하는 방식이다. 즉 우리는 이렇게 실제로 사람들이 어떤 것을 인정하도록 강제할 수 있다.—예를 들어 우리가 어떤 사람에게 명령하는 손짓으로 저쪽을 가리킴으로써 거기로 가도록 강제할 수 있는 것과 마찬가지로.

그런 경우에 내가 두 손가락으로 동시에 다른 두 방향을 가리킨다고 가정하자. 그래서 두 방향 중 어느 쪽으로 갈지는 그 사람에게 자유롭게 남겨 둔다고 하자.—그리고 다른 때에는 단지 한 방향만을 가리킨다고 하자; 그러면 이것은 다음과 같이 표현될 수도 있다: 나의 첫번째 명령은 그에게 한 방향으로 가도록 강제한 것이 아니다. 그러나 두번째 명령은 그렇지 않다. 그러나 이것은 나의 명령이 어떤 종류인지를 말해 주는 진술이지; 그 명령들이 어떤 방식으로 작동하는지, 그리고 그것들이 그러그러한 사람에게 실제로 강제하는지 그렇지 않은지, 즉 그가 그것들에 복종하는지 그렇지 않은지를 말해 주는 진술은 아니다.

118. 처음에는 이러한 고찰이 '논리적인 강제로 보이는 것이 실제로는 단지 심리학적인 강제일 뿐이다'라는 것을 보여주려고 의도된 것처럼 여겨진다. —여기에서 다음의 질문이 일어난다: 그러니까 나는 두 가지의 강제를 모두 알고 있는가?! —

사람들이 "법 §… 은 살인자를 사형에 처한다"라는 표현을 사용한다고 생각해 보라. 이것은 단지 이 법은 그러그러하게 되어 있다는 것을 의미할 수 있을 뿐이다. 그렇지만 그 죄인이 처벌될 때 그 법은 도구이므로 이러한 형식의 표현은 우리를 강제할 수도 있다. —이제 우리는 처벌을 가하는 사람들과 관련하여 '엄정성'을 이야기한다. 그리고 여기에서 우리가 다음과 같이 말하는 것도 일어날 수 있다: "그 법은 엄정하다. —사람들은 죄인을 풀려나게 할 수도 있지만 그 법은 그를 처형해 버린다." (그리고 "그 법은 항상 그를 처형한다"라고도.) —이러한 표현 형식의 쓰임은 무엇인가? —먼저 이 문장은 그러그러한 것이 법에 있고, 인간은 때때로 그 법에 따르지 않는다는 것만을 말한다. 그러나 그렇다면 그 문장은 엄정한 재판관 한 사람과 다수의 관대한 재판관들의 그림을 우리에게 준다. 바로 이것이 그 문장이 그 법률에 대한 존중심을 표현하는 데 기여하는 이유이다. 그렇지만 결국 이 표현 형식은 어떤 법이 어떤 가능한 사면의 여지도 남겨 놓지 않을 때 '엄정하다'고 불릴 수 있게끔, 그리고 그 반대의 경우에는 가령 '분별력 있다'고 불릴 수 있게끔 사용될 수 있다.

36 이제 우리는 논리학의 '엄정성'에 대해서 이야기한다; 그리고 우리는

논리학의 법칙들이 엄정하다고, 자연 법칙보다도 훨씬더 엄정하다고 생각한다. 이제 우리는 "엄정한"이라는 낱말이 얼마나 다양한 방식으로 사용되는가에 주의하게 된다. 우리의 논리적 법칙들에 대해, 일상 경험의 매우 일반적인 사실들이 대응된다. 이 일반적 사실들이 우리들로 하여금 단순한 방식으로(예컨대 종이 위에 잉크로) 그 법칙들을 계속 반복해서 실증할 수 있게 한다. 그것들은 미터자로 하는 측정을 쉽게 하도록, 그리고 유용하도록 만드는 사실들과 비교될 수 있다. 이는 바로 이 추론 규칙들의 사용을 시사하며, 이제 이 규칙들을 적용함에 있어서 엄정한 것은 우리들이다. 왜냐하면 우리가 '측정'을 하며, 모든 사람이 동일한 척도를 갖는다는 것이 측정의 일부분이기 때문이다. 그렇지만 이 외에도 사람들은 이러한 엄정한, 즉 일의적인 추론 규칙들을 일의적이지 않은 추론 규칙들—나는 대안의 여지를 남겨 주는 추론 규칙들을 의미하고 있다—과 구분할 수 있다.

119. "그래도 나는 단지 실제로 따라나오는 것만을 추론할 수 있다." —즉 논리 기계가 실제로 산출하는 것을. 논리 기계, 그것은 모든 것에 스며들어 있는 에테르 같은 메커니즘일 것이다. —우리는 이 그림에 대해 경고해야만 한다.

그 어떤 다른 것보다도 더 단단하고 견고한 물질을 상상해 보라. 그러나 만일 이 재료로 만든 막대기를 수평에서 수직으로 자세를 바꿔 놓으면, 그것은 축소해서 줄어든다고 하자. 또는 똑바로 세울 때 그것은 구부려지는데, 이때 그것은 아주 단단해서 어떤 다른 방법으로도 구부릴 수 없다고 하자. —(이 재료로 만들어진 기계 장치 가령 크랭크, 커넥팅로드[연결 막대]와 크로스헤드[피스톤의 꼭지]. 크로스헤드의 다른 운동 방식.)

또는: 어떤 막대기는 만일 어떤 무게가 나가는 것을 가까이에 가져가면 구부려지지만, 그러면서 우리가 가하는 어떤 힘에 대해서도 완전한 강체라고 하자. 크랭크가 접근하고 멀어짐에 따라 크로스헤드의 가이드

라인[유도 철선]이 구부려지고 다시 펴진다고 상상해 보라. 그러나 이런 일을 야기시키는 데 어떤 종류의 특별한 외부의 힘도 필요하지 않다고 나는 가정할 것이다. 그 가이드라인의 운동 행태는 마치 살아 있는 생물과 같은 인상을 주게 될 것이다.

우리가 "만일 그 메커니즘의 부분들이 완전한 강체라고 한다면, 그것들은 그러그러하게 움직일 것이다"라고 말할 때, 그것들이 완전한 강체라는 것에 대한 기준이란 무엇인가? 그것들이 어떤 힘을 견디어 낸다는 것인가? 혹은 그것들이 그러그러하게 움직인다는 것인가?

내가 다음과 같이 말한다고 하자: "크랭크와 커넥팅로드의 길이가 불변일 때, 이것(가령 크로스헤드의 위치와 크랭크의 위치의 대응 관계)은 크로스헤드의 운동 법칙이다." 이것은 다음을 의미할 것이다: 만일 크랭크와 크로스헤드의 위치가 서로 그렇게 대응된다면, 나는 커넥팅로드의 길이가 불변이라고 말한다.

37 120. "만일 그 부분들이 완전한 강체라면, 그것들은 그렇게 운동할 것이다": 이것은 가설인가? 그렇지 않다고 여겨진다. 왜냐하면 "운동학은 그 부분들이 완전한 강체라는 가정 위에서 기계 장치의 운동을 기술한다"라고 우리가 말할 때, 우리는 한편으로는 이 가정이 결코 현실에 맞지 않다는 것을 인정하고 있고, 다른 한편으로는 완전하게 강체인 부분들이 이런 방식으로 움직이리라는 것이 어떤 식으로도 의심되어서는 안 되기 때문이다. 그러나 이러한 확실성은 어디서 유래하는가? 여기에서는 확실성이 문제가 아니라 우리가 부여한 규정이 문제이다. 만일 물체들이 (그러그러한 기준에 따라서) 강체라면 그것들이 그러한 방식으로 움직이리라는 것을 우리는 아는 것이 아니다; 그러나 확실히 (어떤 상황에서는) 우리는 그러한 방식으로 움직이는 부분들을 '강체'라고 부를 것이다. ―그러한 경우에 기하학(또는 운동학)이 동일한 길이들 혹은 한 길이의 불변성에 대해 말할 때에는 어떤 측정 방법도 명시하지 않음을 항상 기억하라.

따라서 우리가 운동학을 가령 완전히 강체인 기계 부속들의 운동에 대한 이론이라고 부를 때, 한편으로는 (수학적) 방법에 대한 암시가 포함되어 있고—우리는 어떤 거리를 불변하는 기계 부속들의 길이들로서 규정한다—다른 한편으로는 계산의 적용에 대한 암시가 포함되어 있다.

121. 논리적인 …여야만 함의 견고성. 어떤 사람이 다음과 같이 말하면 어떻게 되는가? 운동학의 …여야만 함은 어떤 한 기계 부속이 그렇게 움직일 때 어떤 다른 부속을 그렇게 움직이도록 강제하는 인과적 …여야만 함보다 훨씬더 견고하다고. —

우리가 '완전히 강체인' 메커니즘의 운동 방식을 영화 화면으로, 만화영화로 나타낸다고(darstellen) 가정해 보자. 이 그림이 완전히 견고하다고 말한다면, 그리고 그렇게 함으로써 우리가 이 그림을 묘사 방식(Darstellungsweise)으로 간주했음을 의미한다면 어떻게 되는가? —사실이야 어떠하든, 실제의 메커니즘의 부분들이 어떻게 구부려지든, 또는 어떻게 팽창하든간에.

122. 작동 방식에 대한 상징으로서의 기계(그 구조): 그 기계의 작동 방식은—나는 먼저 이렇게 말할 수도 있을텐데—이미 그 기계 안에 있었던 것처럼 보인다. 이는 무엇을 의미하는가? —

우리가 그 기계를 안다면, 나머지 모든 것 즉 그것이 하게 될 운동은 이미 완전히 결정된 것처럼 보인다.

"우리는 마치 이 부속들이 오직 그렇게만 움직일 수 있을 것처럼, 마치 그 외에는 달리 할 수 없을 것처럼 말한다."

어떻게 그러한가? —우리는 그것들이 구부려지고, 부숴지고, 녹아버릴 수 있다는 따위의 가능성을 잊어버리는가? 그렇다; 많은 경우에 우리는 전혀 그렇게 생각하지 않는다. 우리는 어떤 특정한 작동 방식에 대한 상징으로서 어떤 기계 또는 어떤 기계의 그림을 사용한다. 예를
38 들어 우리는 어떤 사람에게 이 그림을 주고 나서 그가 그것으로부터 그

부속들의 운동의 현상들을 도출해 낼 것이라고 가정한다. (우리가 어떤 사람에게 어떤 수를 주면서 그것이 수열 1, 4, 9, 16, …의 25번째 수라고 말할 수 있는 것과 마찬가지로.)

"그 기계의 작동 방식은 이미 그 기계 안에 있었던 것처럼 보인다"라는 말은 다음을 의미한다: 즉 당신은 그 기계의 미래의 운동을 그 확정성에 있어서, 이미 어떤 서랍에 놓여 있어서 우리가 꺼내게 되는 대상들과 비교하는 경향이 있다.

그러나 우리는 어떤 기계의 실제 행태를 예측하는 일에 관련될 때에는 그렇게 말하지는 않는다. 이 경우 우리는 일반적으로 그 부속들의 뒤틀림 따위의 가능성을 잊어버리지 않는다.

그렇지만 이는 우리가 그 기계를 어떻게 한 운동 방식의 상징으로서 사용할 수 있는지에 대해 의아하게 여길 때이다. —왜냐하면 그 기계는 또한 전혀 다른 방식으로 움직일 수 있기 때문이다.

이제 우리는 그 기계 또는 그것의 그림이 우리가 이 그림으로부터 도출해 내도록 배웠던 일련의 그림들 중 첫번째 것이라고 말할 수도 있을 것이다.

그러나 그 기계가 또한 달리 움직일 수도 있었음을 우리가 유념할 때, 마치 그 기계의 운동 방식이 실제 기계보다는 훨씬더 확정적으로 상징으로서의 기계에 포함되어 있어야 하는 것처럼 우리에게는 으례 비추어진다. 이 운동이 경험적으로 미리 결정되어 있는 운동이라는 것으로는 충분하지 않고, 원래—어떤 신비한 의미에서—이미 현존해 있어야만 하는 것처럼 말이다. 그리고 다음은 정말 참이다: 즉 상징으로서의 기계의 운동은 어떤 주어진 실제 기계의 운동과는 다른 방식으로 미리 결정된다는 것.

123. "마치 우리는 그 낱말의 전체 사용을 단번에 파악할 수 있는 듯하다." 예를 들어 무엇과 같이? —사람들은 그 전체 사용을—어떤 의미에서는—단번에 파악할 수 없는가? 그리고 어떤 의미에서 당신은 이

렇게 할 수 없는가? 하지만 우리는 어떤 훨씬더 직접적인 의미에서 단번에 그것을 파악할 수 있는 듯하다. —그러나 당신은 이것에 대한 모델(Vorbild)을 가지고 있는가? 아니다. 이러한 표현 방식이 우리에게 제안될 뿐이다. 교차하는 비유들의 결과로서.

124. 당신은 이러한 굉장한 사실에 대해서 어떤 모델도 가지고 있지 않다. 그러나 당신은 어떤 초-표현을 사용하도록 유혹받는다.

125. 언제 사람들은 기계의 가능한 운동이 어떤 신비한 방식으로 그 기계 안에 이미 있다는 생각을 하는가? —그야, 사람들이 철학을 할 때. 그리고 무엇이 우리로 하여금 그렇게 생각하도록 하는가? 기계에 대해 우리가 말하는 방식이. 우리는 예컨대 그 기계가 이러한 운동의 가능성들을 갖고 있다(소유하고 있다)고 말하며, 오직 그러그러한 방식으
39 로만 움직일 수 있는 이상적으로 강체인 기계에 대해 말한다. ——이 운동 가능성, 이것은 무엇인가? 그것은 운동이 아니다. 그러나 그것은 또한 단지 운동에 대한 물리적 조건, 예컨대 술통과 마개 사이에 어떤 틈이 있고 그 마개는 술통 속으로 아주 꽉 조여지지 않는다는 물리적 조건처럼 보이지도 않는다. 왜냐하면 이것은 경험적으로는 운동의 조건이지만 이 사태를 달리 상상할 수도 있기 때문이다. 운동 가능성은 차라리 운동 자체의 그림자일 것이다. 그러나 당신은 그러한 그림자에 대해서 아는가? 그리고 그림자라는 말로 나는 그 운동의 어떤 그림을 의미하는 것이 아니다; 왜냐하면 이 그림이 반드시 바로 이 운동의 그림이어야만 하는 것은 아니기 때문이다. 그러나 이 운동의 가능성은 바로 이 운동의 가능성이어야만 한다. (보라. 여기에서 언어의 파도가 얼마나 높이 솟구쳐 올라가는지!)

그 파도는 우리가 다음과 같이 자문하자마자 가라앉는다: 즉 우리가 어떤 기계에 대해 이야기할 때 우리는 "운동의 가능성"이라는 말을 어떻게 사용하는가? —그러나 그렇다면 그 기묘한 생각들은 어디에서 왔

는가? 자, 나는 당신에게 그 운동의 가능성을 가령 그 운동의 어떤 그림을 통해 보여준다: '따라서 가능성은 현실성과 유사한 어떤 것이다.' 우리는 "그것은 아직 움직이지 않는다. 그러나 그것은 움직일 가능성을 이미 지니고 있다"라고 말한다. —'따라서 가능성은 현실성과 매우 가까운 어떤 것이다.' 우리는 그러그러한 물리적 조건들이 이 운동을 가능하게 하는지의 여부를 의심하기도 한다. 그러나 그렇다 하더라도 우리는 결코 이것이 이 운동의 가능성인지 저 운동의 가능성인지 에 대해서는 논의하지 않는다: '따라서 그 운동의 가능성은 그 운동 자체와 어떤 유일한 관계를 맺고 있고, 그 그림의 대상에 대한 관계보다 더 밀접하다.'; 왜냐하면 이 그림이 이 대상의 그림인지 아니면 저 대상의 그림인지는 의심될 수 있기 때문이다. 우리는 "이것이 그 마개에 이 운동 가능성을 부여하는지 그렇지 않은지는 경험이 보여줄 것이다"라고 말한다. 그러나 "이것이 이 운동의 가능성인지 아닌지를 경험이 보여줄 것이다"라고는 말하지 않는다: '따라서 이 가능성이 바로 이 운동의 가능성이라는 것은 경험적 사실이 아니다.'

우리는 이런 것들과 관련해서 우리의 표현 방식에 주의를 기울인다. 그렇지만 우리는 그것들을 이해하지 못하고 오히려 잘못 해석한다. 철학을 할 때 우리는 문명인들의 표현 방식을 듣고 그것들을 잘못 해석하고 그리고는 이 해석으로부터 기묘한 결론을 이끌어 내는 미개인, 원시인과 같다.

어떤 사람이 우리의 [다음과 같은 문장의] 과거 시제를 이해하지 못한다고 상상해 보자: "그는 여기에 있었다." —그는 말한다: "'그는 있다' —이것은 현재이다. 따라서 이 문장은 어떤 의미에서는 과거가 현존함을 말하고 있다."

126. "그러나 나는 내가 지금 하고 있는 것이 (어떤 파악에서) 미래의 사용을 인과적으로 그리고 경험적으로 결정한다는 점을 의미하는 것
40 은 아니다. 오히려 어떤 기묘한 방식으로 사용 자체는 그 어떤 의미에서

는 현존해 있다."—그러나 물론 그것이 그런 것은 '그 어떤 의미에서'이다! (우리는 물론 "지난 수년간의 사건들이 나에게 현존해 있다"라고도 말한다.) 참으로 당신이 말한 데에서 잘못된 것은 "기묘한 방식으로"라는 표현뿐이다. 나머지는 옳다; 그리고 그 문장은, 우리가 그 문장을 실제로 사용하는 언어 놀이와는 다른, 그 문장에 대한 어떤 상이한 언어 놀이를 사람들이 상상할 때 단지 기묘하게 보일 뿐이다. (어떤 사람이 나에게 말하기를 자신이 어렸을 때 도대체 어떻게 재단사가 '옷을 꿰매어 만드는지' 의아해 했다고 한다. —그는 이 말이 단지 꿰매기만 함으로써, 즉 한 실을 다른 실에 꿰맴으로써 옷이 만들어진다는 것을 의미한다고 생각했던 것이다.)

127. 낱말의 사용을 이해하지 못할 때 그 사용은 어떤 기묘한 과정에 대한 표현으로 해석된다. (마치 우리가 시간을 어떤 기묘한 매체로, 정신을 기묘한 존재로서 생각하는 것과 마찬가지로.)

여기에서 모든 경우에 어려움은 "이다"와 "…라고 불리다"를 뒤섞어 버림으로써 일어난다.

128. 인과적이지 않고 또 경험적이지도 않지만 훨씬더 엄격하고 견고한 연관성, 참으로 확고해서 어떤 하나가 여하튼 이미 어떤 다른 것이다라는 연관성은 항상 문법에 있어서의 어떤 연관성이다.

129. 이 그림이 태양에 대한 나의 표상임을 나는 어떻게 아는가? —나는 그것을 태양에 대한 표상이라고 부른다. 나는 그것을 태양의 그림으로 사용한다.

130. "우리는 단번에 그 낱말의 전체 사용을 파악할 수 있는 듯하다." —물론 우리는 그렇게 한다고 말한다. 즉 때때로 우리는 이 말로 우리가 하는 것을 기술한다. 그러나 어떤 일이 일어나느냐에 관해서는 놀라

울 것도 없고 기묘한 것도 없다. 그것이 기묘하게 될 때란, 미래의 전개가 어떤 방식으로든 그것을 파악하는 행위 속에 이미 현존해야 하지만 아직은 현존해 있지 않다고 우리가 생각하게 될 때이다. —왜냐하면 우리가 그 낱말…을 이해한다는 것에는 어떤 의문의 여지도 없고, 다른 한편 그 낱말의 의미는 그 사용에 놓여 있다고 우리는 말하기 때문이다. 내가 지금 서양 장기를 두고 싶다는 데에는 어떤 의문도 없다. 그러나 서양 장기는 그것의 모든 규칙들(등등)에 의해서 놀이인 것이다. 그렇다면 나는 무슨 놀이를 하고 싶은 것인지 그것을 하기 전까지는 모르는가? 또는 모든 규칙들은 나의 의도 행위 속에 포함되어 있는가? 이런 종류의 놀이가 보통 이러한 의도 행위를 따른다고 나에게 가르쳐 주는 것은 경험인가? 그래서 내가 무엇을 의도했는지 나는 확신할 수 없는가? 그리고 만일 이 말이 무의미하다면, 의도 행위와 의도된 것 사이에는 어떤 종류의 초강력 연관성이 존재하는가? ——"장기 한판 두자"라는 말의 의미와 그 놀이의 모든 규칙들 사이의 연관성은 어디에서 만들어지는가? —놀이의 규칙 목록에서, 장기를 가르치는 데에서, 날마다 행해지는 놀이의 실천에서.

41 131. 논리 법칙들은 실로 '생각 습관'의 표현일 뿐만 아니라, 생각하는 습관의 표현이기도 하다. 다시 말해서 그것들은 인간이 어떻게 생각하는지, 그리고 인간이 무엇을 "생각하기"라고 부르는지를 보여준다고 말할 수 있다.

132. 프레게는 "인간에는… 어떤 대상을 그 자신과 다른 것으로 인정하는 것이 불가능하다"[4]라는 것을 '인간의 참-간주 법칙'이라고 부른다. —그것이 나에게 불가능한 것으로 생각되면, 나는 그것을 해보려고

4) *Grundgesetze der Arithmetik* I, xviii—편집자 주. (이 인용문에서 줄임표로 생략된 어구는 '1893년에'이며, 편집자 주와는 달리 실제로는 *Grundgesetze der Arithmetik* I, xvii에 실려 있다—옮긴이 주.)

시도하는 것을 생각한다. 그래서 나는 등잔을 바라보며 말한다: "이 등잔은 그 자신과 다르다." (그러나 아무것도 동요되지 않는다.) 내가 이 문장이 거짓임을 어쩌다 보는 것은 아니며, 오히려 나는 이 문장으로 전혀 아무것도 할 수 없다. (그 등잔이 대낮에 가물거릴 때를 제외한다면. 왜냐하면 그렇게 되면 나는 이것을 이 문장으로 아주 잘 표현할 수 있으므로.) 사람들은 일종의 사유의 경련으로 빠져들 수도 있으며, 그리고 그 안에서 행위한다: 마치 불가능한 것을 사유하려고 시도하고 성공하지 못하는 것과 같이. 마치 사람들이 그저 의지만으로 멀리 있는 어떤 대상을 자기 쪽으로 끌어오려고 (헛되게) 시도할 때 사람들이 할 수 있는 것과 마찬가지로. (이때 사람들은 예컨대 마치 자신의 표정으로 그 대상이 자기 쪽으로 다가와야 한다는 것을 그 대상에게 이해시키고자 하는 것처럼 어떤 표정을 짓는다.)

133. 논리학의 명제들은 '사유 법칙들'이다. '왜냐하면 그것들이 인간의 사유의 본질을 표현해 내기 때문이다.'—더 정확하게 말하자면: 그것들이 사유의 본질, 그 기술(Technik)을 표현해 내거나 보여주기 때문이다. 그것들은 사유가 무엇인지를 보여주며 또한 사유의 종류들을 보여준다.

134. 다음과 같은 기묘한 가능성을 상상해 보라: 우리는 지금까지 곱셈 12×12에서 항상 잘못 계산했다. 이것이 어떻게 일어날 수 있었는가에 대해서는 참으로 이해할 수 없지만 그래도 일어나 버렸다. 따라서 사람들이 이런 방식으로 계산해 낸 모든 것이 틀렸다! ——그러나 무엇이 문제가 되는가? 전혀 문제가 되지 않는다! —그렇다면 산술적 명제의 참과 거짓에 관한 우리의 생각에 뭔가 잘못된 것이 있음에 틀림없다.

135. 그러나 도대체 내가 계산할 때 오류를 범하는 것은 불가능한

가? 그리고 어떤 악마가 나를 속여서 내가 아무리 자주 매단계마다 낱낱이 검산해도 항상 무엇인가를 지나쳐 버리게 된다면 어떠한가? 그래서 만일 내가 그 마법으로부터 깨어나서는 "그렇다. 그때 나는 눈이 멀었었다!"라고 말하게 된다면. —그러나 내가 이것을 '가정'한다면, 무슨 차이가 있는가? 그러면 나는 다음과 같이 말할 수도 있다: "참으로 그렇다. 확실히 그 계산은 잘못된 것이다. —그러나 나는 바로 그렇게 계산한다. 그리고 이것을 이제 나는 더하기라고 부르며, 이 수를 '이 두 수의 합'이라고 부른다."

42 136. 어떤 사람이 마법에 걸려서 이렇게 계산한다고 상상해 보자:

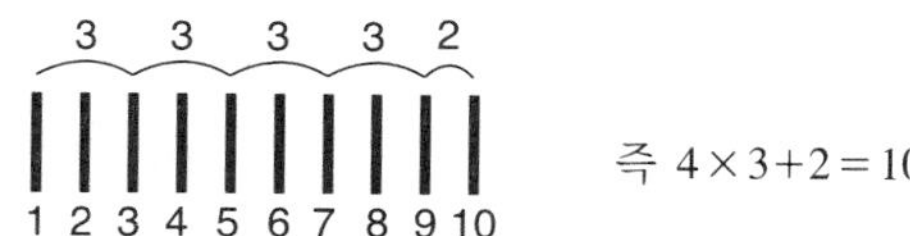

이제 그는 자기의 계산을 적용할 것이다. 그는 3개의 호두를 4번, 그리고 2개를 더 집는다. 그리고 열 사람에게 그것들을 나누어 주고 각자는 호두 1개 씩을 받는다. 왜냐하면 그는 그 계산에서 [위에 있는] 호에 상응하는 방식으로 그 호두를 분배하며, 그가 어떤 사람에게 두번째 호두를 줄 때마다 그것은 사라져 버리기 때문이다.

137. 혹자는 또한 다음과 같이 말할 수도 있다: 증명에서 당신은 명제에서 명제로 나아간다; 그러나 당신이 옳게 나아갔는지의 여부에 대한 검사 또한 당신은 받아들이는가? —아니라면 당신은 단지 "그것은 옳음에 틀림없어"라고 말하고 당신이 도달한 명제에 의해서 다른 모든 것을 가늠하는가?

138. 왜냐하면 만일 그것이 바로 그러하다면, 당신은 단지 그림에서 그림으로 나아갈 뿐이기 때문이다.

139. 이 방에서 저 방으로 가져갔을 때 길이가 가령 반으로 줄어드는 성질을 지닌 자로 측정하는 것이 실용적일 수도 있다. 다른 상황에서는 하나의 자로서는 쓸모없게 될 성질이지만.

어떤 상황에서는 당신이 어떤 집합을 세어나갈 때 어떤 수를 빠뜨리는 것 가령 1, 2, 4, 5, 7, 8, 10으로 세는 것이 실용적일 수도 있다.

140. 어떤 사람이 어떤 도형을 평면에서 이리저리 움직여 봄으로써 그것의 거울상과 일치시키려고 애쓰지만 성공하지 못할 때 무엇이 일어나고 있는가? 그는 그것들을 여러 방식으로 서로 겹쳐 놓는다; 그리고 일치하지 않는 부분들을 바라보며 불만을 느낀다; 그리고 가령 "그래도 그것은 되어야만 해"라고 말하고, 다시 다른 방식으로 그 도형들을 맞춰 본다.

어떤 사람이 무게가 나가는 것을 들어 올리려고 시도하지만 그것이 너무 무거워서 성공하지 못할 때 무엇이 일어나고 있는가? 그는 그러그러한 자세를 취하고, 그 무거운 것을 붙들고 그러그러한 근육을 긴장시키고 나서 이완시키고 아마도 불만의 표시를 보일 것이다.

첫번째 작업의 기하학적 · 논리적 불가능성은 어디에서 보여지는가?

"글쎄, 두번째 경우에 그가 시도한 것이 어떤 것인지를 그는 확실히 어떤 한 그림에서 또는 어떤 다른 방식으로 보여줄 수도 있을 것이다." ―그러나 그는 첫번째 경우에도 역시 두 개의 같은, 합동인 도형들을 함께 일치시켜서 그렇게 할 수 있다고 주장한다. ―그러면 이제 우리는
43 뭐라고 말해야 하는가? 이 두 경우가 서로 다르다고? 그러나 두번째 경우에 있어서 그림(Bild)과 실제(Wirklichkeit)도 역시 그러하다.

141. 우리가 제시하고 있는 것은 참으로 인간의 자연사에 대한 소견들이다; 그렇지만 어떤 진기한 기여가 아니라, 오히려 어느 누구도 의심하지 않았고, 항상 우리 눈앞에 있기 때문에 고찰되지 않은 채 그저 지나쳐 버린 사실들에 관한 확인이다.

142. 우리는 사람들에게 호두를 나누어 주는 방법을 어떤 사람에게 가르친다; 이 방법 중 일부는 십진법 체계에서 두 수를 곱하는 것이다.

우리는 어떤 사람에게 집짓는 방법을 가르친다; 그러면서 또한 그가 충분한 양의 재료, 예를 들어 판자를 얼마나 확보해야 하는지, 이러한 목적을 위해 계산 기술을 가르친다. 그 계산 기술은 집짓기 기술의 일부분이다.

사람들은 장작을 사고 판다. 그 장작더미는 자로 측정되고, 길이, 너비, 그리고 높이의 측정치가 곱해진다. 그리고 그때 산출된 것은 청구되고 지불되어야 하는 1원의 갯수이다. 그들은 '왜' 이것이 그와 같이 일어나는지 모른다; 오히려 그들은 그것을 그저 그렇게 한다: 그렇게 그것이 이루어진다. ―이 사람들은 계산하고 있지 않은가?

143. 그렇게 계산하는 사람은 어떤 한 '산술적 명제'를 발화해야만 하는가? 물론 우리는 짧은 문장들의 형식으로 어린 아이에게 구구단을 가르친다. 그러나 이는 본질적인가? 왜 그들은 그저 계산하기를 배워서는 안 되는가? 그리고 만일 그들이 그렇게 할 수 있다면, 그들은 산술을 배우지 않았는가?

144. 그러나 그러한 경우에 하나의 계산 과정의 정초(Begründung, 기초지움)는 계산 자체와 어떤 관련을 맺고 있는가?

145. "그렇다. 나는 이 명제가 저 명제로부터 따라나온다는 것을 이해하고 있다."―나는 왜 그것이 따라나오는지를 이해하고 있는가, 아니면 단지 그것이 따라나온다는 것을 이해하고 있을 뿐인가?

146. 내가 다음과 같이 말했다고 가정하자: 그 사람들은 계산에 근거해서 나무값을 지불한다; 그들은 그 계산을 그들이 그만큼 지불해야 한다는 증명으로 받아들인다. ―글쎄, 이는 단순히 그들의 절차(행태)에 대

한 기술일 뿐이다.

147. 그 사람들은—우리는 이렇게 말할텐데—체적 측정에 의해서 나무를 판매한다.—그러나 그렇게 할 때 그들은 옳은가? 무게로 판매하는 것이 더 옳지 않겠는가?—또는 그 나무를 쓰러뜨리는 데 들어간
44 노동 시간에 의해서—또는 나무꾼의 나이와 힘에 의해 측정된, 나무를 쓰러뜨리는 노동에 의해서? 그리고 왜 그들이 이 모든 것과 관계가 없는 가격으로는 그 나무를 양도하지 않아야 할까? 사려는 사람들은 각각 아무리 많이 갖게 되더라도 똑같은 값을 지불한다. (아마도 사람들은 그와 같이 살아가는 것이 가능함을 알았다.) 그러면 나무를 그냥 주어 버리는 것과 대조해서 무엇을 말할 수 있는가?

148. 좋다; 그러나 만일 그들이 장작더미를 임의의 상이한 높이로 쌓고 나서 그 장작더미가 차지한 면적에 비례하는 가격으로 판매한다면 어떻게 되는가?

그리고 만일 그들이 이것을 "물론 더 많은 목재를 사는 사람은 더 많이 지불해야 한다"라는 말로 정당화하기까지 한다면 어떻게 되는가?

149. 나는 어떻게 그들에게—나는 이렇게 말할텐데—더 큰 면적을 차지하는 장작더미를 산다고 하더라도 실제로는 더 많은 나무를 사는 것이 아님을 보여줄 수 있을까?—나는 예를 들어 그들의 생각에 의하면 작은 장작더미를 취하고 나서 그 장작더미를 이리저리 옮겨서 그것을 '큰' 것으로 바꾸게 될 것이다. 이것은 아마도 그들을 설득시킬 수도 있을 것이다.—그러나 아마도 그들은 말할 것이다: "그렇다. 이제 그것은 많은 양의 나무이고 가격이 더 나간다."—그리고 그것으로 끝일 것이다.—이 경우에 아마도 우리는 이렇게 말해야 할 것이다: 단지 그들은 "많은 양의 나무"와 "적은 양의 나무"라는 말로 우리가 의미하는 것과 동일한 것을 의미하고 있지 않을 뿐이다; 그리고 그들은 우리와는 전

혀 상이한 지불 체계를 가지고 있다.

150. (그러한 방식으로 행동하는 사회는 아마도 우리에게 동화 속의 "현자들"을 상기시켜 줄 것이다.)

151. 프레게는 《산술의 근본 법칙》의 서문에서 "…여기에서 우리는 지금까지는 알려지지 않았던 종류의 정신 착란을 보게 된다"라고 말한다.*—그러나 그는 이러한 '정신 착란'이 실제로 무엇과 같을 것인지는 결코 말하지 않았다.

152. 하나의 구조를 증명으로서 받아들이는 것에 대한 사람들의 일치는 어디에서 성립하는가? 그들이 낱말들을 언어로서 사용하고 있다는 것에서? 우리가 "언어"라고 부르는 것으로서.

거래할 때 돈을 사용하는 다음과 같은 사람들을 상상해 보자: 즉 그들은 우리의 주화와 닮은 주화를 사용하는데, 그 주화는 금 혹은 은으로 주조되고, 상품을 받고 양도된다.——그러나 각각의 개인은 그 상품에 대해 그가 마음에 든 만큼만 지불하며, 상인은 고객이 지불하는 것에 따라 더 많거나 더 적게 주는 것도 아니다. 요약하면 이 돈 또는 돈처럼 보이는 것은 그들 사이에서 우리와는 전혀 다른 역할을 하고 있다. 우리는 이러한 사람들보다는 차라리 아직 돈을 전혀 알지 못하면서 어떤 원시적 방식의 물물 교환을 행하는 사람들에게 훨씬더 친숙함을 느낄 것이다.—"그러나 이 사람들의 주화도 확실히 어떤 목적을 가질 것이다!"—그렇다면 사람들이 하는 모든 것은 다 어떤 목적을 갖는가? 가령 종교적 행위—.

45 우리가 이와 같이 행동하는 사람들을 미쳤다고 부르고 싶어하리라는 것은 아주 가능하다. 그럼에도 불구하고 우리는 우리의 문화 형식 내에

* *Grundgesetze der Arithmetik* I, xvi—편집자 주(증보판).

서 비슷하게 행위하는 모든 사람들, '목적 없이'라는 말을 사용하는 모든 사람들을 미쳤다고 말하지는 않는다. (어떤 왕의 대관식을 생각해 보라!)

153. 조망 가능성은 증명에 포함된다. 만일 내가 어떤 결과를 얻게 되는 과정이 조망될 수 없다 하더라도, 나는 이 수가 산출된다는 결과를 기록할 수도 있다. ─그러나 어떤 사실이 그것을 나에게 확증시킬 것인가? 나는 '무엇이 산출될지' 모른다.

154. 사람들이 오늘은 우리의 계산 중 하나를 점검하고는 그 결과에 만족하지만, 내일은 전혀 다른 결과를 이끌어 내고자 하며, 또 다른 날은 또다시 다른 것을 이끌어 내고자 하는 것은 가능할까?

이를테면 이것이 다음과 같이 규칙성을 지니고 일어난다고 상상할 수 없을까? 즉 우리가 한번은 이렇게 이행하고, '바로 그 때문에' 다음에는 다르게 이행하고, 그리하여 (가령) 그 다음에는 처음의 것을 다시 하는 것. (마치 어떤 언어에서 한번은 "빨강"이라고 불리는 색깔이 그 때문에 그 다음에는 다른 이름으로 불리고, 그 다음에는 다시 "빨강"으로 불린다. 등등; 이것이 사람들에게 자연스러울 수도 있을 것이다. 사람들은 그것을 다양성에 대한 요구라고 부를 수도 있을 것이다.)

【방주: 우리의 추론 법칙들은 영원 불변한가?】

155. 그것은 다음과 같지 않은가? 달리 될 수 없다고 사람들이 생각하는 한에서, 사람들은 논리적 결론들을 이끌어 낸다.

이는 아마도 다음을 의미한다: 그러그러한 것이 전혀 문제가 되지 않는 한에서.

사람들이 문제 삼지 않는 단계들은 논리적 추론들이다. 그러나 사람들이 왜 그것들을 문제 삼지 않는지는 그것들이 '확실하게 진리에 대응하기'─등등─때문이 아니라, 오히려 이것이 바로 사람들이 '생각하기', '말하기', '추론하기', '논증하기'라고 부르는 것이기 때문이다. 여기에서는 말해진 것과 실재 사이의 그 어떤 대응도 전혀 문제가 되지 않는다. 오히려 논리는 그러한 어떤 대응보다도 선행한다. 말하자면 측정 방법의 확립이 길이에 관한 진술의 옳음과 그름에 선행한다는 그런 의미에서.

156. 한 명제가 다른 명제로부터 도출될 수 있는지의 여부는 실험적으로 확립되는가? —그런 것처럼 보인다! 왜냐하면 나는 어떤 일련의 기호들을 써내려 갈 때 어떤 범형들에 의해 안내되기 때문이다. —그때 내가 어떤 기호도 간과하지 않는다거나, 아니면 어떤 기호도 없어지지 않는다는 것은 실로 본질적이다. —그리고 이 과정에서 일어나는 것에 대해 나는 그것이 따라나온다고 말한다. ——이에 반대되는 논변은 다음과 같다: 만일 2개의 사과와 2개의 사과가 더해져서 단지 3개가 된다
46 면, 즉, 만일 내가 2개의 사과를 놓은 후에 다시 2개를 놓았을 때 3개의 사과가 있다면, 나는 "따라서 결국 2+2는 항상 4인 것은 아니다"라고 말하지 않고 "여하튼 하나가 사라져 버렸음에 틀림없다"라고 말한다.

157. 그러나 내가 이미 적혀 있는 증명을 그저 따르기만 할 때, 나는 어떤 의미에서 실험을 하고 있는 것인가? 사람들은 다음과 같이 말할 수도 있다: "당신이 변형들의 이러한 사슬을 보게 될 때, —그것들이 범형들과 일치하는 것으로 당신에게 떠오르지 않는가?"

158. 따라서 만일 그것이 실험이라고 불려야 한다면 그것은 아마도 심리학적 실험일 것이다. 왜냐하면 외관상 일치라고 보이는 것은 물론 감각의 기만에 기인할 수 있기 때문이다. 그리고 그것은 우리가 잘못 계산할 때도 가끔씩 그러하다.

사람들은 이렇게도 말한다: "그것은 나의 결과이다." 그리고 이것이

나의 결과임을 보여주는 것은 아마도 어떤 실험이다.

159. 사람들은 다음과 같이 말할 수도 있을 것이다: 실험의 결과란 이 것, 즉 내가 결국 증명의 결과에 도달하고는 확신을 갖고 "그래, 맞아" 라고 말한다는 것이다.

160. 계산은 실험인가? —내가 아침에 침대에서 일어난다면, 이는 실험인가? 그것은 실험일 수 없겠는가? —가령 내가 그러그러하게 많은 시간을 자고난 후에 일어날 수 있는 힘을 지니고 있는지의 여부를 보이기 위한 실험.

그리고 그 행위가 이 실험이 되는 데 무엇이 부족한가? —단지 이 행위는 이 목적을 위해서, 즉 그러한 탐구와 관련하여 수행되지 않을 뿐이다. 어떤 것은 사용을 통해야만 실험이다. 그리고 실험에 의해 그 사용이 이루어진다.

자유 낙하하는 물체의 가속도를 관찰하는 실험은 물리학적 실험인가, 아니면 그러한 상황에서 사람들이 보는 것이 무엇인지를 보여주는 심리학적 실험인가? —둘 다일 수 없는가? 그것은 그 실험의 상황에 의존하지 않는가? 즉 그 실험으로 우리가 하는 것, 그리고 그 실험에 대해 말하는 것.

161. 증명이 실험으로서 파악된다 하더라도, 실험의 결과는 어쨌든 사람들이 증명의 결과라고 부르는 것은 아니다. 계산의 결과는 그 계산이 귀결시킨 명제이다. 실험의 결과는 이 명제들로부터, 이 규칙들에 의해 내가 이 명제에 이르게 되었다는 것이다.

162. 그러나 우리의 관심은 그러그러한(또는 모든) 인간이 이들 규칙에 의해서 그렇게 인도되었다는(또는 그렇게 갔다는) 사실에 쏠려 있지 않다; 우리는 사람들이 —'만일 그들이 옳게 생각할 수 있다면' —그렇게

가는 것을 자명하다고 여긴다. 우리에게는 이제 어떤 길이, 말하자면
47 그렇게 갔던 사람들이 남겨 놓은 발자국에 의해 주어져 있다. 그리고
이제 이 길을 따라 그 교통 행렬이 계속 나아간다. —다양한 목적으로.

163. 물론 경험은 계산이 어떻게 이루어지는지를 나에게 가르쳐 준다; 그러나 그와 더불어 내가 계산을 승인하는 것은 아직 아니다.

164. 경험은 그것이 이때 나오고 또 보통 그렇게 나온다는 것을 나에게 가르쳐 주었다; 그러나 수학의 명제가 그것을 말하는가? 경험은 내가 이 길을 갔다는 것을 가르쳐 주었다. 그러나 그것은 수학적 진술인가? —하지만 그것[수학적 명제]은 무엇을 말하는가? 그것은 이 경험적 명제들과 어떤 관계를 갖는가? 수학적 명제는 규칙이라는 위엄(Würde)을 지닌다.

수학이 논리학이라고 말하는 것에 대해서 옳은 것은 다음이다: 수학은 우리 언어의 규칙들 안에서 움직인다. 그리고 이 사실은 수학에 특별한 공고성과 유별나고도 난공 불락인 지위를 부여한다.

(표준 척도 Urmaßen 사이에 놓여진 수학.)

165. 그러나 어떻게—그것은 단지 이들 규칙 내에서 이리저리 돌아다니는가? —그것은 항상 계속 새로운 규칙을 창조해 낸다: 교통에 필요한 새로운 도로를 항상 건설한다; 이전의 도로망을 보다더 확장함으로써.

166. 그러나 그렇다면 이것에 대한 어떤 인가(Sanktion)가 필요하지 않은가? 그것은 그 도로망을 임의로 확장시킬 수 있는가? 이를테면 나는 수학자는 항상 새로운 묘사 형식들(Darstellungsformen)을 발명해 낸다고 말할 수도 있다. 어떤 수학자는 실용적인 요구에 자극되어, 그리고 다른 수학자는 미학적인 요구로부터—그리고 여러 가지 다른 요구

로부터. 그리고 여기에서 한 정원의 설계를 위해 길을 도안하는 어떤 정원 설계사를 상상해 보라; 그는 어떤 사람이 언젠가는 그 길로 걸어다닐 것이라는 생각을 조금도 하지 않은 채, 제도판 위에 그저 장식용의 선들로 그것들을 그리는 것일 수도 있다.

167. 수학자는 발명가이지 발견가가 아니다.

168. 우리가 한 손의 손가락을 사용하거나, 또는 |||||처럼 생긴 것들의 묶음을 사용하면서 나, 너, 나, 너 등과 같이 셀 때, 첫번째 낱말이 또한 마지막 낱말이 된다는 것을 우리는 경험에 의해 알고 있다. "그런데 도대체 그렇게 되지 않아야 하는가?"——그러면, 어떤 사람이 묶음 |||||을 (예컨대) 가운데 두 개의 선분이 녹아 달라붙은 ||‖|| 으로 보고 그에 따라 가운데 선분을 두 번 세는 경우가 상상 가능하지 않은가? (물론 그것이 보통 일어나는 경우는 아니지만. —)

169. 그러나 내가 어떤 사람에게 셈의 결과가 애초부터 미리 결정되어 있다는 것을 먼저 주지시키고, 그리고는 그가 이제 이해하고 나서
48 "물론 그렇다. —그것은 확실히 그렇게 되어야만 한다"라고 말한다면 어떠한가? 이것은 어떤 종류의 지식인가? —그는 예컨대 다음의 도식을 그렸다.

나 너 나 너 나
| | | | |

그리고 그의 추론은 예컨대 이렇다: "내가 셀 때 그것은 이러하다. —따라서 …여야만 한다."

49 # 부 론 I

1. 다음과 같은 언어를 생각해 보는 일이란 쉽다. 즉 그 언어에서는 물음의 형식도 명령의 형식도 없지만, 물음과 명령은 주장의 형식으로, 예를 들어 우리의 "나는 …인지 알고 싶다"와 "나는 …을 바란다"에 대응하는 형식으로 표현된다.

어느 누구도 하나의 물음(가령 밖에 비가 오는지)이 참 또는 거짓이라고 말하지 않을 것이다. 물론 "나는 …인지 알고 싶다"라는 문장에 대해서 참 또는 거짓이라고 말하는 것은 한국어이다. 그러나 이 형식이 항상 물음을 대신해서 사용된다고 한다면? —

2. 우리가 말하고 쓰고 읽는 대다수의 문장들은 주장 문장들(Behauptungssätze)이다.

그리고 — 당신은 말한다 — 이 문장들은 참 또는 거짓이다. 또한 나는 이렇게 말할 수도 있는데, 그 문장들로 진리 함수의 놀이가 행해진다. 왜냐하면 주장은 문장에 덧붙여지는 것이 아니라, 우리가 그 문장으로 행하는 놀이의 본질적인 한 수(Zug, 동작)이기 때문이다. 이것은 가령 장기 놀이의 특징, 즉 승패가 있고 상대방의 왕을 잡는 사람이 이긴다는 특징과 비교될 만하다. 물론 장기의 수를 두는 것으로 성립하지만, 승패가 없거나 또는 승리의 조건이 다른, 어떤 의미에서는 장기와 아주 유사한 놀이가 있을 수도 있다.

3. 다음과 같이 말한다고 생각해 보라: 즉 하나의 명령은 하나의 제안('가정')과 제안된 것들의 명령으로 이루어진다.

4. 산술적 명제들을 발화한다는 생각에 이르지 않고서, 그리고 한 곱셈과 한 명제 사이의 유사성을 전혀 떠올리지 않고서, 사람들은 산술을 할 수 없겠는가?

그렇지만 비가 오지 않는데 비가 온다고 어떤 사람이 말한다면 우리가 고개를 좌우로 흔들듯이, 어떤 사람이 우리에게 잘못 계산된 곱셈을 보여준다면 우리는 고개를 흔들지 않을 것인가? —그렇다; 그리고 여기에 어떤 연결점이 있다. 그러나 또한 우리는 가령 개가 우리가 바라는 대로 행동하지 않으면 제지하는 몸짓을 한다.

우리는 "2 곱하기 2는 4이다"라고 말하는 데 익숙하다. 그리고 동사 "…이다"는 이것을 명제로 만들며, 우리가 '명제'라고 부르는 모든 것과 밀접한 유사성을 외견상 확립한다. 반면에 아주 피상적인 관계가 단지 문제될 뿐이다.

50 5. 러셀의 체계에서는 참이지만, 그 체계에서 증명될 수 없는 문장들이 존재하는가? —그렇다면 러셀의 체계에서는 무엇이 참인 문장이라고 불리는가?

6. 왜냐하면 한 문장이 '참이다'라는 것은 무엇을 의미하는가? '*p*'는 참이다 $= p$. (이것이 대답이다.)

따라서 사람들은 이를테면 다음과 같이 물을 것이다: 어떤 상황에서 사람들은 한 문장을 주장하는가? 또는: 문장의 주장은 언어 놀이에서 어떻게 사용되는가? 그리고 여기서의 '문장의 주장'은 가령 어학 연습으로서의 문장의 발화와 대조된다. —또는 다른 문장의 부분으로서 등등.

그리하여 만일 사람들이 다음과 같은 의미로 묻는다면, 즉 "러셀의 놀이에서는 어떤 상황에서 사람들은 한 문장을 주장하는가?"와 같은 의미에서 묻는다면, 그 대답은 이렇다: 러셀의 증명들 중 한 증명의 끝에서, 또는 '근본 법칙'(Pp.)으로서. 러셀의 기호법(Symbolen)으로 된 주장 문장들은 이 체계에서는 달리 사용되지 않는다.

7. "그러나 이러한 기호법으로 씌어진 것으로서, 러셀의 체계에서 증명 가능하지 않으면서 참인 문장이 존재할 수 없는가?"—'참인 문장', 그러니까 어떤 다른 체계에서 참인 문장, 즉 어떤 다른 놀이에서 정당하게 주장될 수 있는 문장. 확실히 그렇다; 왜 그런 문장들이 있어서는 안 되는가? 게다가: 왜 문장들이—예를 들어 물리학의 문장들이—러셀의 기호법으로 씌어져서는 안 되는가? 이 질문은 다음과 전적으로 유사하다: 유클리드 언어에서는 참인 문장들이, 그의 체계에서는 증명 가능하지 않지만 참인 문장들이 존재할 수 있는가?—그러나 심지어 유클리드 체계에서는 증명 가능하지만 다른 체계에서는 거짓인 문장들도 있다. 동일한 각을 갖고 있지 않은 삼각형들이—어떤 다른 체계에서는—닮을(매우 닮을) 수 없는가?—"그러나 확실히 그 말은 말장난일 뿐이다! 그렇다면 그것들은 동일한 의미에서 서로 '닮은' 것이 아니다!"—물론 그렇다; 그리고 러셀의 체계에서 증명될 수 없는 문장은 《수학 원리》의 문장과는 다른 의미에서 '참'이거나 '거짓'이다.

8. 어떤 사람이 나에게 조언을 구하는 경우를 상상해 보자; 그는 말한다: "나는 러셀의 기호법으로 된 한 문장(그것을 '*P*'라고 지칭하겠다)을 만들었다. 그런데 그 문장은 어떤 정의들과 변형 규칙들에 의해서 다음과 같이 말하는 것으로 해석될 수 있다: '*P*는 러셀의 체계에서 증명될 수 없다.' 그렇다면 나는 한편으로는 이 문장이 참이지만, 다른 한편으로는 증명 불가능하다고 말해야 하지 않는가? 왜냐하면 그것이 거짓이라고 가정하면 그것이 증명 가능하다는 것이 참이 되기 때문이다! 그리고 그런 경우는 확실히 있을 수 없다. 또한 그것이 증명된다면, 그것이 증명 가능하지 않다는 것이 증명된다. 따라서 그것은 오직 참이지만, 증명 불가능할 수 있을 뿐이다."

51 "어떤 체계에서 '증명 가능'한가?"라고 위에서 물었던 바와 같이 우

리는 다음과 같이 물어야 한다: "어떤 체계에서 '참'인가?" '러셀의 체계에서 참이다'는 이미 말했듯이 러셀의 체계에서 증명된다는 것을 의미한다; 그리고 '러셀의 체계에서 거짓이다'는 러셀의 체계에서 그 부정이 증명됨을 의미한다. —자, 그렇다면 당신의 "그것이 거짓이라고 가정하자"는 무엇을 의미하는가? 러셀의 의미로 보면 그것은 '러셀의 체계에서는 그 부정이 증명된다고 가정하자'를 의미한다; 만일 이것이 당신의 가정이라면, 당신은 이제 그것이 증명될 수 없다는 해석을 아마도 포기하게 될 것이다. 그리고 나는 이 해석이라는 말로 이러한 한국어 문장으로의 번역을 의미하고 있다. —만일 당신이 러셀의 체계에서 그 문장이 증명 가능하다고 가정한다면, 그 문장은 그와 함께 러셀의 의미에서 참이고, 따라서 "*P*는 증명 가능하지 않다"라는 해석은 다시 포기될 것이다. 만일 당신이 러셀의 의미에서 그 문장이 참이라고 가정한다면, 동일한 것이 따라나온다. 더 나아가: 그 문장이 러셀의 의미와는 다른 의미에서 거짓이라고 한다면, 이는 그 문장이 러셀의 체계에서 증명된다는 것과 모순되지 않는다. (장기에서 "지다"라고 불리는 것이 어떤 다른 놀이에서는 이김을 이룰 수도 있다.)

9. 도대체 *P*와 "*P*는 증명 불가능하다"가 동일한 문장이라는 것은 무엇을 의미하는가? 이는 이 두 개의 한국어 문장이 그러그러한 기호법에서 단 하나의 표현을 갖는다는 것을 뜻한다.

10. "그러나 확실히 *P*는 증명될 수 없다. 왜냐하면 그것이 증명 가능하다고 가정하면, 그것이 증명 가능하지 않다는 그 문장이 증명될테니까." 그러나 만일 이것이 이제 증명된다면, 또는 내가—아마도 어떤 오류를 범해서—그것을 증명했다고 믿는다면, 왜 나는 그 증명을 타당하다고 간주하고 나서 "증명 불가능"이라는 나의 해석을 철회해야 한다고 말해서는 안 되는가?

·111·

11. 내가 P의 증명 불가능성을 (러셀의 체계에서) 증명했다고 가정해 보자;그러면 나는 이 증명으로 P를 증명했다. 이제 이 증명이 러셀의 체계 안에 있는 한 증명이라면—나는 그리하여 그 문장이 러셀의 체계에 속하면서 동시에 속하지 않는다는 것을 증명하는 것이 될 것이다.—이는 사람들이 그런 문장들을 구성할 때 초래되는 것이다.—그러나 여기에는 모순이 있다!—물론 여기에는 모순이 존재한다. 그러나 그것이 여기에서 어떤 해를 끼치는가?

12. 어떤 사람이 다음과 같이 말할 때 발생하는 모순에 어떤 해로운 점이 있는가? "나는 거짓말하고 있다.—따라서 나는 거짓말하고 있지 않다.—따라서 나는 거짓말하고 있다.—등등." 내가 의미하는 것은 다음이다:즉 이 경우에 사람들이 일상적 규칙들에 따라 한 문장으로부터 그 부정을 추론하고 다시 후자로부터 전자를 추론할 수 있다는 것에 의해 우리의 언어는 덜 유용하게 되는가?—그 문장 자체는 쓸모가 없으며, 이 추론들도 마찬가지이다;그러나 왜 사람들은 그 추론을 행해서는 안 되는가?—그것은 아무런 이득 없는 기술(Kunst)이니까!—그것은 엄지손가락잡기 놀이와 유사성을 지니는 언어 놀이이다.

52 13. 모순은 단지 그것이 사람들을 괴롭혔다는 사실 때문에, 그리고 사람들을 괴롭히는 문제들이 어떻게 언어로부터 자라나올 수 있는지, 또 어떤 종류의 것들이 우리를 괴롭힐 수 있는지를 보여주기 때문에 흥미로울 뿐이다.

14. 증명 불가능성의 증명은 말하자면 어떤 기하학적 증명과 흡사하다;즉 증명들의 기하학에 관한 증명. 이는 이를테면 자와 컴퍼스로 그러그러한 작도가 이루어질 수 없다는 증명과 전적으로 유사하다. 지금 그러한 증명은 예측의 요소, 물리적 요소를 포함한다. 왜냐하면 그러한 증명의 귀결로서 우리는 어떤 사람에게 다음과 같이 말하기 때문이다:

"그 작도(가령 각의 3등분 작도)를 찾으려고 애쓰지 마시오—그것이 가능하지 않다는 것이 증명될 수 있으므로." 다시 말해서 증명 불가능성의 증명이 이런 방식으로 적용될 수 있어야 한다는 것은 본질적이다. 그것은—이렇게 말할 수 있을텐데—우리에게는 어떤 증명을(그리하여 그러그러한 종류의 작도를) 찾는 작업을 포기하게 하는 적확한 근거임에 틀림없다.

모순은 그러한 예측으로서 사용될 수 없다.

15. 어떤 것이 정당하게 "X는 증명 불가능하다"라는 문장으로 불리는지의 여부는 우리가 이 문장을 어떻게 증명하는지에 의존한다. 오직 증명만이 무엇이 증명 불가능성의 기준으로 간주되는가를 보여준다. 증명은 문장들이 사용되는 조작들의 체계, 놀이의 일부분이고, 우리에게 그 문장의 '의미'를 보여준다.

따라서 문제는 여기에서 'P의 증명 불가능성에 대한 증명'이 P의 증명이 발견되지 않으리라는 가정에 대해 적확한 근거인지의 여부이다.

16. 문장 "P는 증명 불가능하다"는 나중에는 상이한 의미를 갖는다—그것이 증명되기 이전과는.

만일 그 문장이 증명된다면, 그 문장은 증명 불가능성의 증명의 종결 그림이다.—만일 그 문장이 증명되지 않는다면, 무엇이 그 문장의 진리 기준으로서 간주되어야 할지 아직 명확하지 않다. 그리고 그 문장의 의미는—우리는 이렇게 말할 수 있는데—여전히 베일에 싸여 있다.

17. 그렇다면 나는 어떻게 P가 증명되었다고 간주할 수 있을까? 증명 불가능성의 증명에 의해서? 또는 어떤 다른 방법으로? 증명 불가능성의 증명에 의해서 그렇다고 가정해 보자. 자, 무엇이 증명되었는지를 보기 위해서 그 증명을 바라보라! 아마도 여기에서 그러그러한 형식의 증명이 P에 이르지 않음이 증명되어 있다.—또는 P가 직접적인

방법으로 증명되었다고—일단 나는 이렇게 말하고자 하는데—가정하자. 그러면 그 경우에 “*P*는 증명 불가능하다”라는 문장이 따라나오고, 그래서 이제 *P*의 기호들에 대한 이 해석이 증명의 사실과 어떻게 상충하는지, 그리고 그 해석이 왜 여기에서 포기되어야 하는지가 드러남에 틀림없다.

그러나 *P*가 아니다가 증명된다고 가정하자. —어떻게 증명되는가?
53 가령 *P*가 직접 증명된다는 것에 의해—왜냐하면 그로부터 그것이 증명
가능하다는 것, 그래서 *P*가 아니다가 증명 가능하다는 것이 따라나오
므로. 그러면 나는 이제 무엇을 말하게 될 것인가? “*P*”인가 아니면 “*P*
가 아니다”인가? 왜 둘 다는 안 되는가? 만일 어떤 사람이 나에게
“경우인 것은 무엇인가? *P*인가 아니면 *P*가 아니다인가?”라고 묻는다
면, 나는 이렇게 대답할 것이다: *P*는 러셀 식의 증명의 맨 끝에 있으
며, 따라서 당신은 러셀의 체계에서 *P*라고 쓴다; 그러나 다른 한편 바
로 그 문장은 증명 가능하고, 이것은 *P*가 아니다로 표현된다. 그러나
이 문장은 러셀 식의 증명의 끝에 있지 않고, 따라서 러셀의 체계에 속
하지 않는다. ——“*P*는 증명 불가능하다”라는 해석이 *P*에 주어졌을
때, *P*에 대한 이러한 증명은 알려지지 않았고, 따라서 *P*가 “이 증명은
존재하지 않는다”라고 말하고 있다고 사람들은 말할 수 없다. ——일단
증명이 구성되면, 이와 함께 어떤 새로운 상황이 창조된다: 그리고 우리
는 이것을 증명이라고(여전히 계속 증명이라고) 부를 것인지의 여부, 또
는 여전히 이것을 증명 불가능성의 진술이라고 부를 것인지의 여부를 결
정해야 한다.

*P*가 아니다가 직접적으로 증명되었다고 가정하자; 따라서 *P*가 직접 증명될 수 있다는 것이 증명된다! 따라서 이는 다시 해석의 문제이다. —즉 우리가 이제 *P*의 직접적 증명을 또한 가지고 있는 것이 아니라면. 만일 그것이 그러하다면, 뭐, 그것은 그럴 것이다. —

(모순에 대한 수학자의 미신적인 공포와 숭배.)

18. "그러나 지금 그 문장이 거짓이라고—따라서 그것은 증명 가능하다고 가정하면!"—왜 당신은 그것을 '거짓'이라고 부르는가? 당신이 증명을 보기 때문에?—또는 다른 근거들로 해서? 그렇다면 전혀 문제가 되지 않는다. 우리는 예컨대 한 질문에 대해 아주 종종 제대로 된 의미로 "그렇기도 하고 그렇지 않기도 하다"라고 대답한다는 근거에서 모순율을 거짓이라고 아주 잘 말할 수 있다. 그리고 이것은 '$\sim\sim p=p$'라는 명제에 대해서도 마찬가지인데, 왜냐하면 우리는 이중 부정을 단순히 그 부정을 제거하는 것으로 뿐만 아니라 그 부정을 강조하는 것으로도 사용하기 때문이다.

19. "…, 따라서 P는 참이고 증명 불가능하다"라고 당신은 말한다. 이는 "따라서 P"를 뜻한다. 나의 입장에서 보면——그러나 무슨 목적으로 당신은 이 '주장'을 적어 놓고 있는가? (그것은 마치 어떤 사람이 자연의 형식들과 건축 양식에 대한 어떤 원리들로부터 아무도 살 수 없는 에베레스트 산 위에 바로크 양식의 성곽이 있다는 생각을 도출해 내는 것과 같다.) 그렇다면 어떻게 당신은 나에게 그 주장의 진리성을 설득력 있게 만들 수 있을 것인가? 왜냐하면 당신은 그것을 그런 재주부리기 외에는 더 이상 아무 데도 사용할 수 없으므로.

20. 여기에서 우리는 논리학의 명제들이 실제(Praxis)에서는 정보로서 어떠한 적용도 지니지 않도록 구성되어 있음을 기억해야만 한다. 따라서 사람들은 그것들이 전혀 명제가 아니라고 아주 당연히 말할 수도 있을
54 것이다; 그리고 어떤 사람이 그것들을 써놓는 것은 정당화를 필요로 한다. 지금 만일 우리가 이 '명제들'에다 다른 종류의 명제적인 형성물을 더 덧붙인다면, 우리는 기호 조합들의 이러한 체계가 어떤 종류의 적용, 어떤 종류의 의미를 갖게 될지에 대해서는 이제는 그야말로 잘 모르게 된다; 왜냐하면 이 기호 조합들의 문장 소리만으로는 아직 그 기호 조합들에 어떤 의미를 부여하는 데 충분하지 않기 때문이다.

부 론 II

1. "이 모든 수들과는 다른 하나의 수를 내게 보여주시오"라고 어떤 사람이 요구했을 때, 그 대답으로 대각선 규칙이 주어진다면, 왜 그는 "하지만 내가 의미했던 것은 그런 것이 아니다!"라고 말해서는 안 되는가? 당신이 나에게 제시한 것은 이 일련의 수들과는 다른 수들을 순차적으로 산출하는 규칙이다.

"그러나 왜 당신은 이것 또한 하나의 수를 계산해 내는 방법이라고 부르려고 하지 않는가?"—그러나 여기에서 계산 방법은 무엇이고, 무엇이 그 계산 결과인가? 당신은 다음과 같은 이유로 그 양자가 매한가지라고 말할 것이다: 즉 이제 그 수 D는 … 보다 크고, … 보다 작고, 제곱될 수 있고 등등을 말하는 것이 의미가 있기 때문에.

문제는 참으로 다음 아닌가? 즉 이 수는 무엇에 사용될 수 있는가? 참으로 이것은 기묘한 이야기로 들린다. —그러나 이것이 뜻하는 것은 이렇다: 즉 그 수는 어떤 수학적 상황에 있는가?

여기에서의 지침은 이것이다: 네 주위를 더 넓게 둘러보라!

어떤 계산에서 어구로 표현된 결과는 의심스럽게 여겨질 것이다. 계산은 어구 표현의 의미를 밝혀내 준다. 그것은 그 의미를 결정짓는 데 있어서 보다 정교한 도구이다. 만일 당신이 그 어구 표현이 무엇을 의미하는지를 알고자 한다면 그 계산을 보라; 그러나 그 역은 아니다. 그 어구 표현은 그 계산에 단지 희끄무레한 어스름을 던질 뿐이다: 그러나 계산은 어구 표현에 찬란한 빛을 던져 준다. (마치 두 산봉우리의 높이를 비교하고자 할 때 고도 측정에 의해서가 아니라, 아래에서 올려다 볼 때 두 산봉우리의 외관상의 관계에 의해 비교하고 싶어할 때처럼.)

2. '세어서 열거할 수 없는'[비가산]*이라는 개념은 무엇에 사용될 수 있는가?

만일 어떤 사람이 날이면 날마다 '모든 무리수를 한 수열로 늘어 놓으려고' 시도한다면, 우리는 다음과 같이 말할 수도 있을 것이다: "그만두시오! 그 일은 아무 의미도 없으니까; 만일 당신이 어떤 수열을 내세우면 내가 대각선[논법에 의해 구성된] 수열로 당신에게 맞서리라는 것을
55 당신은 모르는가!" 이것은 그의 작업을 포기하도록 할 수도 있을 것이다. 물론 이것은 유용할 것이다. 그리고 바로 이것이 이 방법[대각선 논법]의 전체의, 그리고 실제의 목적인 것처럼 내게는 생각된다. 그것은 말하자면 미련하게 닥치는 대로 작업하는 사람이 지닌 모호한 개념을 사용하면서, 하나의 그림에 의해 그로 하여금 그만두도록 하게 한다. (그러나 우리는 어떤 다른 그림에 의해서 그가 다시 그의 작업을 더 진행하게 할 수도 있을 것이다.)

그 절차는 무엇인가를 제시한다—즉 이들 계산 방법들이 한 수열로 정렬될 수 없음을 보여주는 증명이라고 매우 모호한 방식으로 불릴 수 있는 것을. 그리고 여기에서 "이들"의 의미는 아직까지 모호하게 남아 있다.

영리한 한 사람이 이 언어 그물에 걸려들었다! 따라서 그것은 흥미로운 언어 그물임에 틀림없다.

그 잘못은 기수[자연수]가 하나의 수열로 정렬될 수 있다고 말할 때부터 시작된다. 도대체 이러한 정렬에 대해서 사람들은 무슨 개념을 갖는가? 참으로 우리는 자연스럽게 하나의 무한 수열의 개념을 얻게 되지만, 여기에서 이것은 기껏해야 모호한 관념 즉 어떤 개념을 형성하는

* 제 4부 15절 참조—옮긴이 주.

데로 인도하는 빛을 우리에게 준다. 그 개념 자체는 실로 이 수열, 그리고 몇몇 다른 수열들로부터 추상된다; 또는 그 표현은 경우들간의 어떤 유사성을 지칭한다. 그리고 그것은 예를 들어 우리가 말하고자 하는 어떤 영역을 잠정적으로 한정하는 데 사용될 수 있다.

그렇지만 그와 함께 "집합 R[실수의 집합]은 하나의 수열로 정렬될 수 있는가?"라는 물음이 어떤 명확한 의미를 지닌다고 말해진 것은 아니다. 왜냐하면 이 물음은 이제 가령 다음을 의미하기 때문이다: 즉 우리는 이 형성물들로, 기수들의 한 수열로의 정렬에 상응하는 어떤 것을 할 수 있는가? 따라서 만일 "실수가 하나의 수열로 정렬될 수 있는가?" 하는 질문에 대한 성실한 대답은 "나는 그것에 대해 일단 어떤 정확한 생각도 떠올릴 수 없다"일 수도 있을 것이다. —"그러나 당신은 예를 들어 근수(Wurzel)들과 대수적 수(algebraische Zahl)들을 하나의 수열로 정렬시킬 수 있다; 따라서 당신은 어쨌든 이 표현을 이해하고 있다!"—더 정확하게 말하자면, 나는 여기에서 어떤 유사한 형성물을 지니고 있으며, 그것들을 '수열'이라는 공통된 이름으로 부른다. 그러나 나는 아직 이 경우들로부터 '모든 실수'에로 이르는 어떤 확실한 다리도 지니고 있지 않다. 또한 그러그러한 집합이 '하나의 수열로 정렬될 수 있는지'의 여부를 시험하기 위한 어떤 일반적인 방법도 나는 가지고 있지 않다.

이제 어떤 사람이 대각선 절차[논법]를 나에게 보여주고 다음과 같이 말한다: "지금 당신은 이러한 정렬이 여기에서는 안 된다는 증명을 갖게 된다." 그러나 나는 "다시 말하거니와—여기에서 안 된다는 것이 무엇인지 나는 모르겠다"라고 대답할 수 있다. 그러나 나는 당신이 한편으로는 "근수", "대수적 수" 등의 사용과, 다른 한편으로는 "실수"의 사용에서의 어떤 차이를 나에게 보여주려고 한다는 것을 알고 있다. 뿐만 아니라 이를테면 이러하다: 즉 우리는 근수들을 "실수"라고 부르며, 근수들로부터 형성된 대각선[논법에 의해 구성된] 수도 역시 그렇게 부른다. 그리고 실수들의 모든 수열들도 마찬가지이다. 이 때문에 "모든 실

56 수들의 수열"을 이야기하는 것은 아무 의미도 없다. 왜냐하면 그 수열의 대각선 수 또한 하나의 "실수"라고 불리므로. ——이것은 다음의 경우와 비슷하지 않을까? 즉 사람들이 일상적으로 책들의 어떤 열도 그 자체로 책이라고 부른다 하고, 그리고 이제 "'모든 책들의 열'을 이야기하는 것은 아무 의미도 없다. 왜냐하면 이 열은 그 자체로 책이므로"라고 말하기라도 한다면.

3. 여기에서 하나의 실수를 산출하기 위한 대각선 절차가—아주 당연하게 이럴 수도 있을텐데—집합론이 발명되기 오래 전에 잘 알려져 있다고, 심지어 초등학교 학생에게도 친숙하다고 상상해 보는 것은 매우 유익하다. 왜냐하면 이는 칸토르의 발견을 바라보는 시각을 변화시키기 때문이다. 확실히 이 발견은 오랫동안 알려진 이 초보적인 계산에 대한 해석 속에 그저 놓여 있을 수도 있을 것이다.

이런 종류의 계산은 그 자체로 유용하다. 그 문제란 이를테면 다음과 같을 것이다: 다음의 수들과 다른 소수를 하나 쓰라:

0.1246798···
0.3469876···
0.0127649···
0.3426794···
················· (긴 수열을 상상하라.)

그 어린이는 혼자 생각한다: 이것을 어떻게 해야 할까, 내가 써놓은 것이 그 수들 중의 하나가 아니기 위해서는 그 모든 수들을 다 보아야만 하는데? 이제 그 방법[대각선 논법]은 다음과 같이 말한다: 전혀 그렇지 않다; 첫번째 수의 첫째 자리를 바꾸고, 두번째 수의 두번째 자리를 바꾸고, 이와 같이 계속하라. 그러면 당신은 주어진 어떤 수와도 일치하지 않는 수를 하나 써놓았음을 확신하게 된다. 이런 방법으로 얻어진 수는 어쨌든 대각선 수라고 불릴 수 있을 것이다.

"실수는 하나의 수열로 정렬될 수 없다" 또는 "집합 …은 세어서 열거할 수 없다"라는 생각에서 위험하고 기만적인 것은, 그런 생각이 개념의 규정, 개념의 형성인 것을 자연의 사실인 것처럼 보이도록 만든다는 데 있다.

다음의 문장은 온건하게 들린다: "만일 사람들이 어떤 것을 실수들의 수열이라고 부른다면, 대각선 논법에 의해 주어진 전개도 '실수'라고 부르며, 게다가 그 수열의 모든 항들과도 다르다고 말한다."

어떤 증명이 그것의 수단이 허용하는 것보다도 더 많은 것을 증명할 때, 항상 우리에게는 의심이 일어날 것이다. 우리는 그런 것을 '부풀린 증명'이라고 부를 수도 있을 것이다.

일상적 표현은 여기에서 실로 적용 가능한 정렬 절차, 정렬 방법을
57 흉내내지만, 모든 기수들 자체보다 관련 대상들의 수가 더 크기 때문에
목표에는 이르지 못한다.

만일 다음과 같이 말해진다면: 즉 "대각선 논법을 고찰하면, '실수'라는 개념과 '기수'라는 개념이 우리가 어떤 유사성에 의해 오도되어 믿게 되는 것보다도 훨씬덜 유사하다는 것을 당신은 보게 될 것이다"라고 말해진다면, 이는 훌륭하고 솔직한 의미를 지니는 것이 될 것이다. 그러나 바로 그 반대가 일어난다: 실수의 '집합'과 기수의 '집합'이 이른바 크기에 관하여 비교됨으로써. 두 개념의 종류의 차이는 비뚤어진 표현 방식에 의해 외연(Ausdehnung)의 차이로서 표현된다.

4. 한 시대의 질병은 인간의 삶의 방식에 변경을 가함으로써 치유된다. 그리고 철학적 문제라는 질병은 한 개인에 의해 발명된 약에 의해서가 아니라, 변화된 사고 방식과 삶의 방식을 통해서만 치유될 수 있었다.

자동차의 사용이 어떤 질병들을 발병시키고 조장하며, 인류는 그 어떤 원인으로 해서, 그 어떤 발전의 결과로서 운전 습관을 버릴 때까지는 그 질병으로 고생한다고 생각해 보라.

5. 우리는 "가장 큰 기수란 없다"라는 문장을 어떻게 사용하는가? 언제 그리고 어떤 경우에 우리는 그렇게 말하게 될 것인가? 이러한 사용은 어쨌든 수학적 명제 '25×25=625'의 사용과는 전적으로 다르다.

무엇보다 먼저 우리가 도대체 이런 질문을 한다는 것을 주목하라; 이는 그 대답이 곧바로 제시되는 것은 아니라는 점을 지적해 준다.

게다가 이 질문에 성급하게 대답하려고 하면 미끄러지기가 쉽다. 그것은 여기에서 다음 질문의 경우와 유사하다: 우리의 공간이 3차원이라는 것을 어떤 경험이 보여주는가?

우리는 어떤 면허에 관해 그것은 종료됨이 없는 것이라고 말한다.

그리고 우리는 기수들로 하는 언어 놀이의 면허는 종료되지 않는다고 말할 수 있다. 이것은 이를테면 우리의 언어와 언어 놀이를 우리가 가르치는 어떤 사람에게 말해질 것이다. 따라서 그것은 다시 문법적 명제가 될테지만, '25×25=625'와는 전적으로 다른 종류의 문법적 명제가 될 것이다. 그렇지만 만일 그 학생이 가령 이러한 계열의 언어 놀이들에 대해 어떤 확정적인 종료를 기대하는 경향이 있다면(아마도 완전히 다른 문화에서 교육받았을 것이기 때문에), 그것은 매우 중요한 것이 될 것이다.

6. 왜 우리는 "무리수는 정렬될 수 없다"라고 말해야 하는가? ―우리는 어떤 정렬이든 그것을 흐트러뜨리는 방법을 가지고 있다.

58 칸토르의 대각선 논법은 그 체계 속에 있는 모든 수와 상이한 하나의 무리수를 우리에게 보여주고 있는 것이 아니라, 오히려 그러그러한 수

가 그 체계의 모든 수들과 다르다는 수학적 명제에 의미를 부여하고 있는 것이다. 칸토르는 다음과 같이 말할 수도 있을 것이다: 당신은 하나의 수가 그 체계의 모든 수들과 다르다는 것을, 그 수가 첫째 자리에서 첫번째 수와 다르고, 둘째 자리에서 두번째 수와 다르다는 것 등등을 증명함으로써 증명할 수 있다.

칸토르는 '한 체계의 모든 수들과 다른 실수'라는 개념의 다양성에 대해서 무엇인가를 말하고 있다.

칸토르는 만일 우리가 어떤 전개들의 체계를 갖게 되면, 그 모든 것들과 다른 어떤 전개에 대해 말하는 것이 의미 있다는 것을 보여주고 있다. —그러나 그것으로 "전개"라는 낱말의 문법은 아직 결정되지 않았다.

칸토르는 하나의 전개가 한 체계에서의 모든 전개들과 대각선적으로 다르다는 것이 증명될 수 있다면 그 전개는 바로 그렇게 불려야 한다는 것을 제안함으로써, "한 체계에서의 모든 전개들과 다른 전개"라는 표현에 의미를 부여하고 있다.

따라서 다음의 과제가 존재한다: 이 체계의 모든 수와 대각선적으로 다른 전개를 갖는 수를 하나 찾아보라.

7. 혹자는 이렇게 말할 수도 있을 것이다: 실선에는 유리수 점들 이 외에도 무리수 점들의 다양한 체계들이 있다.

무리수의 체계란 존재하지 않는다—그러나 또한 초-체계도 없으며, 고차 위계 무한의 '무리수들의 집합'도 없다.

칸토르는 고차 위계의 차이, 즉 하나의 전개와 전개들의 한 체계와의 차이를 정의한다. 이러한 정의는 어떤 한 수가 이런 의미에서 수들의 어떤 한 체계와 다르다는 것을 보이기 위해 사용될 수 있다: 대수적 수들의 체계로부터 [이와 다른] π를 말해 보자. 그러나 우리는 그러그러한 방법으로 대각선에서 자리를 [다른 수로] 바꾸는 규칙이 바로 그 때문에 그 체계의 규칙들과 다르다는 것—왜냐하면 이 규칙은 그 자체로 '고차 위계'의 것이므로—이 증명된다고 당연하게 말할 수 있는 것은 아니다; 왜냐하면 그것은 규칙들의 체계를 변경시키는 것을 다루고 있으며, 따라서 어떤 경우에 그러한 규칙의 전개가 그 체계의 모든 전개들과 다르다고 우리가 기꺼이 공언할 것인지는 애초부터 명확하지 않기 때문이다.

8. '이러한 고찰은 우리로 하여금 $2^{\aleph_0} > \aleph_0$이라고 말하도록 이끌 수 있다.'

즉: 우리는 그 고찰로 하여금 우리를 거기로 이끌게끔 할 수 있다.

또는: 우리는 이것을 말할 수 있고, 이것을 그 근거로 제시할 수 있다.

그러나 만일 우리가 이제 그렇게 말한다면—그 말로 우리는 더 이상 무엇을 할 수 있는가? 어떤 실제 활동(Praxis)에 이 명제는 닻을 내렸는
59 가? 이 명제는 우선은 허공에 걸려 있는 하나의 수학적 건축물이며, 이를테면 마치 어떤 것에 의해서도 떠받혀 있지 않고 또 어떤 것도 떠받치고 있지 않은 평방(平枋)인 것처럼 보인다.

어떤 고찰은 우리로 하여금 10^{10}개의 영혼이 $1\,\text{cm}^3$ 안에 들어간다고 말하게끔 이끌 수 있다. 그러나 그럼에도 불구하고 왜 우리는 그렇게 말하지 않는가? 왜냐하면 아무 쓸모도 없기 때문이다. 왜냐하면 그것은 어떤 그림을 마음 속에 불러일으키기는 하지만, 그 그림으로 우리는 더 이상 아무것도 할 수 없기 때문이다.

명제는 그 근거들이 유효한 바로 그만큼만 유효하다.

명제는 자신을 떠받치는 그 근거들이 지니고 있는 바로 그만큼만 지니고 있다.

9. 흥미로운 질문은 이것이다: $\aleph_0$은 기수들의 수인데 $\aleph_0$은 그 기수들

과 어떤 연관을 지니는가? $\aleph_0$은 기수들의 수열이나 그와 유사한 수학적 형성물에 적용될 때 분명히 "무한 수열"이라는 술어가 될 것이다. 여기에서 비수학적 의미에서의 열(Reihe)과 수학적 의미에서의 열의 관계를 파악하는 것이 중요하다. 우리가 수학에서 "수열"라는 낱말을 "수기호들의 열"이라는 의미로 사용하지 않는다는 것은 물론 명확하다. 물론 전자의 표현과 후자의 표현의 사용 사이에 어떤 연관성이 있어도 말이다. 철도는 기차가 아니다;더구나 그것은 기차와 비슷한 어떤 것도 아니다. 수학적 의미에 있어서의 '열'은 언어적 표현의 열들(Reihen)을 구성하는 한 가지 방법이다.

따라서 우리는 "무한 수열"이라는 한 가지 문법적 집합(Klasse)을, 그리고 이 표현과 동등한 어떤 낱말을, 즉 그 문법이 "무한" 또는 "$\aleph_0$"이라는 수사(Zahlwort, 數詞)의 문법과 (어떤) 유사성을 지니는 낱말을 갖게 된다. 이것은 수학적 계산들 중에는 이른바 '유한' 집합들의 원소들간의 상호 대응과 유사성을 지니기 때문에 우리가 "두 무한 수열의 항들간의 1-1 대응"이라고 어느 정도 정당하게 부를 수 있는 [계산] 기술이 있다는 사실과 관련된다.

그러나 말하자면 무한 수열들의 항들의 수를 제시하는 수사의 한 종류를 우리가 사용한다는 점으로부터 '무한 수열'이라는 개념의 수에 대해서 말하는 것이 그 어떤 의미를 지니게 된다는 점이, 즉 우리가 수사와 유사한 것에 대해 그 어떤 종류의 사용이든 여기에서 갖게 된다는 점이 따라나오는 것은 아니다. 그러한 표현의 사용을 시사하는 어떤 문법적 기술(Technik)도 없다. 왜냐하면 물론 나는 "바늘 끝에 올라설 수 있는 모든 천사들의 집합"과 같이 "'무한 수열'이라는 집합과 수가 같은 모든 집합들의 집합"이라는 표현을 형성할 수 있지만, 그 어떤 사용도 없는 한 이 표현은 공허하기 때문이다. 그러한 사용은 앞으로 발견되어야 하는 것이 아니라, 여전히 발명되어야 하는 것이다.

60 다음을 상상해 보라. 나는 당신 앞에 정사각형들로 금 그어진 놀이판

을 갖다 놓고서 그 위에 서양 장기의 말과 비슷한 것들을 놓고 말한다: "이 말은 '왕'이고, 이것들은 '기사'이고, 이것들은 '평민'이다. —우리는 이 놀이에 대해 그 이상은 알지 못한다; 그러나 이것은 어쨌든 그 어떤 것이다. —그리고 아마도 앞으로 더 발견될 것이다."

10. "분수들은 크기의 순서대로 정렬될 수 없다." —무엇보다도 먼저 이 말은 대단히 흥미롭고 주목할 만한 것으로 들린다.

그것은 가령 미분 계산의 명제들과는 전혀 다른 의미에서 흥미롭게 들린다. 내 생각에 그 차이는, 후자의 명제는 물리적인 것에 대한 적용과 쉽게 결합되지만 전자의 명제는 오로지 수학에만 속하는 것처럼, 말하자면 수학적 대상들 자체의 자연사와 관련되는 것처럼 보인다는 점에 있다.

혹자는 예를 들어 그 명제에 대해 이렇게 말하고 싶을 것이다: 그것은 수학적 세계의 신비 속으로 우리들을 데려간다고. 바로 이것이 내가 경고하고자 하는 시각이다.

…인 것처럼 보일 때, 우리는 조심해야 한다.

11. 분수들이 크기의 순서대로 한 수열로 정렬될 수 없다는 명제를 들을 때 내가 무한열의 사물들의 그림을 떠올리고, 각각의 그것들과 그 옆에 있는 것 사이에 새로운 것들이 나타나고, 또다시 각각의 그것들과 그 옆에 있는 것 사이에 더 새로운 것이 나타나는 식으로 끝없이 계속되어 나간다면, 확실히 여기에는 사람들로 하여금 현기증나게 만드는 어떤 것이 있다.

그러나 아무리 흥미 진진할지라도 이 그림이 그럼에도 전혀 적절하지 않다는 것, "수열", "정렬하다", "존재하다"와 그 밖의 다른 낱말들에 의해 우리가 사로잡혀서는 안 된다는 것을 일단 보게 되면, 우리는 분수 계산 기술에 복귀하게 되고, 이것에 관해서는 이제 더 이상 기묘한 것이 없다.

분수의 계산 기술에서 "바로 다음의 더 큰 분수"라는 표현은 아무 의미도 없다는 것, 우리가 그것에 어떤 의미도 부여하지 않았다는 것에는 놀라운 것이란 아무것도 없다.

만일 계속되는 보간법의 기술을 분수들에 적용시킨다면, 우리는 어떤 분수도 "바로 다음의 더 큰 분수"라고 부르려고 하지 않을 것이다.

12. 어떤 기술이 한정되어 있지 않다고 말하는 것은, 그 기술이 멈춤
없이 계속 된다는 것—측정 불가능한 것으로 커져간다는 것을 뜻하는
것이 아니라, 그 기술에는 종료의 제도가 없다는 것, 그 기술은 종결되
지 않는다는 것을 뜻한다. 어떤 문장에 마침표가 없을 때 그 문장이 끝
61 나지 않았다고 우리가 말할 수 있는 것과 같이. 또는 놀이 규칙들이—
가령 선을 그어서—어떤 경계도 지정하지 않을 때, 그 경기장은 한정
되지 않는다고 말할 수 있는 것과 같이.

새로운 계산 기술은 우리에게 새로운 그림, 새로운 표현 방식을 제시하게 될 것이다. 그리고 이러한 새로운 도식, 이러한 새로운 종류의 골격을 기존의 표현들로 기술하고자 하는 것처럼 불합리한 것은 없다.

13. "한 분수에는 바로 다음의 더 큰 분수가 없지만, 기수에는 바로 다음의 더 큰 기수가 있다"와 같은 명제의 기능이란 무엇인가? 그것은 말하자면 두 놀이를 비교하는 명제이다. (서양 바둑에서는 돌들이 서로 넘어갈 수 있지만, 서양 장기에서는 그럴 수 없는 것과 같이.)

우리는 무엇인가를 "바로 다음의 더 큰 기수를 구성하기"라고 부르지만, 아무것도 "바로 다음의 더 큰 분수를 구성하기"라고는 부르지 않는다.

14. 우리는 어떻게 놀이들을 비교하는가? 그것들을 기술함으로써—하나를 다른 것의 변형으로서 기술함으로써—그것들을 기술하고 그것들의 차이와 유사성을 강조함으로써.

"서양 바둑에는 왕이 없다"—이것은 무엇을 의미하는가? (이 말은 유치하게 들린다.) 그것은 단지 서양 바둑에서는 어떤 돌도 "왕"이라고 불리지 않는다는 것을 뜻하는가? 그래서 만일 우리가 어떤 돌을 "왕"이라고 부르기라도 한다면 서양 바둑에는 왕이 있게 될 것이라고? 그러나 다음의 명제 즉 "서양 바둑에서는 모든 돌이 똑같은 힘을 갖고 있지만, 서양 장기에서는 그렇지 않다"는 어떠한가? 누구에게 나는 이렇게 말하는가? 이미 두 놀이를 다 알고 있는 사람 또는 아직 그것들을 모르는 어떤 사람에게. 여기에서 앞 사람은 우리의 정보를 필요로 하지 않고, 두번째 사람은 그것으로 아무것도 할 수 없는 것처럼 보인다. 그러나 내가 다음과 같이 말한다면 어떨까: "보라! 서양 바둑에서는 모든 돌이 똑같은 힘을 갖고 있고, …"라고. 또는 더 적절하게 "보라! 이 놀이에서는 모든 돌이 똑같은 힘을 갖고 있지만, 저 놀이에서는 그렇지 않다"라고. 그러나 그러한 문장은 무엇을 하는가? 그것은 어떤 새로운 개념, 새로운 분류 근거를 도입한다. 나는 당신에게 "첫번째 종류의 놀이에 이름을 붙이시오!" 따위의 문제에 대답하도록 가르친다. 그러나 유사하게 다음과 같은 문제를 낼 수도 있을 것이다: "왕이 하나 있는 놀이를 발명해 보시오".

15. '우리는 분수들을 크기의 순서대로 한 수열로 정렬할 수는 없지만, 어떤 무한 수열에서는 정렬할 수 있다.'

만일 어떤 사람이 이것을 알지 못했다면, 그는 무엇을 배웠는가? 그는 새로운 종류의 계산, 예를 들어 "분수 …가 몇 번째인지를 결정하라"와 같은 계산을 배웠다.

그는 이러한 기술을 배운다—그러나 그는 또한 그러한 기술이 존재한다는 것 역시 배우지 않는가?

62 나는 실로 중요한 의미에서, 그러한 기술이 존재한다는 것을 배웠다; 즉 가능한 모든 다른 것들에 이제 적용될 수 있는 하나의 기술을 알게 되었다.

16. '이제 당신은 다음을 무엇이라고 부를 것인가?'

	1	2	3	4	• • •
1	1	3	6	10	•
2	2	5	9	•	
3	4	8	•		
4	7	•			
•	•				

"수들의 순서쌍에 계속해서 번호 붙이는 방법"이 아닌가? 그리고 나는 또한 "수들의 순서쌍을 하나의 열로 정렬하는 방법"이라고도 말할 수는 없을까?

수학은 지금 나에게 수들의 순서쌍을 하나의 열로 정렬시킬 수 있다는 것을 가르치고 있는가? 도대체 나는 다음과 같이 말할 수 있는가: 수학이 내가 이것을 할 수 있다는 것을 나에게 가르치고 있다고? 내가 어떤 어린 아이에게 곱하기를 가르침으로써 사람들이 곱셈을 할 수 있다는 것을 내가 그 아이에게 가르치고 있다고 말하는 것은 도대체 의미가 있는가? 오히려 그 아이가 기수들을 서로 곱하는 방법을 배우고 난 후에, 사람들이 분수를 곱할 수 있다는 것을 내가 그 아이에게 가르치고 있다고 말하는 것이 더 자연스러울 것이다. 왜냐하면—이제 이렇게 말할 수도 있을텐데—그 아이는 이미 "곱하기"가 무엇을 의미하는지 알고 있기 때문이다. 그러나 이것 또한 오도적이지는 않을까?

만일 어떤 사람이 말하기를, 사람들이 수들의 순서쌍을 하나의 수열로 정렬할 수 있다는 명제를 자신이 증명했다고 한다면, 이것은 전혀 수학적 명제가 아니라고 대답될 것이다. 왜냐하면 우리는 "사람들이", "수들의 순서쌍", "을", "할 수 있다" 등등의 말들로 계산하지 않기 때문이다. "우리는 …을 할 수 있다"라는 명제는 오히려 사람들이 가르치는 기술(技術)에 대한 단지 부수적인 기술(記述, Beschreibung), 이를테면 부적절하지는 않은 제목, 이 장의 표제일 뿐이다. 그러나 제목으로는 무엇보다도 계산을 할 수가 없다.

그러나 그것이 바로 프레게와 러셀의 논리 계산이 하는 것이라고 당신은 말한다: 그 안에서는 수학에서 말해지는 모든 낱말은 정확한 의미를 지니고 있고, 그 각각은 계산의 요소라고. 따라서 이러한 계산에서 우리는 "사람들은 곱셈을 할 수 있다"를 실제로 증명할 수 있다. 당연하게도 이제 그것은 수학적 명제가 된다; 그러나 누가 이 명제로 무엇인가를 할 수 있다고 말하는가? 누가 이것이 어디엔가 사용될 수 있다고 말하는가? 왜냐하면 그것이 흥미롭게 들린다는 것으로는 충분하지 않기 때문이다.

가르치면서 아마도 우리는 "따라서 분수를 하나의 수열로 정렬시킬 수 있다는 것을 당신은 알게 되었다"라는 문장을 사용하는데, 이는 이런 종류의 계산에 인상적인 그림을 결합시키는 것과는 달리 이 명제에 대해 어떤 다른 사용을 우리가 지니고 있음을 말하는 것은 아니다.

63 만일 여기에서 그런 흥미로운 점이 증명된 명제에 부착된다면, 그것은 극도로 약한 정당화를 갖는 그림, 그러나 예컨대 시간의 흐름의 "방향"에 대한 그림처럼 아주 기묘해서 우리를 매혹시키는 그런 그림에 부착된 것이다. 그것은 사람들의 생각을 약간 몽롱하게 만든다.

여기에서 나는 단지 다음과 같이 말할 수 있을 뿐이다: 이런 그림으로부터 가능한 한 빨리 떠나라. 그리고 그 계산에서 흥미로운 점을 그 적용에서 보라. (마치 우리는 모든 계산이 기묘한 가면을 쓴 채 나타나는 가면 무도회에 있는 듯하다.)

17. "'무한'이라는 낱말은 수학에서 회피되어야 하는가?" 그렇다; 그것이 계산으로부터 비로소 의미를 얻게 되는 대신에, 계산에 어떤 의미를 부여하는 것처럼 보일 때에는.

"그러나 우리가 계산을 살펴볼 때, 거기에는 어떤 무한한 것도 없다"라는 어법은 물론 서투른 어법이다. —그러나 이것은 다음을 의미한다: 여기에서 무한(엄청난 크기)에 대한 그림을 떠올리는 것이 실제로 필요한가? 그리고 이 그림은 어떻게 계산과 연관되는가? 왜냐하면 그 연관은 그림 ||||와 4의 연관은 아니기 때문이다.

마치 계산에서 무한한 어떤 것도 발견하지 못하면 사람들이 실망할 것처럼 행동하는 것은 물론 우스꽝스럽다; 그러나 우리에게 그 의미를 부여해 주는 "무한"이라는 낱말의 일상적 사용은 도대체 무엇인가라고, 그리고 이제 그것은 이들 수학적 계산과 어떤 연관을 맺는가라고 묻는 것은 그렇지 않다.

18. 유한주의와 행태주의는 전적으로 비슷한 경향들이다. 둘 다 여기에는 확실히 …만 있다라고 말한다. 둘 다 어떤 것의 존재를 부인하고, 또 어떤 혼란으로부터 탈출하려는 목적을 가지고 있다.

내가 지금 하고 있는 것은 계산이 잘못되었다는 것을 입증하는 것이 아니라, 오히려 계산의 그 흥미로운 점을 시험해 보는 것이다. 나는 이를테면 여기에서 여전히 낱말 …을 사용하는 정당성을 시험한다. 그러나 참으로 나는 그러한 탐구를 항상 계속해 나갈 것을 촉구한다. 나는 그러한 탐구가 존재한다는 것, 그리고 거기에서 무엇이 탐구되어야 할지를 보여준다. 따라서 나는 "우리는 이와 같이 표현해서는 안 된다"라든가 "그것은 불합리하다"라든가 "그것은 흥미롭지 않다"라고 말해서는 안 되며, 오히려 "이런 방식으로 이 표현의 정당성을 시험하라"라고 말해야 한다. 우리는 한 표현의 정당성을 그것의 사용을 고찰하지 않는 한 조망할 수 없다;가령 그것에 결합된 어떤 그림을 봄으로써는 그것의 사용의 어떤 측면을 조망할 수 없다.

II

1939~1940년

1. '수학적 증명은 조망 가능해야만 한다.' 재생하는 작업이 쉬운 구조만을 우리는 "증명"이라고 부른다. 여기에서 우리가 동일한 증명을 실제로 두 번 갖게 되는지, 그렇지 않은지의 여부는 확실하게 결정될 수 있어야만 한다. 증명은 엄밀한 재생이 확실하게 가능한 그림이어야 한다. 또는: 증명에 본질적인 것은 엄밀한 재생이 확실하게 가능해야 한다는 것이다. 그것은 예를 들어 두 개의 상이한 필체 또는 색깔로 씌어질 수 있다. 어떤 색채나 필체의 엄밀한 재생과 같은 것은 증명의 재생에 당연히 속하지 않는다.

이 증명을 엄밀하게 다시 쓰는 것이 쉬워야만 한다. 바로 이 점에서 글로 씌어진 증명은 그림으로 그려진 증명과 비교할 때 그 장점이 드러난다. 후자는 그 본질이 종종 오해되어 왔다. 유클리드의 어떤 증명에서 나오는 작도 그림은 직선이 [실은] 곧은 것이 아니고, 원주는 엄밀하게 둥근 것은 아니라는 등등의 의미에서 엄밀하지 않을 수 있지만, 그럼에도 그 작도 그림은 정확한 증명이다. 이로부터 이 작도 그림이—예를 들어—그렇게 작도되었을 때 다섯 변의 길이가 [실제로] 동일한 다각형이 산출된다는 것을 증명하지 않는다는 것, 또한 이것이 증명하는 것은 기하학의 명제이지 종이, 컴퍼스, 자와 연필의 속성들에 관한 명제가 아니라는 것이 드러난다.
【이는 다음과 관련되어 있다: 증명은 실험의 그림이다.】

2. 나는 다음과 같이 말하고 싶다: 만일 우리가 조망 가능하지 않은 증

명 도형(Beweisfigur)을 기호법을 변경시킴으로써 조망 가능하게 만든다면, 우리는 전에는 전혀 없었던 어떤 증명을 처음으로 만들어 내는 것이다.

'$a+b=c$'와 같은 러셀 식의 덧셈 명제에 대한, 수천 개의 기호들로 이루어지는 증명을 상상해 보자. 당신은 이렇게 말할 것이다: 이 증명이 옳은지 그렇지 않은지를 보는 것은 순전히 외관상의 어려움이고, 여기에는 어떤 수학적인 흥미도 없다. ("어떤 사람이 어렵게 조망하거나 전혀 조망하지 못하는 것을 어떤 사람은 쉽게 조망한다" 등등.)

여기에서 가정된 것은, 정의들은 단지 계산하는 사람의 편리를 위해 표현들을 축약시키는 데 기여한다는 것인데, 그러나 그래도 그 정의들은 계산의 일부분이다. 그 도움 없이는 산출될 수 없었을 표현들이 정의들의 도움에 의해 산출된다.

66 3. 그러나 다음은 어떠한가? "사람들은 러셀의 계산법에서 234와 537을—일상적인 의미로는—곱할 수 없지만, 이 곱셈에 대응하는 러셀 식의 계산이 존재한다."—이것은 어떤 종류의 대응인가? 그것은 아마 이럴 수 있을 것이다: 즉 우리는 러셀의 계산법에서도 이 곱셈을 수행할 수 있다. 다만 기호법이 다를 뿐이다.—우리가 다른 수 체계에서도 그 곱셈을 수행할 수 있다고 확실히 말하게 될 것과 마찬가지로 말이다. 따라서 그렇다면 예컨대 사람들이 그 곱셈을 이용하여 푸는 실제적인 문제들을 우리는 러셀의 계산법으로 된 계산에 의해서도 단지 더 우회적으로 풀 수 있을 것이다.

그러면 이제 기수가 1, 1+1, (1+1)+1, ((1+1)+1)+1 등으로 설명[정의]되는 것에 대해 생각해 보자. 당신은 십진법의 숫자들을 도입하는 정의들이 단지 편의를 위한 것이라고 말한다; 사람들은 계산 703000×40000101을 그 지루한 표기법으로 계산할 수도 있을 것이다. 그러나 이는 옳은가? —"물론 그것은 옳다! 나는 확실히 십진법 기호법의 계산에 대응하는, 이러한 기호법으로 된 어떤 계산을 써놓을 수 있고 구성할 수 있다."—그러나 이것이 그것에 대응한다는 것을 나는 어떻게 아는가?—자, 왜냐하면 어떤 방법에 따라서 이것을 다른 것으로부터 내가 도출해 냈기 때문에.—그러나 만일 이제 내가 30분 후에 이것을 다시 본다면 이것은 변화할 수 없는가? 이것은 참으로 조망 가능하지 않다.

이제 나는 다음과 같이 묻는다: 그 첫번째 기호법으로 수행된 증명에 의해서도 명제 7034174+6594321=13628495의 진리를 우리는 확신할 수 있을까?—이 명제에 대한 그러한 증명은 존재하는가?—그 대답은 이러하다: 아니다.

4. 그러나 러셀은 우리에게 그래도 덧셈의 한 방법을 가르치고 있지 않은가?

우리가 러셀의 방법으로 $(\exists a \cdots g)(\exists a \cdots l) \supset (\exists a \cdots s)$가 동어 반복이라는 것을 증명했다고 가정하자; 우리는 이제 이 결과를 $g+l$은 s이다라고 표현할 수 있을까? 확실히 이것은 내가 알파벳의 세 문자를 그 증명의 대표들로 간주할 수 있다는 것을 전제하고 있다. 그러나 도대체 러셀의 증명은 이것을 보여주고 있는가? 하긴 명백하게도 나는 배열된 것들이 나에게는 어떤 특징적인 인상도 주지 않는, 그리하여 괄호 안에 있는 일련의 기호들이 그 괄호의 마지막 항에 의해 대표되는 것이 가능하지 않았을, 그런 괄호 안에 있는 일련의 기호들로 러셀의 증명을 수행할 수도 있었을 것이다.

러셀 식의 증명이 $x_1x_2 \cdots x_{10}x_{11} \cdots x_{100} \cdots$과 같은 방식의 기호법으로 십진법에서와 같이 수행된다고 가정하고, 첫번째 괄호 안에 100개의 항이 있고 두번째에는 300개, 세번째에는 400개가 있다고 가정한다면, 그 증명 자체는 100+300=400이라는 것을 보여주는가?—이 증명이

67 한때는 이 결과에 이르고, 다른 때에는 예컨대 100+300=420과 같은 다른 결과에 이른다면 어찌되는가? 그것이 올바르게 수행될 때, 그 증명의 결과가 오직 첫번째와 두번째 괄호의 마지막 숫자에만 항상 의존한다는 것을 알기 위해서 필요한 것은 무엇인가?

그러나 그래도 작은 수들에 대해서 러셀은 우리에게 더하기를 가르치고 있다; 왜냐하면 우리는 괄호 안에 있는 일련의 기호들을 조망하고, 그래서 그것들을 예를 들어 '*xy*', '*xyz*', '*xyzuv*'와 같은 수기호로서 간주할 수 있기 때문이다.

따라서 러셀은 우리에게 2와 3으로부터 5에 도달하는 어떤 다른 계산법을 가르치고 있다. 그리고 비록 우리가 논리 계산법이 단지 산술 계산법에 덧붙여진 주름 장식일 뿐이라고 말할지라도 그 말은 옳다.

계산의 적용은 스스로를 돌보지 않으면 안 된다. 그리고 바로 이것이 '형식주의'에 관해서 옳은 것이다.

산술을 기호 논리학으로 환원시키는 것은 산술의 응용을, 산술이 그 적용에 설치될 때 함께 설치되는, 말하자면 부착물을 보여주어야 할 것이다. 마치 어떤 사람에게 처음에 주둥이가 없는 트럼펫을 보여주고, 그 다음에 트럼펫이 어떻게 사용되는지를 가르쳐 주는, 인간의 신체와 접촉하게 되는 주둥이를 보여주는 것처럼. 그러나 러셀이 우리에게 제시해 주는 그 부착물은 한편으로는 너무 좁고 다른 한편으로는 너무 넓으며, 한편으로는 너무 일반적이고 다른 한편으로는 너무 특수하다. 계산은 그 자신의 적용을 돌본다.

만일 여기에서 태양까지의 거리가 인치자로 측정될 수도 있다면, 오늘날 우리가 [그와는] 완전히 다른 방식으로 얻어낸 바로 그 값이 산출될 것이라고 상상하는 것처럼, 이와 비슷하게 우리는 작은 수들로 하는 계산에 관한 생각을 큰 수에로 확장시킨다. 다시 말해 두 별 사이의 거리의 측정에 대해서조차 우리는 인치자로 길이를 측정하는 것을 하나의 모델로 간주하는 경향이 있다.

그리고 사람들은 이를테면 학교에서 "만일 우리가 여기에서 태양까지 놓여진 인치자를 상상하면…"이라고 말하고, 그와 함께 태양과 지구 사이의 거리라는 말로 우리가 의미하는 것을 설명하는 것처럼 보인다. 그리고 우리가 우리로부터 태양까지의 거리를 측정할 수 있다는 것, 그리고 우리가 그것을 인치자로 측정할 수 없다는 것이 명확한 한, 그러한 그림을 사용하는 것은 전적으로 문제가 없다.

5. 어떤 사람이 다음과 같이 말한다면 어떻게 될까? "1000+1000=2000에 대한 참된 증명이란 …라는 표현이 동어 반복임을 보여주는 러셀 식의 증명이다." 만일 처음 두 괄호 안에 각기 1000개의 항이 있고 세번째 괄호에 2000개가 있다면, 하나의 동어 반복이 나온다는 것을
68 증명할 수 없는가? 그리고 만일 내가 그것을 증명할 수 있다면, 나는 그것을 그 산술적 명제에 대한 증명으로서 간주할 수 있다.

철학에서는 어떤 물음에 대한 어떤 대답 대신에 어떤 [다른] 물음을 내세우는 것은 항상 좋은 일이다.

왜냐하면 철학적 물음에 대한 어떤 대답은 쉽사리 부당할 수 있기 때문이며, 다른 물음으로 그것을 처리하는 것은 그렇지 않기 때문이다.

그렇다면 나는 여기에서 예를 들어 그 산술적 명제가 러셀의 방법으로 증명될 수 없다는 대답 대신에 어떤 물음을 설정해야 하는가?

6. $\overset{1}{(\quad)}\overset{2}{(\quad)}\supset\overset{3}{(\quad)}$이 동어 반복이라는 증명은 항상 (1) 또는 (2)의 한 항에 대해서 세번째 괄호의 한 항을 지워 나가는 것으로 성립한다. 그리고 물론 이 짝짓기에는 많은 방법이 존재한다. 또는 혹자는 다음과 같이 말할 수도 있을 것이다: 성공적인 1-1 대응을 확립하는 많은 방법이 존재한다. 예를 들어 한 가지 방법은 함언 기호의 좌변에 별 모양의 견본을 작도하고 우변에 또 다른 것을 작도하고 나서, 양쪽을 [선으로

연결하여] 장식물을 만들어 냄으로써 이것들을 다시 비교하는 것일 것이다.

그리하여 그 규칙은 다음과 같이 주어질 수도 있다: 즉 "만일 당신이 수 *A*와 *B*가 함께 *C*를 실제로 산출하는지의 여부를 알고 싶으면, 형식 …의 어떤 표현을 써놓고서 그 표현이 동어 반복이라는 증명을 써놓음으로써 (또는 쓰려고 시도함으로써) 그 괄호들 안에 있는 변항들을 서로 대응시켜라."

이것에 대한 나의 반대는 바로 이 대응 방식을 규정하는 것이 자의적이라는 것이 아니라, 이러한 방식으로는 1000+1000=2000이라는 것이 확립될 수 없다는 것이다.

7. 당신이 길이가 1마일이나 되는 어떤 '논리식'을 써놓고, 그것이 동어 반복이라는 것을 변형 규칙에 의해 보였다고 상상해 보라. ('만일 그 사이에 그것들이 변하지 않았다면'이라고 사람들은 말해야만 할 것이다.) 이제 괄호 안에 있는 항들을 세거나 또는 그것들을 나누어서 우리가 조망할 수 있는 표현으로 만들고, 그래서 첫번째 괄호에는 7566개의 항이 있고, 두번째에는 2434개, 세번째에는 10000개가 있다는 것이 드러난다[고 하자]. 그러면 이제 나는 2434+7566=10000임을 보였는가? —그것은—이렇게 말할 수도 있을텐데—증명하는 동안에 괄호 안에 있는 항들의 수를 그 셈이 실제로 산출시켰는지를 당신이 확신하느냐의 여부에 달려 있다.

사람들은 이렇게 말할 수 있을까? 즉 "러셀은 첫번째와 두번째 괄호 안에 있는 것과 같은 수의 변항들을 세번째 괄호에 써놓는 방법을 가르쳤다"라고. 그러나 참으로: 그는 (1)과 (2) 안에 있는 변항 각각에 대해서 하나의 변항을 (3)에 쓰는 방법을 가르치고 있다.

69 그러나 우리는 그것을 통해서 어떤 수가 주어진 두 수의 합이라는 것을 배우는가? 아마도 혹자는 다음과 같이 말할 것이다: "물론. 왜냐하

면 세번째 괄호에는 새로운 수의 범형, 원형(Urbild)이 있기 때문이다." 그러나 어떤 의미에서 ||||||||||||||||이 어떤 수의 범형인가? 어떻게 사람들이 그것을 그런 것으로서 사용할 수 있는지를 생각해 보라.

8. 무엇보다도 명제 $a+b=c$에 대응하는 러셀 식의 동어 반복은 어떤 기호법으로 c라는 수가 씌어지게 될지를 우리에게 보여주지 않으며, 왜 그것이 $a+b$라는 형식으로 씌어져서는 안 되는지에 대한 어떤 근거도 없다.—왜냐하면 러셀은 이를테면 십진법 체계에서의 덧셈 기술을 우리에게 가르쳐 주고 있지 않기 때문이다.—그러나 혹시 우리는 그것을 그의 [계산] 기술로부터 도출할 수 있을까?

다음과 같이 한번 질문해 보자: 우리는 십진법 체계의 [계산] 기술을 1, 1+1, (1+1)+1 등등의 체계의 [계산] 기술로부터 도출할 수 있을까?

이 질문은 다음과 같이 설정될 수 없을까? 사람들이 어떤 체계에서 어떤 한 계산 기술을 갖고 또 다른 체계에서 어떤 한 계산 기술을 갖고 있다면—그 양자가 동등하다는 것을 어떻게 보이는가?

9. "증명은 그것이 그러하다는 것뿐만 아니라 그러해야만 한다는 것도 보여야 한다."

어떤 상황 아래서 셈은 이를 보이는가?

혹자는 이렇게 말하고 싶을 것이다: "수들과 세어진 것들이 인상적인 그림을 산출할 때. 그래서 이 그림이 이 집합을 새롭게 셀 때마다 그 대신에 사용될 때."—그러나 여기에서 우리는 단지 공간적인 그림들에 대해서만 말하고 있는 것처럼 보인다: 그러나 만일 우리가 낱말들의 계열을 암기하고 있고, 이제 그러한 두 계열을 예를 들어 "첫째—월요일, 둘째—화요일, 셋째—수요일 등등"과 같이 말함으로써 서로 일대일로 대응시킨다면, 이러한 방식으로 우리는 월요일부터 목요일까지가 4일이라는 것을 증명할 수 없는가?

바로 다음의 물음이 생겨난다: 우리는 무엇을 "인상적인 그림"이라고 부르는가? 그것이 우리에게 인상적이라는 기준은 무엇인가? 또는 이에 대한 대답은 "우리는 그것을 동일성의 범형으로서 사용한다!"인가?

10. 우리가 한 문장이나 증명에 대해서 [여러 번] 시행을 하는 것은 그 속성들을 확정하기 위해서가 아니다.

어떻게 우리는 어떤 증명을 재생해 내고 복사하는가?—예를 들어 그것을 측정함으로써 그렇게 하는 것은 아니다.

어떤 증명이 엄청나게 길어서 조망하기가 불가능하다면 어떻게 될
70 까? 또는 다른 경우를 보자: 우리가 1000이라고 부르는 수의 범형으로서 단단한 바위에 어떤 긴 계열의 선분들을 새겨 놓았다고 하자. 이 계열을 우리는 원-천(原千, Urtausend)이라고 부르고, 어떤 장소에 1000명의 사람들이 있는지를 알기 위해 선들을 긋든지 줄로 연결한다(1-1 대응).

이제 여기에서 1000에 대한 수기호는 형태의 동일성이 아니라 물리적 대상의 동일성을 지니고 있다. 유사한 방식으로 우리는 '원-백'(Ur-Hundert) 등을 상상할 수도 있을 것이고, 우리가 조망할 수 없을 10×100=1000이라는 증명을 상상할 수도 있을 것이다.

1+1+1+1…의 체계에서는 1000을 나타내는 숫자는 그 형태를 통해 식별될 수 없다.

11. ||||||||||||||||||||||||||| ||||||||||||||||

왼쪽에 있는 선분들을 세면 '27'에 이르고, 오른쪽은 '16'에 이르며 전체의 계열을 세면 '43'에 이르기 때문에, 이 도형은 27+16=43에 대한

증명인가?

이 도형을 이 명제의 증명이라고 부를 때 그 기묘한 점은 어디에 있는가? 이 증명이 재생되거나 재식별되는 방식에 있다;그것이 어떤 특징적인 시각적 형태도 가지고 있지 않다는 점에.

이제 비록 그 증명이 어떤 시각적 형태도 가지고 있지 않더라도, 나는 그럼에도 불구하고 그것을 엄밀하게 복사(재생)할 수 있다. ―따라서 그 도형은 결국 증명이 아닌가? 나는 가령 철판 조각에 그것을 새겨 놓고 그것을 손에서 손으로 넘길 수도 있을 것이다. 그리하여 나는 어떤 사람에게 다음과 같이 말하게 될 것이다: "여기에서 당신은 27+16=43이라는 증명을 갖게 된다." ――자, 그렇다면 어쨌든 그 사람이 그 도형의 도움으로 그 명제를 증명한다고 말할 수 없는가? 말할 수 있다; 그러나 그 도형은 증명이 아니다.

그렇지만 다음은 확실히 250+3220=3470의 증명이라고 불리게 될 것이다: 어떤 사람이 250 다음부터 세고 동시에 1로부터 세기 시작하고 나서 양쪽 셈의 계열을 서로 대응시킨다:

251 ………………… 1
252 ………………… 2
253 ………………… 3
등등
3470 ………………… 3220

그것은 3220 단계들로 된 증명이라고 불릴 수도 있을 것이다. 그것은 확실히 증명이다―그리고 사람들은 그것이 조망 가능하다고 부를 수 있는가??

12. 참으로 십진법 체계의 발명이란 무엇인가? 축약 체계의 발명

——그러나 축약 체계란 무엇인가? 그것은 단지 새로운 수들의 체계인가 아니면 게다가 그 새로운 수들을 축약에 적용하는 체계인가? 그리고 만일 후자라면, 그것은 기존의 기호 체계를 바라보는 어떤 새로운 방식이다.

71 우리는 1+1+1+1…의 체계로부터 출발해서 단지 그 표기법의 축약을 통해서 십진법 체계에서 계산하는 것을 배울 수 있는가?

13. 러셀에 따라 내가 (∃*xyz*…) (∃*uvw*…) ⊃ (∃*abc*…) 형식의 명제를 증명했다고 하자—그리고 이제 그 변항들에 대해 기호 $x_1, x_2, x_3, \cdots$을 써놓음으로써 '나는 그 명제를 조망 가능하게 만든다.'—그러면 이제 나는 러셀에 따라 하나의 산술적 명제를 십진법 체계에서 증명했다고 말해야 하는가?

그러나 십진법 체계에 있는 모든 증명에 대해서 확실하게 러셀의 체계에 있는 증명이 대응한다! —그렇다는 것을 우리는 어떻게 아는가? 직관은 한쪽 옆으로 밀쳐 두기로 하자. —그러나 그것은 증명될 수 있다. —

만일 십진법 체계에서 어떤 수가 1, 2, 3, …, 9, 0으로부터 정의되고, 기호 0, 1, …, 9가 1, 1+1, (1+1)+1, …로부터 정의된다면, 십진법 체계의 회귀적 정의를 통해 어떤 수든지 그 수로부터 1+1+1 … 형식의 기호에 도달할 수 있는가?

러셀의 산술은 10^{10}보다 작은 수까지는 일상적인 산술과 일치하지만, 그 수부터는 그로부터 갈라선다고 어떤 사람이 말한다면 어떻게 될까? 그리고 이제 그는 $10^{10}+1=10^{10}$에 대해서 R-증명[러셀 식의 증명]을 제시한다. 그러면 이제 왜 나는 그러한 증명을 신뢰해서는 안 되는가? R-증명에서 내가 잘못 계산했음이 틀림없다는 것을 어떻게 사람들은 나에게 확신시킬 것인가?

그러나 그렇다면 나는 위의 증명에서 잘못 계산했는지의 여부를 확신하기 위해서 다른 체계로부터의 증명을 필요로 하는가? 내가 그 증명을 조망 가능하도록 써놓는 것으로 충분하지 않은가?

14. 나의 어려움은 전부 다음에 있지 않은가? 즉 어떻게 사람들이 '$(\exists xyz \cdots)$'라는 표현이 조망 가능하지 않은 데도 러셀의 논리 계산을 거부하지 않은 채 이 표현에서 변항들의 집합이라는 개념에 도달할 수 있는지를 통찰하는 것에. ——

자, 그러나 그것은 $(\exists x_1, x_2, x_3, \cdots)$이라고 씀으로써 조망 가능하게 만들 수 있다. 그리고 그럼에도 불구하고 나는 뭔가를 이해하지 못하고 있다: 확실히 사람들은 이제 그러한 표현의 동일성에 대한 기준을 바꾸어 버렸다. 이제 나는 다른 방식으로 그러한 두 가지 표현들로 된 기호들의 집합이 동일하다는 것을 본다.

나는 다음과 같이 말하고 싶은 유혹을 느낀다: 러셀의 증명은 실로 한 단계 한 단계 계속될 수 있지만, 그러나 결국 사람들은 자신이 증명한 것을 제대로 알지 못한다—최소한 이전의 기준들에 따르면 그렇다. 러셀 식의 증명을 조망 가능하도록 만듦으로써, 나는 이 증명에 대해서 무엇인가를 증명한다.

72 나는 이렇게 말하고자 한다: 사람들은 러셀 식의 계산 기술을 전혀 인정할 필요가 없으며—그 명제에 대한 러셀 식의 증명이 존재해야만 한다는 것을 사람들은 다른 계산 기술로 증명할 수 있다고. 그러나 물론 이 경우에 그 명제는 더 이상 R-증명에 근거하지 않는다.

또는: $m+n=l$ 형식의 모든 증명된 명제에 대해 러셀 식의 증명을 상상할 수 있다는 것이, 그 명제가 이 증명에 근거하고 있다는 것을 보여주는 것은 아니다. 왜냐하면 사람들이 한 명제에 대한 R-증명을 어떤 다른 명제에 대한 R-증명과 전혀 구별하지 못하면서, 그저 그것들이 식별 가능하게 서로 다른 두 가지 증명의 번역이기 때문에 그것들은 서

로 다르다고 말하는 경우를 생각할 수 있기 때문이다.

또는: 어떤 것이 범형, 예를 들어 러셀의 논리 계산이기를 그만둘 때, 그것은 증명이기를 그만둔다; 한편 우리에게 범형으로 이바지하는 어떤 다른 계산법도 모두 받아들여질 수 있다.

15. 셈의 상이한 방법들이 항상 그렇듯이 일치한다는 것은 사실이다.

서양 장기판의 사각형을 셀 때, 나는 항상 그렇듯이 '64'에 도달한다.

만일 내가 두 계열의 낱말들, 예를 들어 숫자와 알파벳을 암기하고 있으며, 이제 그것들을 다음과 같이 서로 일대일 대응시킨다면:

a	1
b	2
c	3

등등

나는 '*z*'에서 항상 그렇듯이 '26'에 도달한다.

어떤 계열의 낱말들을 암기할 수 있음과 같은 것이 있다. 언제 사람들은, 내가 시(詩) …를 암기하고 있다고 말하는가? 그 기준들은 꽤 복잡하다. 그 한 가지는 인쇄된 원문과의 일치이다. 실제로 ABC를 암기하고 있다는 것을 내가 회의하게 되려면 무슨 일이 일어나야 할까? 그것을 상상하기는 어렵다.

그러나 나는 기억으로부터 일련의 낱말들을 암송하거나 써놓는 것을 수들의 상등성, 집합들의 상등성에 대한 기준으로서 사용한다.

그렇다면 이제 나는 다음과 같이 말해야 하는가? 그것은 전혀 문제가 되지 않는다—논리학은 여전히 근본적인 계산법으로 남으며, 내가 동일한 수식을 두 번 갖게 되는지의 여부는 물론 경우에 따라 상이하게 확립될 뿐이라고.

16. $(\exists\quad)(\exists\quad)\supset(\exists\quad)$라는 형식의 명제에서 처음 두 괄호에는 각기 1백만 개의 변항이 있고 세번째 괄호에는 2백만 개가 있을 때 이 명제를 받아들이도록 강제하는 것은—나는 이렇게 말하고 싶은데—논
73 리학이 아니다. 나는 이렇게 말하고자 한다: 논리학은 이 경우 나에게 그 어떤 명제든 그 명제를 받아들일 것을 전혀 강제하지 않는다. 어떤 다른 것이 그러한 명제를 논리학에 부합하는 것으로서 받아들일 것을 강제한다.

논리학은 논리 계산이 나를 강제하는 한에서만 나를 강제한다.

그러나 확실히 1000000으로 하는 계산법에서는 이 수가 1+1+1 … 의 합으로 분해될 수 있어야만 한다는 것이 본질적이다! 그리고 우리가 보는 단위 1들의 갯수가 옳다는 것을 확신하기 위해, 우리는 단위 1들을 다음과 같이 번호 붙일 수 있다:

$$\underset{1}{1}+\underset{2}{1}+\underset{3}{1}+\underset{4}{1}+\cdots+\underset{1000000}{1}$$

이 기호법은 '100,000.000,000'의 기호법, 즉 이 수기호 또한 조망 가능하게 만드는 기호법과 유사할 것이다. 그리고 어떤 사람이 큰 금액을 장부책에 페니로 기입했고, 그 금액은 가령 100자리 수들로 나타나는데, 이제 내가 그것들로 계산해야 한다고 상상할 수 있다. 이제 나는 그것들을 조망 가능한 기호법으로 번역하기 시작하지만, 여전히 나는 그것들을 '수기호'라고 부를 것이며, 수의 기록으로 다룰 것이다. 참으로 만일 어떤 사람이 나에게 N은 이 그릇에 담겨 있는 완두콩만큼 많은 실링들을 가지고 있다고 말한다면, 나는 심지어 이것도 어떤 수의 기록으로 간주하게 될 것이다. 또 다른 경우로는: "그는 아가서(雅歌書) 속의 글자 수만큼 많은 실링들을 가지고 있다."

17. 기호법 'x_1, x_2, x_3, …'는 표현 '(∃ …)'에 형태를 부여하며, 그렇게 해서 R-증명된 동어 반복에 형태를 부여한다.

나는 다음과 같이 질문하겠다: 러셀 식의 증명에서 1-1 대응이 신뢰할 만하게 수행될 수 없다는 것, 그리고 예를 들어 우리가 그 대응을 덧셈에 사용하려고 할 때 통상적인 결과와 모순되는 것이 규칙적으로 생긴다는 것, 그래서 그것이 우리가 알지 못하는 사이에 어떤 단계들을 빠뜨리게 만든다고 짜증내는 것을 생각할 수 없는가? 그리고 그렇다면 우리는 다음과 같이 말할 수 없겠는가:—짜증내지만 않는다면 동일한 결과가 나오게 될 것이라고—? 왜냐하면 논리학이 그것을 요구하기 때문에? 도대체 논리학은 그것을 요구하는가? 여기에서 우리는 다른 계산법으로 논리학을 수정하고 있지는 않은가?

우리가 100단계의 논리 계산을 한꺼번에 하기만 하면 신뢰할 만한 결과를 얻게 되지만, 반면 그 모든 단계들을 개별적으로 수행하려고 하면 그러한 결과를 얻지 못한다고 가정하자——혹자는 다음과 같이 말하고 싶을 것이다: 그 계산은 어쨌든 개별적 단계들에 기초하고 있다. 왜냐하면 100단계가 개별적 단계들에 의해 정의되기 때문이다.—그러나 그 정의가 말하는 것은 다음과 같다: 100단계를 취하는 것은 …와 동일한 것이고, 그럼에도 우리는 [한꺼번에] 100단계를 취하는 것이지 100개의 개별적 단계들을 취하는 것은 아니다.

축약된 계산에서 나는 여전히 어떤 규칙을 따르고 있다——그리고 어떻게 이 규칙은 정당화되었는가?—만일 축약된 증명과 축약되지 않은 증명이 상이한 결과들을 산출시킨다면 어떻게 되는가?

74 18. 내가 말하고 있는 것은 확실히 다음으로 귀결된다: 나는 예를 들어 '10'을 '1+1+1+1 …'으로, 또 '100×2'를 '2+2+2 …'으로 정의할 수 있지만, 그 때문에 필연적으로 '100×10'을 '10+10+10 …'으로, 혹은 심지어 '1+1+1+1 …'으로 정의할 수 있는 것은 아니다.

나는 100×100=10000이라는 것을 '축약된' 절차에 의해서 확신할 수 있다. 그렇다면 왜 나는 이것을 본원적인 증명 절차로서 간주해서는 안 되는가?

축약된 절차는 축약되지 않은 절차에서 무엇이 산출되어야 하는지를 나에게 가르쳐 준다. (그 거꾸로인 것 대신에.)

19. "그러나 그 계산은 확실히 개별적 단계…들에 기초하고 있다." 그렇다; 그러나 다른 방식으로. 그 증명 과정은 실로 다른 것이다.

나는 예를 들어 10=1+1+1+1+1+1+1+1+1+1이고, 마찬가지로 100=10+10+10+10+10+10+10+10+10+10이라고 말할 수도 있을 것이다. 나는 100의 정의를 연속적으로 1을 더하는 것에 기초시키지 않았는가? 그러나 내가 하나들을 100개 더했던 것과 동일한 방식으로? 나의 기호법에 도대체 100개의 덧셈항들로 된 '1+1+1…' 형식의 기호가 있을 필요가 있는가?

여기에서는 축약된 절차를 축약되지 않은 절차의 어떤 희미한 그림자로 간주하는 위험이 있는 것 같다. 셈의 규칙은 셈이 아니다.

20. 100단계 계산을 '한꺼번에 취하는 것'은 어디에서 성립하는가? 확실히 개별적 단계가 아니라 어떤 다른 단계를 표준적인 것으로 간주한다는 데에서.

우리는 십진법 체계의 수 전체에 대한 일상적인 덧셈에서 개별적 단계들, 열 단계 등등을 취한다. 그 절차가 오직 개별적 단계들을 취하는 것에만 기초한다고 우리는 말할 수 있는가? 혹자는 이것을 다음과 같이 정당화할 수도 있을 것이다: 그 덧셈의 결과는 실로 '7583'인 것으로 보이는데, 하지만 이 기호의 설명, 이 기호의 의미—이것은 결국 이 기호의 적용에서도 표현되어야 한다—는 확실히 1+1+1+1+1 등등과 같은 종류의 것이라고. 그러나 정말 그러한가? 그 수기호가 그렇게 설명되어야 하거나 혹은 이 설명이 그 기호의 적용에서 암묵적으로 표현되어야 하는가? 만일 우리가 숙고해 보면 그것이 경우가 아니라는 것이 드러난다고 나는 믿는다.

그래프 또는 계산자로 하는 계산.

물론 우리가 어떤 종류의 계산을 다른 종류의 계산으로 점검할 때 정상적으로는 동일한 것이 산출된다. 그러나 만일 여러 종류들이 있다면—만일 그것들이 일치하지 않는다면, 어느 것이 수학의 연원에 놓여 있는 실재의 계산 방식인지를 누가 말하는가?

75 21. 이것이 실제로 이 증명의 그림인지에 대해 회의가 생길 수 있는 곳에서, 증명의 동일성에 대해 우리가 회의할 태세를 갖추고 있는 곳에서, 그 도출은 증명력을 상실해 버렸다. 왜냐하면 증명은 우리에게 척도로서 이바지하기에.

다음과 같이 말할 수 있을까? 즉 어떤 증명의 올바른 재생이라고 우리가 승인하는 기준은 그 증명에 속한다고.

다시 말하면 예를 들어:증명하면서 우리가 어떤 기호도 지나쳐 버리지 않았음을 우리는 확신할 수 있어야 하고, 우리에게 확실한 것으로 확립되어야 한다. 어떤 악마도 우리가 알지 못하는 사이에 어떤 기호를 덧붙이거나 사라지게 하는 따위로 우리를 속일 수 없었다는 것을.

혹자는 다음과 같이 표현할 수도 있을 것이다:"설령 악마가 우리를 기만했을지라도 여전히 모든 것은 제대로 되어 있다"라고 어떤 사람이 말할 수 있을 때, 그 악마가 우리에게 걸려고 했던 장난은 바로 그 목적을 잃어 버렸다.

22. 증명은 이렇게 말할 수도 있을텐데 그것이 그러하다는 것뿐만 아

니라, 어떻게 그러한지를 보여준다. 증명은 어떻게 13+14가 27을 산출하는지를 보여준다.

"증명은 조망 가능해야만 한다"는 다음을 의미한다: 즉 우리는 우리의 판단의 지침으로서 그것을 사용할 준비가 되어 있어야만 한다.

내가 "증명은 그림이다"라고 말할 때—사람들은 그것을 영화 화면의 그림으로 생각할 수 있다.

사람들은 증명을 단 한 번(ein für alle Mal) 구성한다. *
증명은 당연히 모범적(vorbildlich, 모델과 같은)이어야 한다.

증명(증명 그림)은 어떤 절차(작도)의 결과를 우리에게 보여준다; 그리고 우리는 그렇게 규정된 절차가 항상 이 그림에 이른다는 것을 확신한다.
(증명은 우리에게 종합적 사실을 제시한다.)

23. 증명은 모델이다—이 말로 우리는 당연히 어떤 새로운 것도 말해서는 안 된다.

증명은 내가 다음과 같이 말하는 절차여야 한다: 그래, 그것은 그래야만 해; 만일 내가 이 규칙에 따라 진행해 가면 그렇게 산출되어야만 해.

---

* 비트겐슈타인의 이 언급은 뭔가 우리를 당혹케 한다. 옮긴이는 이를 다음과 같이 이해하고 있는데, 만일 옮긴이와 견해가 다르다면 달리 번역하는 것도 가능할 것이다. 먼저 비트겐슈타인이 증명을 만듦이나 증명의 구성을 증명의 재생이나 복사와 구분하고 있다는 점을 주목하자. 그리고 이제 '베토벤은 그의 운명 교향곡을 몇 번 작곡했는가?'라는 물음에 대해 생각해 보자. 아마도 우리는 다음과 같이 대답하게 될 것이다. 즉 베토벤은 여러 번 작곡하려고 시도했으며, 결국 단 한 번 그 곡을 작곡했다고. 그런데 운명 교향곡은 몇 번이고 되풀이해서 '연주'될 수 있다. 마찬가지로 사람들은 증명을 단 한 번 만들거나 구성한다. 그렇지만 증명은 몇 번이고 되풀이해서 재생되고 복사될 수 있다—옮긴이 주.

증명은 이렇게 말할 수도 있을텐데 원래는 일종의 실험임에 틀림없다—그러나 그러고 나서는 그저 그림으로 간주된다.

만일 내가 사과 200개와 사과 200개를 한군데 붓고서 셀 때 400개가 나온다면, 그것은 200+200=400에 대한 어떤 증명도 아니다. 다시 말해 우리는 이 사실을 유사한 모든 상황을 판단하기 위한 범형으로서 사용하려고 하지 않을 것이다.

말하자면: "이 사과 200개와 이 사과 200개는 400개로 된다"가 말하
76 는 것은, 사람들이 그것들을 한군데 붓고 또 어떤 것도 사라지게 하거나 더하지 않는다면, 그것들은 정상적으로 거동한다는 것이다.

24. "이것이 200과 200의 덧셈에 대한 모델이다"—"이것이 200과 200이 더해지면 400을 산출 한다는 것에 대한 모델이다"가 아니라. 그 더하기의 절차가 어쨌든 400을 산출했는데, 하지만 이제 우리는 이 결과를 올바른 덧셈의 기준으로 간주한다—혹은 그저: 이 수들에 대한 덧셈의 기준으로.

증명은 이 조작들이 어떻게 하나의 결과를 갖게 되는지에 대한 우리의 모델, 우리의 그림이어야 한다.

'증명된 명제'는 증명 그림으로부터 읽혀질 것을 표현한다.

그 증명은 사과 200개와 사과 200개를 올바르게 합산하는 것에 대한 우리의 모델이다: 즉 그것은 한 새로운 개념, '200개의 대상과 200개의 대상을 합산하는 것'을 확정한다. 혹은 이렇게 말할 수도 있을 것이다: "아무것도 사라지지 않았거나 첨가되지 않았다는 것에 대한 새로운 기준."

그 증명은 '올바른 합산'을 정의한다.

증명은 어떤 특정한 산출에 대한 우리의 모델이며, 이것은 실제의 변

양에 대한 비교 대상(척도)으로 기여한다.

25. 증명은 우리에게 무엇인가를 확신시켜 준다—그러나 우리에게 흥미로운 것은 확신하고 있다는 심정이 아니라, 이 확신을 등에 업은 적용들이다.

이 때문에 그 증명은 이 명제의 진리를 우리에게 확신시켜 준다는 주장은 우리를 냉정하게 만든다. 왜냐하면 이 표현은 매우 다양한 해석을 가능하게 하기 때문이다.

내가 "그 증명은 나에게 무엇인가를 확신시켜 준다"라고 말할 때, 그래도 이 확신을 표현하는 명제가 그 증명에서 구성될 필요는 없다. 예를 들어 우리가 곱셈을 하지만, 반드시 그 결과를 명제 '…×…= …'의 형식으로 써놓지는 않는 것처럼. 따라서 우리는 아마도 이렇게 말할 것이다: 곱셈은 그것을 표현하는 명제가 발화되지 않고서도 우리에게 이 확신을 준다.

명제들을 구성하는 증명들의 심리학적 단점은, 그 결과의 의미가 오직 그것으로부터만 읽어낼 수 있는 것이 아니라 증명으로부터 읽어낼 수 있다는 것을 그 명제들이 우리로 하여금 쉽사리 잊어버리도록 만든다는 것이다. 이러한 관점에서 러셀 식의 기호법이 증명에 침투하는 것은 아주 해로운 것이었다.

77 러셀 식의 기호는 중요한 증명 형식들을 말하자면 마치 사람의 형체가 여러 벌의 옷으로 겹겹이 감싸이게 되는 것처럼 알아보지 못하게 감추어 버린다.

26. 수학에서 우리가 문법적 명제들에 대해 확신하게 된다는 것을 기억하자. 따라서 이 확신의 표현, 결과는 우리가 어떤 규칙을 받아들이고 있다는 것이다.

수학적 증명의 결과에 대한 어구적 표현이 신화이기라도 한 듯 우리를 현혹시킨다는 것보다 더 그럴 듯한 것은 없다.

27. 나는 이를테면 다음과 같이 말하고자 한다: 설령 증명된 수학적 명제가 그 자신 밖에 있는 어떤 실재를 가리키는 것처럼 보일지라도, 여전히 그것은 (실재에 대한) 어떤 새로운 척도를 받아들인다는 표현일 뿐이다.

따라서 우리는 이 상징(즉 수학적 명제)의 구성 가능성(증명 가능성)을 우리가 상징들을 그러그러하게 변형시켜야 한다는 것에 대한 징표로 간주한다.

우리는 증명에서 한 가지 인식을 획득했는가? 그리고 그 마지막 명제가 이 인식을 진술하는가? 이제 이 인식은 증명으로부터 독립적인가? (탯줄은 끊어져 있는가?)—어쨌든 그 명제는 이제 홀로, 그리고 증명을 달고 다니지 않고서 사용된다.

왜 나는 증명에서 어떤 결단을 획득했다고 말해서는 안 되는가?

증명은 이 결단을 결단들의 체계 안에 자리매긴다.

(나는 물론 다음과 같이 말할 수도 있을 것이다: "증명은 이 규칙의 합목적성을 나에게 확신시켜 준다." 그러나 이렇게 말하는 것은 쉽게 오도될 수도 있을 것이다.)

28. 증명에 의해 증명된 명제는 규칙으로서, 그리하여 범형으로서 이바지한다. 왜냐하면 우리는 규칙에 따라 방향을 잡기 때문이다.

그러나 증명은 단지 우리로 하여금 이 규칙을 따르도록(그것을 승인하도록) 할 뿐인가, 아니면 우리가 그것을 어떻게 따라야 할지도 역시 우리에게 보여주는가?

수학적 명제는 우리에게 무엇을 말하는 것이 의미 있는지를 보여주게 될 것이다.

증명은 한 명제를 구성한다;그러나 문제는 실로 어떻게 증명이 그 명제를 구성하느냐이다. 예를 들어 때로는 증명이 먼저 한 수를 구성하고, 그 다음에 그러한 수가 존재한다는 명제가 뒤따른다. 그 구성이 우리에게 그 명제를 확신시켜 준다는 것이 틀림없다고 말할 때, 이 말이 뜻하는 것은 그 구성이 우리로 하여금 이 명제를 그러그러한 방식으로 적용하도록 이끌어 나감에 틀림없다는 것이다. 그 구성이 우리로 하여금 이것을 의미로, 저것을 의미가 아닌 것으로 받아들이도록 결정함이 틀림없다는 것이다.

78 29. 유클리드[기하학]의 한 작도 가령 선분의 이등분의 목적과 규칙들로부터 논리적 추론에 의해 한 규칙을 도출하는 것의 목적 사이에 공통된 것은 무엇인가?

그 공통점은 내가 한 기호의 구성에 의해 어떤 기호의 승인을 강제한다는 점인 것 같다.

다음과 같이 말할 수 있을까:"수학은 새로운 표현들을 창조할 뿐 새로운 명제들을 창조하지는 않는다"라고??

말하자면 수학적 명제들이 단연코 언어에 채용된 도구인 한에서—그리고 그 증명이 그 명제들이 있는 자리를 보여주는 한에서.

그러나 예를 들어 러셀의 동어 반복들은 어떤 의미에서 '언어의 도구'인가?

러셀은 어쨌든 그것들을 그런 것으로 간주하지는 않았을 것이다. 그렇지만 그에게 만일 오류가 있다면 그것은 단지 그가 그것들의 적용에 주의하지 않았다는 데 있을 수 있다.

증명은 어떤 형성물이 다른 형성물로부터 생겨나게 한다.

증명은 어떤 것이 다른 것으로부터 생겨남을 펼쳐 보인다.

그건 모두 좋다—그러나 그래도 증명은 다른 경우들에서는 전적으로 다른 것들을 수행한다! 이렇게 이행하는 것의 이득은 무엇일까?!

비록 내가 증명을 언어의 기록 보관소에 저장된 것으로 생각할지라도—이 도구가 어떻게 사용될 것이며 어디에 이용되는지 누가 말하는가?

30. 증명은 나로 하여금 다음과 같이 말하도록 한다: 그것은 그렇게 되어야만 한다.——자, 나는 이 점을 유클리드 식의 증명이나 '$25 \times 25 = 625$'에 대한 증명의 경우에 이해한다. 그러나 이는 가령 '$\vdash p \supset q.p : \supset : q$'에 대한 러셀 식의 증명의 경우에도 그러한가? 여기에서 '그렇게 되어야만 한다'는 '그렇게 된다'와 대조할 때 무엇을 뜻하는가? 나는 이렇게 말해야 하는가: "글쎄, 나는 이 표현을 아무것도 말하지 않는 이 형식의 모든 명제들에 대한 범형으로서 받아들인다"라고?

나는 증명을 다 하고 나서 말한다: "그래, 그것은 그래야만 해; 나는 내 언어의 사용을 그렇게 확정시켜야만 해."

그 …여야만 함은 내가 언어에 설치해 놓은 철로에 상응한다고 나는 말하고 싶다.

31. 증명은 어떤 새로운 개념을 도입한다고 말했을 때 내가 의미했던 것은 이를테면 다음과 같다: 증명은 언어의 범형들 사이에 어떤 새로운 범형을 놓는다; 어떤 사람이 어떤 특수한 적청색을 혼합했을 때, 그 특수한 색채 혼합을 어떻게든 확정하고 그것에 한 이름을 부여하는 것과 마찬가지로.

79 그러나 비록 우리가 어떤 증명을 그러한 새로운 범형이라고 부르게 될지라도—그러한 개념의 모델과 증명간의 유사성이란 무엇인가?

혹자는 다음과 같이 말하고 싶을 것이다: 증명은 우리 언어의 문법을 바꾸고, 우리의 개념들을 바꾼다. 증명은 새로운 연관들을 만들고, 이 연관들의 개념을 창조한다. (증명은 그 연관들이 거기에 존재한다는 것을 확립하지 않는다. 오히려 그 연관들은 증명이 만들기 전에는 거기에 존재하지 않는다.)

32. '$p \supset p$'는 무슨 개념을 창조하는가? 그럼에도 나에게는 '$p \supset p$'가 개념의 기호로서 우리에게 이바지한다고 말해질 수 있을 것처럼 보인다.

'$p \supset p$'는 논리식이다. 한 논리식은 한 개념을 확립하는가? 혹자는 다음과 같이 말할 수 있다: "그로부터 논리식 …에 따라 그러그러한 것이 따라나온다." 또는: "그로부터 …와 같은 방식으로 그러그러한 것이 따라나온다." 그러나 그것이 내가 원하는 종류의 명제인가? 그러나 "그로부터 …와 같은 방식으로 그 귀결을 이끌어 내라"에 대해서는 어떠한가?

33. 만일 내가 증명에 관해서 그것이 하나의 모델(그림)이라고 말한다면 나는 또한 러셀의 근본 법칙(Pp.)에 대해서도 똑같이 말할 수 있어야만 한다(증명의 난세포로서).

다음과 같이 질문할 수 있다: 어떻게 사람들은 문장 '$p \supset p$'를 참인 주장으로 발화하게 되었을까? 자, 사람들은 그것을 실제적인 언어 소통에서 사용하지 않았다—그러나 그럼에도 불구하고 사람들은 특수한 상황들(예컨대 논리학을 할 때)에서는 확신을 가지고 그것을 발화하는 경향이 있었다.

그러나 '$p \supset p$'에 대해서는 어떠한가? 그것에서 나는 퇴화된 명제, 진리의 가장자리에 놓여 있는 명제를 본다.

나는 그것을 뜻 있는 명제들에 대한 중요한 구분점으로서 확립한다. 묘사 방법(Darstellungsweise)의 선회점.

34. 증명의 구성은 어떤 것이든 그 어떤 기호들로 시작하며, 이 기호들 사이에서 몇몇 '상항'들은 이미 언어에서 의미(Bedeutung)를 가져야만 한다. 마찬가지로 '∨'와 '~'가 우리에게 친숙한 적용을 이미 지니고 있다는 점은 본질적이며, 《수학 원리》에서 어떤 증명의 구성은 그로부터 그 중요성, 그 뜻(Sinn)을 지니게 된다. 그러나 증명의 기호들은 우리가 이 의미를 알 수 있게끔 하지 않는다.

증명의 '사용'은 물론 그 기호들의 사용과 관계가 있다.

35. 이미 말했듯이 심지어 러셀의 근본 법칙(Pp.)도 어떤 의미에서 나를 확신시킨다.

따라서 증명에 의해 생겨난 확신은 단지 증명 구성으로부터 일어날 수 없다.

80 36. 만일 내가 파리에 있는 표준 미터를 보고 있지만, 측정 제도와 이것이 그 표준 미터자와 지니는 연관을 알지 못한다면—나는 내가 표준 미터의 개념을 알고 있다고 말할 수 있을까?

따라서 증명은 또한 어떤 제도의 일부분이 아닌가?

증명은 하나의 도구이다—그러나 왜 나는 "언어의 도구"라고 말하는가?

그렇다면 계산은 필연적으로 언어의 도구인가?

37. 내가 항상 하고 있는 것은—의미 규정과 의미 사용간의 차이를 강조하는 것인 것처럼 보인다.

38. 증명을 승인하기: 혹자는 증명을 이 규칙들이 올바르게 어떤 도형들에 적용될 때 생겨나는 도형의 범형으로서 승인할 수 있다. 혹자는

증명을 추론 규칙의 올바른 도출로서 승인할 수 있다. 또는 올바른 경험적 명제로부터의 올바른 도출로서;또는 거짓인 경험적 명제로부터의 올바른 도출로서;또는 단순히 우리가 참인지 거짓인지 알지 못하는 어떤 경험적 명제로부터의 올바른 도출로서.

그러나 증명된 명제의 '구성 가능성의 증명'으로서 증명에 대한 파악이 어떤 다른 파악보다도 그 어떤 의미에서든 더 단순하고 더 근본적이라고 나는 이제 말할 수 있는가?

따라서 나는 다음과 같이 말할 수 있는가? "각각의 증명은 무엇보다도 내가 이 규칙들을 이 기호 형식들에 적용할 때 이 기호 형식이 산출되어야만 한다는 것을 증명한다." 또는:"증명은 무엇보다도 사람들이 이 변형 규칙들에 따라 이 기호들로 조작할 때 이 기호 형식이 나올 수 있다는 것을 증명한다"라고. —

그것은 기하학적 적용을 시사하게 될 것이다. 왜냐하면 내가 말한 바 여기에서 진리임이 증명된 명제는 기하학적 명제—기호들의 변형에 관한 문법의 명제이기 때문이다. 예를 들어 다음과 같이 말할 수도 있을 것이다:즉 어떤 사람이 …와 …로부터 이 규칙들에 따라 기호…를 얻게 된다고 말하는 것은 의미가 있다는 것이 증명된다;그러나 […라고 말하는 것은] 아무 의미도 없다 등등.

또는:수학에서 모든 내용을 떼어내 버릴 때, 어떤 기호들이 다른 기호들로부터 어떤 규칙들에 따라 구성될 수 있다는 것이 남는다. —

우리가 승인해야만 하는 최소한의 것은 다음과 같다:즉 이 기호들 등등. —그리고 이것을 승인하는 것은 다른 모든 승인의 기초이다.

나는 이제 다음과 같이 말하고 싶다:증명의 기호열이 필연적으로 그
81 어떤 승인을 초래하는 것은 아니다. 그렇지만 우리가 일단 승인하면서 시작한다면, 이는 '기하학적인' 승인일 필요는 없다.

증명은 단지 두 단계로 이루어질 수도 있다:가령 명제 '$(x).fx$'와 명

제 '*fa*'—여기에서 한 규칙에 따른 올바른 이행은 중요한 어떤 역할을 하는가?

39. 무엇이 증명된 것에서 확고 부동하게 확실한가?

어떤 명제를 확고 부동하게 확실한 것으로 승인한다는 것은—나는 이렇게 말하고 싶은데—그 명제를 문법적 규칙으로서 사용함을 뜻한다: 이를 통해 우리는 그 명제로부터 불확실성을 제거한다.

"증명은 조망 가능해야만 한다"는 참으로 다음을 뜻할 뿐이다: 즉 증명은 결코 실험이 아니다. 우리는 증명에서 산출되는 것을 그것이 한 번 산출되기 때문에 또는 종종 산출되기 때문에 받아들이는 것은 아니다. 오히려 우리는 그렇게 산출되어야만 한다고 말하는 근거를 증명 속에서 본다.

증명되는 것은 이 대응이 이 결과로 이끌어 간다는 것이 아니라—우리가 이 현상들(그림들)을 만일 …이면 어떻게 될지에 대한 본보기(Vorlage)로서 간주하도록 설득된다는 것이다.

증명은 아무것도 빼내지지 않고 아무것도 첨가되지 않는다면, 우리가 올바르게 센다면 등등 그러면 어떻게 될 것이냐에 대한 우리의 새로운 모델(Vorbild)이다. 그러나 이 말은 증명이 무엇의 모델인지를 내가 잘 알고 있는 것은 아님을 보여준다.

나는 다음과 같이 말하고 싶다: 사람들은 《수학 원리》의 논리학으로 1000+1=1000이 되는 어떤 산술 체계를 정당화할 수도 있을 것이다; 그리고 이것에 필요한 모든 것은 지각할 수 있는 계산의 정당성을 의심하는 것이 될 것이다. 그러나 만일 우리가 그것을 의심하지 않는다면, 그 책임은 논리학의 진리성에 대한 우리의 확신에 있지 않다.

우리가 증명에서 "그것은 산출되어야만 해"라고 말한다면—이는 우리가 알지 못하는 이유로부터가 아니다.

우리가 이 결과를 얻는다는 점이 아니라 그 결과가 이 길의 끝이라는 점이 우리로 하여금 그 결과를 받아들이게 만든다.

우리를 확신시키는 것—바로 그것이 증명이다: 우리를 확신시키지 못하는 그림은 비록 그 그림이 증명된 명제를 예시한다는 것이 그 그림으로부터 보여질 수 있을지라도 증명이 아니다.

즉 증명된 것을 보여주기 위해서 증명 그림에 대한 물리적 탐구는 전혀 필요하지 않다.

40. 두 사람이 있는 어떤 그림을 바라보면서, 우리는 한 사람이 다른
사람보다 더 작아 보인다고 먼저 말하고, 그러고 나서 그가 뒷쪽으로 더
82 멀리 있는 것으로 보인다고 말하지 않는다. 몸집이 더 작다는 것이 전
혀 우리에게 떠오르지 않고 그저 뒷쪽에 있다는 것만 떠오르는 것이 아
주 가능하다고 혹자는 말할 수 있다. (이는 나에게는 증명에 대한 '기하
학적인' 파악의 문제와 관련되는 것처럼 보인다.)

41. "그것은 사람들이 그러그러하게 부르는 것에 대한 모델이다."

그러나 '$(x).fx$'로부터 'fa'로의 이행은 무엇에 대한 모델일 것인가? 기껏해야 '$(x).fx$'와 같은 기호로부터 어떻게 추론될 수 있는지에 대한 모델.

나는 모델을 어떤 정당화로 생각했지만, 여기에서 그것은 결코 정당화가 아니다. 그림 $(x).fx \therefore fa$ 는 결론을 정당화하지 않는다. 만일 우리가 그 결론의 정당화에 대해 말하고자 한다면, 그것은 이 기호들의 도식 밖에 놓인다.

그런데도 수학적 증명이 어떤 새로운 개념을 창조한다고 말하는 것에는 뭔가가 있다.—모든 증명은 말하자면 어떤 특정한 기호 사용에 대

한 고백 (Bekenntnis)이다.

그러나 무엇에 대한 고백인가? 단지 논리식으로부터 논리식으로의 이행 규칙들에 대한 이 사용에 대한 고백인가? 또는 그 어떤 의미에서든 '공리들'에 대한 고백인가?

나는 $p \supset p$가 동어 반복이라고 고백한다라고 말할 수 있을까?

나는 '$p \supset p$'를 준칙으로서, 이를테면 추론의 준칙으로서 받아들인다.

증명이 어떤 새로운 개념을 창조한다는 생각은 대충 다음과 같이 표현될 수도 있을 것이다: 즉 증명은 그 기초와 추론 규칙들을 합한 것이 아니라 오히려 어떤 새로운 집이라고—비록 이 집이 그러그러한 양식의 한 가지 예일지라도. 증명은 새로운 범형이다.

증명이 창조하는 개념은 예를 들어 어떤 새로운 추론 개념, 옳은 추론의 어떤 새로운 개념일 수 있다. 그러나 왜 내가 이것을 옳은 추론으로 인정하는지 그 이유는 증명 밖에 놓여 있다.

증명은 어떤 새로운 개념을 창조한다—새로운 기호를 창조하거나 그 새로운 기호가 됨으로써. 또는—산출되어 나온 명제에 어떤 새로운 자리를 부여함으로써. (왜냐하면 명제는 운동이 아니라 행로 Weg이기 때문에.)

42. 이 표현에서 이 대입이 다른 어떤 것을 산출한다는 것은 상상 가능해서는 안 된다. 또는: 나는 그것이 상상 가능하지 않다고 공언해야만 한다. (그러나 실험의 결과는 그렇게 또 그와 다르게 나타날 수 있다.)

그럼에도 사람들은 증명이 외관상 변화하는 경우를 상상할 수도 있을 것이다—그 증명이 바위에 새겨지고, 그 외관이 말하는 것은 무엇이든지 동일하다고 사람들이 말하는 경우.

참으로 당신은 증명이 증명으로서 간주된다고 하는 것과 다른 어떤 것을 말하고 있는가?

83 증명은 직관적 절차(Vorgang)이어야만 한다. 또는:증명은 직관적인 절차이다.

증명의 배후에 있는 어떤 것이 아니라 증명이 증명한다.

43. "이 대입이 실제로 이 표현을 산출시킨다는 것은 무엇보다도 명백해야만 한다"라고 내가 말할 때—나는 또한 "나는 그것을 의심 불가능한 것으로 받아들여야만 한다"라고 말할 수도 있을 것이다—그러나 그렇다면 그것에 대한 좋은 근거가 있어야만 한다:예를 들어 동일한 대입은 항상 그렇듯이 동일한 결과를 산출시킨다는 것 등등. 그리고 거기에서 바로 조망 가능성이 성립하지 않는가?

나는 다음과 같이 말하고 싶다. 즉 조망 가능성이 현존하지 않는 곳에서, 그리하여 이 대입의 결과가 실제로 존재하는지에 대해 어떤 의심의 여지가 있는 곳에서 증명은 파괴된다. 그리고 증명의 본질과 하등 관계가 없는, 어떤 어리석고 중요하지 않은 방식으로는 그렇지 않다.

또는:모든 수학의 기초로서 논리학은 아무것도 하지 않는다. 왜냐하면 논리적 증명의 증명력은 그 기하학적 증명력과 존립을 함께 하기 때문이다.[1)]

즉:논리적 증명은, 가령 러셀의 방식에 따른 증명은, 기하학적 설득력을 더불어 보유하는 한에서만 증명력이 있다. 그리고 그러한 논리적 증명의 축약은 그것이 러셀의 방식에 따라 완전하게 수행된 구성이 아닐 때 이 설득력을 지닐 수 있고 그리하여 증명일 수 있다.

우리는 논리적 증명이 논리적인 근본 법칙들과 추론 법칙들의 무제약적인 확실성으로부터 유래된 특이하고 절대적인 증명력을 지닌다는 민

1) 그러나 38절과 비교해 보라—편집자 주.

음에 기우는 경향이 있다. 반면에 그렇게 증명된 명제들은 결국 그 추론 법칙들의 적용이 옳다는 것이 확실한 것보다 더 확실할 수 없다.

증명들의 논리적 확실성은—나는 이렇게 말하고자 하는데—그 증명들의 기하학적 확실성보다 더 나아가지 않는다.

44. 만일 이제 증명이 모델이라면, 무엇이 증명의 올바른 재생으로 간주되어야 할 것이냐가 문제되어야만 한다.

예를 들어 증명에서 기호 '||||||||||'가 나타난다면, 그저 '동일한 수'의 선분들(또는 가령 작은 십자들)의 묶음이 그것의 재생으로 간주되어야 하는지, 또는 아주 작은 수가 아니라면 어떤 다른 수가 동등하게 그럴 수 있는지 등등은 명확하지 않다.

그럼에도 문제는 증명의 재생에 대한—증명들의 동일성에 대한 기준
84 으로 간주되어야 하는 것이 무엇이냐는 점이다. 어떻게 그것들은 동일성을 확립하기 위해 비교될 것인가? 그것들이 동일하게 보인다면 그것들은 동일한가?

나는 말하자면 우리가 수학에서 논리적 증명들을 제거할 수 있다는 것을 보이고 싶다.

45. "상응하는 정의들에 의해서, 우리는 '25×25=625'임을 러셀의 논리학에서 증명할 수 있다."—그렇다면 나는 러셀의 논리학에 의해서 일상적인 증명 기술을 정의할 수 있는가? 그러나 어떻게 한 증명 기술이 다른 증명 기술에 의해 정의될 수 있는가? 어떻게 한 증명 기술이 다른 증명 기술의 본질을 정의할 수 있는가? 왜냐하면 만일 전자가 후자의 '축약'이라면 그것은 확실히 체계적인 축약이어야만 하기 때문이다. 내가 그 긴 증명들을 체계적으로 축약시킬 수 있고 그리하여 다시 어떤 증명들의 체계를 갖게 된다는 증명은 확실히 필요하다.

긴 증명들은 처음에는 항상 짧은 증명들과 함께 나아가며, 말하자면 그것들을 감독한다. 그러나 결국 더 이상 그것들은 짧은 증명들을 따라갈 수 없으며, 이 점은 그것들의 독립성을 보여준다.

조망 불가능한 긴 논리적 증명들을 고찰하는 것은 단지 이 기술(Technik)—이는 증명들의 기하학에 기초한 것인데—이 어떻게 붕괴될 수 있는지, 그리고 어떻게 새로운 기술들이 필요하게 되는지를 보이는 수단일 뿐이다.

46. 나는 다음과 같이 말하고 싶다: 수학은 증명 기술들의 다채로운 혼합이다. —그리고 바로 이것에 수학의 다양한 적용 가능성과 그 중요성이 기초하고 있다.

그러나 이는 다음과 같이 말하는 것과 동일하게 된다: 만일 어떤 사람이 러셀의 형식 체계와 같은 체계를 갖고 있고, 이로부터 적절한 정의들에 의해서 미분 계산법과 같은 체계를 산출한다면, 그 사람은 어떤 새로운 수학의 분야를 발명하는 것이 될 것이다.

자, 확실히 사람들은 단순히 다음과 같이 말할 수도 있을 것이다: 만일 어떤 사람이 십진법 체계에서 계산을 발명했다면—그것은 확실히 수학적 발명이 될 것이다! —비록 그에게 러셀의 《수학 원리》가 이미 주어져 있었을지라도. —

어떤 증명 체계를 다른 증명 체계에 대응시킨다면 어떻게 되는가? 그렇다면 전자의 체계에서 증명된 명제들이 후자의 체계에서 증명된 명제들로 번역될 수 있는 어떤 번역 규칙이 존재한다.

그러나 오늘날의 수학의 증명 체계들의 몇몇이—또는 전부가—그러한 방식으로 하나의 체계, 가령 러셀의 체계에 대응될 것이라고 사람들은 확실히 생각할 수 있다. 그리하여 모든 증명들이 아무리 번잡할지라도 이 체계에서 수행될 수도 있을 것이다. 그렇다면 단 하나의 체계만

이 존재하게 될 것인가? —더 이상 다수의 체계들이 존재하지 않게 될 것인가? —그러나 그렇다면 그 하나의 체계에 대해서, 그것이 다수의 체계로 해체될 수 있다는 것을 보이는 것이 확실히 가능해야만 한다. —그 체계의 한 부분은 삼각법의 속성들을 지닐 것이고, 다른 부분은 대
85 수의 속성을 지닐 것이라는 따위로. 그리하여 사람들은 이 부분들에서 상이한 기술들이 사용된다고 말할 수 있다.

나는 이렇게 말했다: 십진법 체계에서 계산을 발명한 사람은 확실히 수학적 발견을 해낸 것이다. 그러나 그는 순전히 러셀의 기호법으로 이 발견을 해낼 수 없었을까? 그는 말하자면 어떤 새로운 관점(Aspekt)을 발견해 낸 것이리라.

"그러나 그래도 참인 수학적 명제들의 진리성은 그 일반적인 기초들로부터 증명될 수 있다." —나에게는 여기에 어떤 난점이 있는 것으로 보인다. 우리는 언제 한 수학적 명제가 참이라고 말하는가? —

나에게는 우리가 알아차리지 못한 채 러셀의 논리학에 새로운 개념들을 도입한 것처럼 보인다. ——예를 들어 우리가 어떤 종류의 형식 '$(\exists x, y, z \cdots)$'의 기호들을 서로 동일하다고 간주해야 할지, 또 어떤 것을 동일하다고 간주하지 않아야 할지를 확정할 때.

'$(\exists x, y, z)$'이 '$(\exists x, y, z, n)$'과 동일한 기호가 아니라는 것은 자명한가?

그러나 다음은 어떠한가—: 처음에 나는 '$p \vee q$'와 '$\sim p$ '를 도입하고 그것들로 몇몇 동어 반복을 구성한다—그러고 나서 내가 가령 항렬 $\sim p, \sim\sim p, \sim\sim\sim p$ 등등을 제시하고, $\sim^1 p, \sim^2 p, \cdots \sim^{10} p, \cdots$와 같은 기호법을 도입한다면. 나는 다음과 같이 말하고 싶다: 우리는 아마도 그러한 항렬의 가능성을 원래는 전혀 생각하지 못했고, 이제 우리는 우리의 계산에 하나의 새로운 개념을 도입하였다. 여기에 어떤 '새로운 관점'이 있다.

아무리 아주 원시적이고 비적절한 방식일지라도 내가 수개념을 그렇게 도입할 수도 있었을 것이라는 것은 명확하다—그러나 이 예는 내가 필요로 하는 모든 것을 나에게 주고 있다.

항렬 $\sim p, \sim\sim p, \sim\sim\sim p$ 등등으로 논리학에 어떤 새로운 개념을 도입했을 것이라고 말하는 것은 어떤 의미에서 옳을 수 있는가? —자, 무엇보다도 '등등'으로 그렇게 했다고 말할 수도 있을 것이다. 왜냐하면 이 '등등'은 나에게 새로운 기호 형성 법칙을 뜻하기 때문이다. 이것에 특징적인 것은 회귀적 정의가 십진법의 설명에 필요하다는 사실이다.

새로운 기술(Technik)이 도입된다.

그것은 또한 다음과 같이 말해질 수 있다: 러셀 식의 증명 형성과 명제 형성의 개념을 가지고 있는 사람은, 그와 함께 러셀의 기호들의 모든 항렬이라는 개념을 가지고 있는 것은 아니다.

나는 다음과 같이 말하고 싶다: 러셀의 수학의 정초는 새로운 기술들의 도입을 연기한다—그것이 더 이상 전혀 필요하지 않다고 마침내 믿게 될 때까지.

86 (아마도 마치 내가 너무 오랫동안 길이 측정의 개념에 대해 철학을 해서 단위 길이의 실제적 확정이 길이 측정에 필요하다는 점을 잊어버리게 될 것처럼.)

47. 내가 말하고자 하는 것은 이제 다음과 같이 표현될 수 있을까: "만일 우리가 처음부터 러셀의 체계에서 모든 분야의 수학(alle Mathematik)을 하도록 배웠다면, 당연하게도 러셀의 계산법으로는 예컨대 미분 계산법이 발명되지 않았을 것이다. 따라서 러셀의 계산법에서 이 종류의 계산을 발견한 사람은——."

내가 다음의 명제들

$$`p=\sim\sim p'$$
$$`\sim p=\sim\sim\sim p'$$
$$`p=\sim\sim\sim\sim p'$$

에 대해 러셀의 증명들을 가지고 있고, 이제 다음의 명제

$$`p=\sim^{10} p'$$

를 증명하는 어떤 축약된 방법을 찾아낸다고 가정하자. 그것은 마치 내가 기존의 계산법 내에서 어떤 새로운 종류의 계산을 발견해 낸 것과 같다. 그것이 발견되었다는 것은 무엇에 있는가?

나에게 말해 보라: 만일 내가 곱하기를 배우고 나서 순전히 동일한 인수들로 하는 곱셈이 이제 나에게 이 계산들의 특수한 분야로 떠올라서 기호법 '$a^n=\cdots$'을 도입한다면, 나는 새로운 종류의 계산을 발견하였는가?

명백하게도 단순히 '축약된' 또는 다른 표기법(Schreibweise)—'16×16' 대신에 '16^2'—은 그것을 해내지 않는다. 중요한 것은 우리가 이제 인수들을 그저 센다는 것이다.

'16^{15}'은 단지 '16×16×16×16×16×16×16×16×16×16×16×16×16×16×16'에 대한 다른 표기법일 뿐인가?

$16^{15}=\cdots$라는 증명은, 단지 내가 16을 15번 곱하고, 이때 이것이 산출된다는 것에 있지 않다—오히려 증명은 내가 그 수를 15번 인수로서 취했음을 보여야만 한다.

"거듭 제곱(Potenzieren)이라는 '새로운 종류의 계산'에서 새로운 것이란 무엇인가?"라고 내가 질문할 때—이것은 말하기가 어렵다. '새로운 관점'이라는 말은 모호하다. 이는 이제 우리가 사태를 달리 바라보고 있

음을 뜻한다—그러나 문제는 다음과 같다: 즉 이러한 '달리 바라봄'의 본질적인, 중요한 외양이란 무엇인가?

먼저 나는 다음과 같이 말하고 싶다: "어떤 곱에서 모든 인수들이 동일하다는 것이 어떤 사람에게 결코 떠오를 필요가 없었을 것이다"—또는: "'모두 동일한 인수들의 곱'은 새로운 개념이다"—또는: "그 새로운
87 것은 우리가 계산들을 다르게 분류한다는 점에 있다." 거듭 제곱 계산에서, 우리가 인수들의 수를 바라본다는 것은 명백하게도 본질적인 것이다. 그러나 우리가 인수들의 수에 주의했다고는 확실히 말해지지 않는다. 2개, 3개, 4개 등등의 인수들로 된 곱이 있다는 것이, 비록 우리가 이미 그러한 곱을 종종 계산해 냈다고 할지라도, 우리에게 떠올라야만 했던 것은 아니다. 새로운 관점—그러나 다시: 그것의 중요한 측면이란 무엇인가? 나에게 떠오른 것을 나는 어디에 이용하는가?—자, 무엇보다도 나는 아마도 그것을 기호법에 저장한다. 그리하여 나는 예를 들어 '$a \times a$' 대신에 'a^2'이라고 쓴다. 그렇게 함으로써 나는 그 수열에 나 자신을 관련시키는데(그 수열을 암시하는데), 이는 이전에는 일어나지 않았던 것이다. 따라서 나는 확실히 하나의 새로운 연관을 산출하고 있다!—하나의 연관—어떤 것들간의? 인수들을 세는 기술과 곱셈하는 기술간의.

그러나 그렇게 모든 증명, 모든 개별적 계산은 새로운 연관들을 만들어 낸다!

그러나 $a \times a \times a \times a \cdots = b$임을 보여주는 동일한 증명이 확실히 $a^n = b$임도 보여준다; 그저 우리가 'a^n'의 정의에 따라서 이행해야만 한다는 것을.

그러나 이 이행이 바로 새로운 것이다. 그러나 만일 그것이 그저 이전의 증명에로의 이행일 뿐이라면, 어떻게 그것은 중요한 것일 수 있는가?

'그것은 단지 다른 표기법일 뿐이다.' 어디에서 그것은 단지 다른 표기법이기를 그만두는가?

후자가 아니라 오직 전자의 표기법만이 그러그러하게 사용될 수 있는 곳 아닌가?

만일 어떤 사람이 '$f(a)$' 대신에 '$(a)f$'라고 쓴다면 "어떤 새로운 관점을 발견한 것"이라고 부를 수도 있을 것이며;혹자는 "그는 함수를 그 논항[독립 변수]의 논항으로 간주하고 있다"라고 말할 수도 있을 것이다. 또는 만일 어떤 사람이 '$a \times a$' 대신에 '$\times(a)$'라고 쓴다면, 다음과 같이 말할 수도 있을 것이다:"사람들이 이전에 두 개의 논항 자리를 지니는 함수의 특수한 경우로 간주하던 것을, 그는 하나의 논항 자리를 지니는 함수로 간주하고 있다."

그렇게 하는 사람은 확실히 어떤 의미에서 관점을 변경시켰다. 그는 예를 들어 이 표현을 다른 표현들과 함께 분류했고, 전에는 비교되지 않았던 다른 것들과 비교했다.—그러나 이는 이제 중요한 관점의 변경인가? 아니다. 그것이 어떤 귀결들을 갖지 않는 한에서는.

부정의 갯수라는 개념을 도입함으로써 내가 논리 계산의 관점을 변경시켰다는 것은 정말 참이다:"나는 한 번도 그것을 그렇게 본 적이 없다"—혹자는 이렇게 말할 수도 있을 것이다. 그러나 이 변경은 그것이 그 기호들의 적용과 맞물릴 때 비로소 중요하게 된다.

1피트를 12인치로 파악하는 것은 실로 피트의 관점을 변경시키는 것
88 을 뜻한다. 그러나 이 변경은 사람들이 이제 또한 인치로 길이를 측정할
때에 비로소 중요하게 될 것이다.

부정 기호들의 셈을 도입하는 사람은 기호들을 재생하는 새로운 방식을 도입하고 있다.

갯수들(Anzahlen)의 동일성에 관해서 말하는 산술에 대해서, 어떻게

두 집합의 [원소의] 갯수들의 동일성이 확립되느냐는 실로 전혀 관계가 없다—그러나 그것의 추론에 관해서는, 어떻게 그것의 기호들이 서로 비교되고, 그래서 어떤 방법에 따라 예컨대 두 개의 수기호의 숫자들의 갯수가 동일한지가 확립되느냐는 무관하지 않다.

중요한 것은 축약으로서 수기호들의 도입이 아니라 셈의 방법이다.

48. 나는 수학의 다채성을 설명하고 싶다.

49. "나는 러셀의 체계에서도 127:18 = 7.0$\dot{5}$라는 증명을 해낼 수 있다." 왜 할 수 없겠는가? —그러나 러셀의 증명을 할 때 일상적인 나눗셈을 할 때와 동일한 것이 산출되어야만 하는가? 물론 그 둘은 하나의 계산에 의해 (가령 번역 규칙에 의해) 서로 연결되어 있다; 그러나 그래도 새로운 기술에 따라 그 나눗셈을 해내는 것은 위험하지 않은가? —왜냐하면 확실히 그 결과의 진리성은 이제 번역의 기하학에 의존하게 되기 때문에?

그러나 이제 어떤 사람이 다음과 같이 말한다고 하자: "헛소리다—그런 생각은 수학에서 전혀 아무런 역할도 하지 않는다."

—그러나 문제는 불확실성이 아니라—왜냐하면 우리는 우리의 결론들을 확신하므로—예컨대 우리가 나눗셈을 할 때 여전히 (러셀의) 논리학을 하느냐는 점이다.

50. 삼각법은 본래 길이 측정 및 각 측정과 관련해서 그 중요성을 지닌다: 그것은 길이 측정과 각 측정에 사용하도록 맞추어진 수학의 한 분야이다.

이 영역에서의 적용 가능성은 또한 삼각법의 한 '관점'이라고 불릴 수도 있을 것이다.

내가 하나의 원을 동일한 부분들로 나누고, 측정에 의해서 이 부분들 중 하나의 코사인 값을 결정한다면—이는 계산인가 아니면 실험인가?

만일 계산이라면—그것은 도대체 조망 가능한가?
계산자로 하는 계산은 조망 가능한가?

만일 한 각의 코사인 값이 측정에 의해 결정되어야만 한다면—'cos α
89 $=n$' 형식의 명제는 수학적 명제인가? 이 결정의 기준은 무엇인가? 그 명제는 우리의 정규자에 대해서 외적인 어떤 것을 말하고 있는가? 아니면 우리의 개념에 대해서 내적인 것을?—어떻게 이것은 결정될 것인가?

삼각법에서의 도형들(그림들)은 순수 수학에 속하는가, 아니면 그저 가능한 적용의 예들일 뿐인가?

51. 만일 내가 말하고자 하는 것에 참인 어떤 것이 있다면—예컨대—십진법에서의 계산은 자기 본래의 생명을 지녀야만 한다.—물론 사람들은 모든 십진수를 다음의 형식

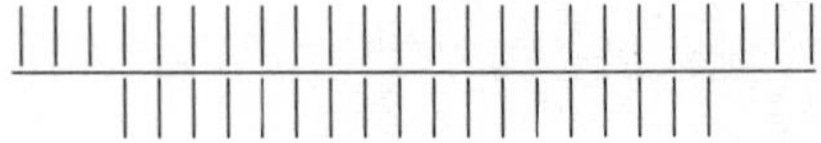

으로 나타낼 수 있고, 그리하여 이 기호법으로 사칙 연산을 수행할 수 있다. 그러나 십진법의 생명은 단위 선분들로 하는 계산으로부터 독립적이어야 할 것이다.

52. 이와 관련해서 되풀이해서 나에게 떠오르는 것은 다음이다: 실로 명제 '$a:b=c$'가 러셀의 논리학에서 증명될 수 있다는 것, 그러나 그 논리학은 우리에게 이 형식의 옳은 문장을 구성하도록 가르치지 않는다는 것, 즉 우리에게 나눗셈을 가르치지 않는다는 것. 나눗셈의 절차는 가령

'37×15=x' 형식의 명제의 증명을 얻으려는 목적을 지니는, 예컨대 러셀 식의 증명에 대한 체계적인 검사의 절차에 상응할 것이다. "그러나 그러한 체계적인 검사 기술은 또다시 논리학에 기초한다. 이 기술이 그 목표에 도달해야만 한다는 것은 또다시 논리적으로 증명될 수 있다." 따라서 이는 그러그러한 것이 그러그러하게 작도될 수 있다는 것을 우리가 유클리드[기하학]에서 증명할 때와 유사하다.

53. 만일 어떤 사람이 수학이 논리학이 아니라는 것을 보이고자 한다면 그가 보이려고 하는 것은 무엇인가? 그는 확실히 다음과 같은 것을 말하려고 하고 있다:—만일 책상, 의자, 책장 등을 충분히 많은 종이로 감싸면, 확실히 그것들은 결국 공 모양으로 보일 것이다.

그가 보이려고 하는 것은, 모든 수학적 증명에 대해서 그것에 (어떻게든) '대응하는' 어떤 러셀 식의 증명을 구성하는 것이 불가능하다는 점이 아니라, 오히려 그러한 대응을 인정하는 것이 논리학에 의존하지 않는다는 점이다.

"그러나 확실히 우리는 항상 원초적인 논리적 방법에로 되돌아갈 수 있다!" 그야, 우리가 그럴 수 있다고 가정한다면—우리가 그래야만 하는 것은 아니라는 점은 어떻게 되는가? 또는 우리가 그렇게 하지 않는다면, 우리는 경솔하거나 무모한가?

그러나 우리는 도대체 어떻게 원초적 표현에로 되돌아가는가? 예컨대 우리는 두번째 증명을 통한 길로 나아가고, 그 길의 끝으로부터 되
90 돌아와서 첫번째 체계로 나아가서 우리가 도달한 지점을 바라보는가, 아니면 두 체계에서 앞으로 나아가서 그 종점들을 연결시키는가? 그리고 그 첫번째 체계에서 그 두 경우에 동일한 결과에 도달했다는 것을 우리는 어떻게 아는가?

두번째 체계에서 앞으로 나아가는 것은 설득력을 지니고 있지 않은가?

"그러나 두번째 체계에서의 모든 단계들에서 그 각각의 단계들이 첫번째 체계에서도 취해질 수도 있을 것이라고 우리는 생각할 수 있다!"—이는 그저 그것이 취해질 수도 있을 것이라고 우리는 생각할 수 있다일 뿐이다—그것을 취하지 않고서 말이다.

그리고 왜 우리는 후자 대신에 전자를 받아들이는가? 논리학이라는 근거에서?

"그러나 양쪽 변형들이 동일한 결과에 도달해야만 한다는 것을 우리는 논리적으로 증명할 수 없는가?"—그러나 여기에서 문제가 되는 것은 확실히 기호들의 변형들의 결과이다! 어떻게 논리학은 이것을 결정할 수 있는가?

54· 십진법 체계에서의 증명이 하나의 증명이라는 것을 어떻게 선분 체계에서의 증명이 증명할 수 있는가?

자—유클리드[기하학]에서의 어떤 작도에 대해서 그것이 실제로 이러 이러한 형성물의 작도라는 점이 증명되는 것과 마찬가지로, 여기 십진법 체계에서의 증명에 대해서도 마찬가지 아닌가?

이 점을 나는 다음과 같이 말해도 될까: "선분 체계를 십진법 체계로 번역하는 것은 어떤 회귀적인 정의를 전제한다. 그러나 이 정의는 한 표현의 다른 표현에로의 축약을 도입하지 않는다. 그럼에도 물론 십진법 체계에서의 귀납적 증명은, 회귀적 정의에 의해서 선분 기호들로 번역되어야 할 그 기호들의 집합을 포함하지 않는다. 그러므로 이 일반적 증명은 회귀적 정의에 의해서 선분 체계의 증명으로 번역될 수 없다"라고?

회귀적 증명은 어떤 새로운 기호 기술을 도입한다.—따라서 그것은 새로운 '기하학'에로 이행해야만 한다. 우리는 기호들을 재인식하는 어떤 새로운 방법을 배운다. 기호들의 동일성에 대한 하나의 새로운 기준이 도입된다.

55. 증명은 무엇이 산출되어야 하는지를 우리에게 보여준다. —그리고 모든 증명의 재생이 동일한 것을 논증해 보여야만 하기 때문에, 한편으로 증명은 그 결과를 자동적으로 재생해야만 하고, 다른 한편으로 그 결과를 얻는 강제성을 또한 재생해야만 한다.

즉: 우리는 (실험에서와 같이) 이 결과를 한번 산출했던 조건들뿐만 아
91 니라, 그 결과 자체도 재생한다. 그럼에도 증명은 항상 우리를 인도해 나갈 수 있어야만 하는 한에서 결코 부정한 방법이 쓰여지는 놀이가 아니다.

한편으로 우리는 증명을 자동적으로 완전히 재생할 수 있어야만 하고, 다른 한편으로 이 재생은 다시 그 결과의 증명이어야만 한다.

"증명은 조망 가능해야만 한다"는 우리로 하여금 참으로 '증명을 반복하기'라는 개념과 '실험을 반복하기'라는 개념간의 차이에 주의하게 할 것이다. 증명을 반복한다는 것은 어떤 특정한 결과가 한번 얻어진 조건들을 재생하는 것이 아니라, 각각의 모든 단계와 그 결과를 반복한다는 것을 뜻한다. 그리고 비록 증명이 그리하여 완전히 자동적으로 재생될 수 있어야만 하는 것일지라도, 그러한 모든 재생은 그 결과를 받아들이도록 강제하는 증명력을 포함해야만 한다.

56. 우리는 언제 어떤 계산법이 다른 계산법에 '대응'하고, 단지 그 계산법의 축약된 형식일 뿐이라고 말하는가? —"그야, 후자의 결과들이 적절한 정의들에 의해서 전자의 결과들로 번역될 수 있을 때." 그러나 어떻게 이 정의들로 계산해야 하는지 말해진 것이 있는가? 무엇이 우리로 하여금 이 번역을 받아들이게 하는가? 그것은 결국 부정한 방법으로 된 놀이인가? 만일 우리에게 익숙한 결과로 이르게 하는 번역만을 받아들이기로 우리가 결정한다면 그것은 그렇다.

왜 우리는 러셀의 계산법의 일부가 미분 계산에 대응하는 부분이라고 부르는가? — 왜냐하면 미분 계산의 명제들이 러셀의 계산법에서 증명되기 때문에. — 그러나 그래도 결국 사후(post hoc)가 아닌가? — 그러나 아무런 문제도 없지 않은가? 이 명제들의 증명들이 러셀의 체계에서 발견될 수 있다는 것으로 충분하다! 그러나 그것은 그 결과가 오직 이 명제들에로 번역될 수 있을 때에만 이 명제들의 증명이 아닌가? 그러나 번호를 붙인 선분들로 선분 체계에서 곱셈하는 경우에도 심지어 그것은 옳은가?

57. 이제 선분 기호법에 있어서의 계산이 정상적으로 항상 십진법의 계산과 일치하리라는 것이 명확히 말해져야만 한다. 확실한 일치를 얻어내기 위해서 선분들로 하는 계산이 많은 사람들에 의해 검산될 수 있다는 것에 아마도 우리는 어떤 지점에서 호소해야만 할 것이다. 그리고 우리는 십진법 체계의 훨씬더 큰 수들로 하는 계산에서도 동일한 것을 하게 될 것이다.

그러나 이는 물론 선분 체계에서의 증명들이 십진법 체계에서의 증명들을 강제적으로 받아들여야만 하는 것으로(zwingend) 만드는 것은 아니라는 점을 보여준다.

"그러나 만일 우리가 지금 후자를 갖고 있지 않다면, 동일한 것을 증명하기 위해서 전자를 사용할 수도 있을 것이다." — 동일한 것을? 무
92 엇이 동일한 것인가? — 그렇게 비록 동일한 방법은 아닐지라도, 그 선분 증명은 나에게 동일한 것을 확신시킬 것이다. — 내가 다음과 같이 말한다고 하면 어떻게 될까?: "한 증명이 우리를 데려가는 장소는 이 증명과는 독립적으로 결정될 수 없다." — 십진법 체계에서의 증명이 부여한 적용 가능성을 그 증명된 명제가 보유하고 있다는 점을 나는 선분 체계에서의 증명을 통해서 확신하게 되었는가? —— 예컨대 그 명제가 십진법 체계에서도 증명 가능하다는 점이 선분 체계에서 보여졌는가?

58. 물론 한 명제가 여러 증명을 가질 수 없다고 말하는 것은 헛소리일 것이다—왜냐하면 우리는 바로 그와 같이 말하기 때문이다. 그러나 우리는 다음과 같이 말할 수 없는가?: 이 증명은 우리가 이것을 할 때 …이 산출된다는 것을 보여주며, 다른 증명은 우리가 다른 것을 할 때 이 표현이 산출된다는 것을 보여준다.

예를 들어 129가 3으로 나누어질 수 있다는 수학적 사실은, 이 결과가 이 계산에서 산출된다는 것과 독립적인가? 내가 의미하는 것은 이렇다: 이렇게 나눌 수 있다는 사실은 그것이 산출되는 계산법과 독립적인가, 아니면 그것은 이 계산법의 한 사실인가?

다음과 같이 말해졌다고 생각해 보라: "계산함으로써 우리는 수들의 속성을 알게 되었다."

그러나 수들의 속성들은 계산의 외부에 존재하는가?

"두 개의 증명은 나에게 동일한 것을 확신시킬 때 동일한 것을 증명한다."—그리고 그것들은 언제 나에게 동일한 것을 확신시키는가? 그것들이 나에게 동일한 것을 확신시킨다는 것을 나는 어떻게 아는가? 물론 내성(Introspektion)에 의해서는 아니다.

나는 다양한 경로로 이 규칙을 받아들이게 될 수 있다.

59. "모든 증명은 증명된 명제의 진리뿐만 아니라 그렇게 증명될 수 있다는 것도 보여준다."—그러나 후자는 또한 다른 방식으로 증명될 수 있다.—"그렇다. 그러나 그 증명은 어떤 특정한 방식으로 그것을 증명하고, 동시에 이 방식으로 실증될(demonstrieren) 수 있다는 것을 증명한다."—그러나 그것 또한 어떤 다른 증명에 의해서 보여질 수 있다.—"그렇다. 그러나 바로 이 방식으로는 아니다."—

그러나 이는 이를테면 다음을 뜻한다: 이 증명은 어떤 다른 실재에 의해서도 대치될 수 없는 수학적 실재이다; 다른 어떤 것도 우리에게 확신시켜 줄 수 없는 것을 그 증명이 우리에게 확신시켜 줄 수 있다고 말할 수 있다;그리고 이 점을 우리는 우리가 어떤 다른 증명에도 대응시키지 않는 어떤 명제를 그 증명에 대응시킴으로써 표현할 수 있다.

60. 그러나 나는 어떤 엉성한 오류를 범하고 있지 않은가? 산술의 명제들과 러셀의 논리학의 명제들에 본질적인 것이란 바로 상이한 증명들이 그 명제들에로 도달한다는 것이다. 심지어 무한하게 많은 증명들이 그것들 중 어느 것에라도 도달한다는 것이다.

93 각각의 증명이 오직 그것만이 확신시켜 줄 수 있는 어떤 것을 우리에게 확신시켜 준다고 말하는 것은 옳은가? 그렇게 되면—말하자면—증명된 명제는 군더더기가 되어 버리고, 증명 자체는 또한 증명된 것이 되어 버리지 않을까?

증명은 오직 증명된 명제만을 나에게 확신시켜 주는가?

다음은 무엇을 뜻하는가?: "증명은 어떤 다른 것에 의해서도 대치될 수 없는 수학적 실재이다." 그것은 확실히 각각의 모든 증명이 다른 어떤 것도 가질 수 없는 유용성을 가지고 있다는 점을 뜻한다. 다음과 같이 말할 수도 있을 것이다: "—모든 증명은, 이미 증명된 명제의 증명과 함께 수학에 대한 하나의 기여라는 점을 뜻한다." 그러나 만일 그 명제를 증명하는 것이 단지 문제라면 왜 그것은 하나의 기여인가? 자, 우리는 다음과 같이 말할 수 있다: "새로운 증명은 어떤 새로운 연관을 보여준다(또는 만든다)." (그러나 그렇다면 이 연관이 존재한다고 말하는 수학적 명제는 존재하지 않는가?)

새로운 증명을 볼 때 우리는 무엇을 배우는가?—우리가 이미 알고 있는 명제는 별도로 할 때. 우리는 수학적 명제에서 표현될 수 없는 어떤 것을 배우는가?

·175·

61. 한 수학적 명제의 적용은 어느 정도로 그 명제의 증명으로서 간주되는 것과 그렇지 않은 것에 의존하는가?

나는 확실히 다음과 같이 말할 수 있다: 만일 명제 '137×373=46792'가 일상적 의미에서 참이라면, 이 등식의 양변이 양끝에 있는 어떤 곱셈 도형이 있어야만 한다. 그리고 곱셈 도형은 어떤 규칙들을 만족시키는 한 견본이다.

나는 다음과 같이 말하고 싶다: 만일 내가 그 곱셈 도형을 그 명제에 대한 한 증명으로서 받아들이지 않는다면, 그와 더불어 곱셈 도형에 대한 그 명제의 적용은 중지되어 버린다.

62. 두 증명이 동일한 명제 기호에서 만난다는(treffen) 것으로 충분하지 않음을 기억하자! 왜냐하면 이 기호가 두 번 다 동일한 것을 말한다는 것을 우리는 어떻게 아는가? 이것은 다른 연관들보다 선행해야만 한다.

63. 음악과 수학에서의 어떤 옳은(설득력 있는) 이행의 정확한 대응.

64. 내가 어떤 사람에게 "명제 …의 증명을 발견하라"는 문제를 냈다고 하자. —그 해답은 확실히 그가 어떤 기호들을 나에게 보이는 것이 될 것이다. 좋다: 이 기호들은 어떤 조건들을 만족시켜야만 하는가? 그것들은 그 명제의 증명이어야만 한다—그러나 그것은 가령 어떤 한 기하학적인 조건인가? 또는 어떤 심리적인 조건? 때때로 그것은 기하학
94 적인 조건이라고 불릴 수도 있을 것이다; 증명의 수단이 이미 규정되고
어떤 특정한 배열만이 찾아지는 곳에서는.

65. 수학의 명제들은 우리 인간들이 어떻게 추론하고 계산하는지를 말해 주는 인류학적 명제인가? —법전은 이 나라 사람들이 어떻게 도

둑 등을 다루는지를 말해 주는 인류학적 저작인가?——다음과 같이 말할 수도 있을까?: "재판관이 인류학에 관한 어떤 책을 참조하고 그로부터 그 도둑을 징역형으로 판결내린다." 자, 재판관은 그 법전을 인류학의 편람으로 사용하지 않는다.

66. 예언은 어떤 사람이 변형을 해냄에 있어서 이 규칙을 따를 때 이것이 산출되리라는 것으로 되어 있지 않다—오히려 어떤 사람이 그 규칙을 따른다고 우리가 말할 때, 그가 그것을 산출시키리라는 것으로 되어 있다.

수학적 명제들이 다음의 의미에서 예언이라고 말한다면 어떻게 되는가?: 즉 이 기술(Technik)을 배운 어떤 공동체의 구성원이 그 공동체의 나머지 구성원들과 일치해서 산출하게 될 것을 예측한다는 의미에서. 따라서 '25×25=625'는, 만일 사람들이 곱셈의 규칙들에 따르고 있다고 우리가 판단한다면, 그들이 곱셈 25×25에서 625라는 결과에 도달하리라는 것을 뜻한다.—이것이 옳은 예측이라는 점은 의심할 여지가 없다;그리고 계산의 본질이 그러한 예측에 기초하고 있다는 점도 마찬가지이다. 다시 말해 만일 우리가 확신을 지니고 그러한 예언을 할 수 없다면, 우리는 어떤 것을 '계산하기'라고 부르지 않게 될 것이다. 이는 참으로 다음을 뜻한다:즉 계산은 기술이다. 그리고 우리가 말했던 것은 기술의 본질에 속한다.

67. 계산에 본질적으로 이러한 합의(Consensus)가 속하며 이 점은 확실하다. 즉:우리의 계산이라는 현상에 이러한 합의가 속한다.

계산 기술에 있어서 예언은 가능해야 한다.

그리고 이 점이 계산 기술을 장기와 같은 놀이의 기술과 비슷하게 만든다.

그러나 그 합의에 관해서는 어떠한가? —이는 한 사람이 홀로 계산할 수 없을 것임을 뜻하지 않는가? 자, 한 인간은 여하튼 일생에 단 한 번만 계산할 수는 없을 것이다.

다음과 같이 말할 수도 있을 것이다: 장기에서 가능한 모든 포진들(Spielstellungen)은, 그것들이(그것들 자체가) 가능한 포진들이라고 말하는 명제들로 파악될 수 있다; 또는 그 사람들이 규칙에 맞다고 일치해서 말하는 수순들에 의해 이 포진들(Stellungen)에로 도달할 수 있을 것
95 이라는 예언들로도 파악될 수 있다. 그렇다면 그렇게 도달된 한 포진은 이러한 종류의 증명된 명제이다.

"계산은 실험이다."——계산은 실험일 수 있다. 선생은 학생이 계산할 수 있는지를 보기 위해 어떤 계산을 하게 한다; 이것은 하나의 실험이다.

아침에 난로에 불을 붙이면, 이는 실험인가? 그러나 이는 하나의 실험일 수도 있을 것이다.

따라서 마찬가지로 장기 수순은 증명이 아니며, 장기 포진(Schachstellungen)은 명제가 아니다. 그리고 수학적 명제들은 어떤 놀이 배치(Spielstellungen)가 아니다. 그리고 마찬가지로 그것들은 예언도 아니다.

68. 만일 계산이 실험이라면, 계산에서의 오류란 무엇인가? 실험에서의 오류인가? 확실히 그렇지 않다; 만일 내가 실험의 조건들을 관찰하지 않았다면, 그리하여 내가 어떤 사람에게 가령 지독한 소음 속에서 계산하게 했다면, 이는 실험에서의 오류로 되었을 것이다.

그러나 왜 나는 다음과 같이 말해서는 안 되는가?: 계산의 오류는 결코 실험에서의 오류가 아니지만, 그래도 그것은—때로는 설명 가능하지만 때로는 설명 불가능한—실험의 실책이라고.

69. "계산, 예컨대 곱셈은 하나의 실험이다: 우리는 무엇이 산출될지를 알지 못하며, 곱셈이 끝나고 나서야 알게 된다."—확실히 그렇다; 또한 우리는 산책을 나갈 때 5분 후에 우리가 어느 지점에 있게 될지 알지 못한다—그러나 그 때문에 산책은 실험인가? —좋다; 그러나 계산에서 무엇이 산출될지 나는 확실히 처음부터 알고 싶었다; 이것이 확실히 나를 흥미롭게 만드는 것이었다. 나는 확실히 그 결과에 호기심을 느낀다. 그러나 내가 말하려고 하는 것으로서가 아니라 내가 말해야 하는 것으로서.

그러나 바로 이 곱셈에 관해서 당신을 흥미롭게 만드는 것은 어떻게 인간 일반이 계산할 것이냐는 점이 아닌가? 아니다—최소한 통상적으로는 아니다—비록 내가 모든 사람들과의 공통된 일치점으로 서둘러 달려갈지라도.

그러나 계산은 나에게 이 일치점이 어디에 놓여 있는지를 확실히 실험적으로 보여준다. 말하자면 나는 스스로 출발하여 내가 어디에 도달했는지를 본다. 그리고 옳은 곱셈은 우리가 그렇게 처하게 될 때 우리 모두가 어떻게 해나가는지에 대한 그림이다.

경험은 우리 모두가 이 계산을 옳은 것으로 여긴다는 것을 가르친다.

우리는 스스로 출발하여 계산의 결과를 얻는다. 그러나 이제—나는 이렇게 말하고 싶은데—우리를 흥미롭게 하는 것은—가령 이러이러한 조건들 아래서—이 결과를 산출했다는 것이 아니라, 실로 설득력 있
96 는, 말하자면 화음과 같이 울리는 것으로서의, 더구나 실험의 결과로서가 아니라 하나의 행로로서의 경과 그림이다.

우리는 "따라서 그렇게 우리는 나아간다"라고 말하지 않고 "따라서 그렇게 된다"라고 말한다.

70. 우리의 동의는 동일하게 나아간다—그러나 우리는 단지 동의할

것을 예측하기 위해서 이 동일성을 사용하지는 않는다. 대부분의 사람들이 이 공책을 '빨갛다'고 부르리라는 것을 그저 예측하기 위해서 우리가 "이 공책은 빨갛다"라는 명제를 사용하지 않는 것과 마찬가지로.

"그리고 그것이 우리가 '동일하다'라고 부르는 것이다." 만일 우리가 '빨강'이라고 부르는 것 등등에 어떤 일치도 존재하지 않는다면, 언어는 멈추게 될 것이다. 그러나 우리가 '일치'라고 부르는 것에서의 일치에 관해서는 어떠한가?

우리는 언어 혼란의 현상을 기술할 수 있다; 그러나 우리에게 무엇이 언어 혼란의 징표인가? 반드시 행위에 있어서의 소동과 혼란이라고는 할 수 없다. 오히려: 사람들이 이야기할 때 내가 알아듣지 못하는 것, 그들과 일치하여 반응할 수 없다는 것.

"나에게 [illegible] 언어 놀이가 아니다." 그러나 이 경우에 나는 또한 다음과 같이 말할 수도 있을 것이다: 비록 심지어 그들의 행위에 발소리가 수반되고, 내가 그들의 행위에 '혼란되었다고' 부를 수 없더라도, 그들은 전혀 언어를 가지고 있지 않다. —그러나 아마도 만일 그들이 그 소리들을 발화하지 못하게 된다면, 그들의 행위는 혼란에 빠질 것이다.

[illegible] 다음과 같이 말할 수도 있을 것이다: 증명은 상호 이해(Verständigung, 의사 [illegible])에 기여한다. 실험은 그것[상호 이해]을 전제한다.

또는: 수학적 증명은 우리의 언어를 형성한다.

그러나 다른 사람들의 증명에 대해서 우리가 어떤 수학적 증명을 사용해서 과학적 예측을 할 수 있다는 것은 변함없이 남는다. —

만일 어떤 사람이 나에게 "이 책의 색깔은 무엇인가?"라고 묻는다면 나는 "그것은 초록색이다"라고 대답한다—나는 똑같이 다음과 같은 대답을 제시할 수 없었을까?: "한국어를 말하는 사람 일반은 그것을 '초록'이라고 부른다"라고.

그 다음에 그는 "그리고 당신은 그것을 무엇이라고 부르는가?"라고 물을 수도 없었을까? 왜냐하면 그는 나의 반응을 보고 싶어했기 때문에.

'경험주의의 제한계'*

72. 그러나 조건화된 계산 반응(Rechenreflexen)에 관한 과학(Wissenschaft)이 존재한다. —그것은 수학인가? 그 학문(Wissenschaft)은 실험에 의존할 것이다: 그리고 이 실험들은 계산이 될 것이다. 그러나 이 과학이 아주 정확하게 되고 결국 '수학적' 과학이 된다고 하면?

97 이제 이 실험들의 결과는 인간이 그들의 계산에서 일치한다거나 또는 그들이 '일치한다'라고 부르는 것에서 일치한다는 것인가? 등등.

다음과 같이 말할 수도 있을 것이다: 만일 우리가 일치라는 생각에 관하여 일치하지 않는다면, 학문은 기능하지 않게 될 것이다.

우리가 인류학의 연구에 수학적 저작을 사용할 수 있다는 점은 명확하다. 그러나 그렇다면 한 가지는 명확하지 않다: —즉 우리가 "이 저서는 어떻게 이 사람들이 기호들로 조작했는지를 우리에게 보여준다"라고 말해야 하는지, 아니면 "이 저서는 이 사람들이 수학의 어떤 부분에 통달했는지를 우리에게 보여준다"라고 말해야 하는지.

73. 어떤 곱셈의 끝에 도달했을 때 "따라서 나는 그것에 동의한다! —"라고 나는 말할 수 있는가? —그러나 나는 곱셈의 한 단계에서 그렇게 말할 수 있는가? 가령 단계 '2×3=6'에서? 내가 이 종이를 보면서 "따라서 나는 그것을 '하양'이라고 부른다"라고 말할 수 없는 것과 마찬가지 아닌가?

* 아마도 러셀의 논문 "The Limits of Empiricism"을 가리키는 것 같다. Proceedings of the Aristotelian Society, 1935~1936—편집자 주(증보판).

나에게는 만일 어떤 사람이 다음과 같이 말한다면 비슷한 경우가 될 것처럼 보인다: "내가 오늘 했던 것을 회상할 때, 나는 (나 자신이 착수한) 하나의 실험을 하고 있는 것이다. 그리고 그때 떠오른 기억은, 나를 보았던 다른 사람들이 내가 무엇을 했느냐는 물음에 뭐라고 대답할 것인지를 나에게 보여주는 데 기여한다."

만일 빈번하게 다음과 같은 일이 일어난다면 어떻게 될 것인가?: 즉 우리는 어떤 계산을 하고 그것이 옳음을 알게 된다; 그러고 나서 그것을 검산하고 그것이 옳지 않다는 것을 알게 된다; 우리는 이전에 무엇인가를 지나쳐 버렸다고 믿는다—우리가 그것을 다시 검산할 때, 우리의 두번째 계산은 옳지 않은 것처럼 보인다. 등등.

나는 이제 이것을 계산이라고 불러야 할까, 그러지 않아야 할까?—어쨌든 그는 다음 번에 다시 거기에 착륙하리라는 예측을 위해 이 계산을 사용할 수 없다.—그러나 다음 번에 그가 다시 그렇게 계산하지 않았기 때문에 이번에 잘못 계산했다고 나는 말할 수 있을까? 나는 다음과 같이 말할 수 있을 것이다: 이런 불확실성이 존재하는 곳에는 어떤 계산도 존재하지 않으리라고.

그러나 다른 한편으로 나는 다시 말한다: "사람들이 어떻게 계산하느냐 하는 것—바로 그것이 옳은 것이다." '12×12=144'에서 어떤 계산의 오류도 있을 수 없다. 왜? 이 명제는 규칙 사이에 자리를 잡았다.

그러나 '12×12=144'는 144가 산출되게끔 12×12를 계산하는 것이 모든 사람에게 자연스럽다는 언명인가?

74. 내가 올바르게 계산했다는 것을 확신하기 위하여 여러 번 검산한다면, 또 그러고 나서 그것을 옳다고 받아들인다면—나는 다음 번에도 동일하게 나아가리라는 것을 확신하기 위하여 어떤 실험을 반복한 것
98 아닌가?—그러나 왜 세 번의 검산이 네번째에도 내가 똑같이 나아가리라는 것을 나에게 확신시켜 주어야 할까?—나는 이렇게 말하게 될

것이다: 나는 '아무것도 지나쳐 버리지 않았다는 것'을 확신하기 위하여 검산했다.

나는 이렇게 믿는데 여기에서 위험한 것은 정당화라는 것이 전혀 없고, 그래서 단지 우리는 그렇게 한다라고 말해야 하는 우리의 과정에 대해서 어떤 정당화를 부여하는 것이다.

어떤 사람이 '항상 동일한 결과와 함께' 반복해서 어떤 실험을 해나간다면, 그는 그가 무엇을 '동일한 결과'라고 부르는지를 말해 주는, 그래서 어떻게 그가 "동일한"이라는 낱말을 사용하는지를 말해 주는 어떤한 실험을 동시에 수행한 것인가? 인치자로 탁자를 재는 사람은 또한 그 인치자를 재고 있는 것인가? 만일 그 사람이 그 인치자를 재고 있는 것이라면, 그 사람은 그와 더불어 그 탁자를 잴 수 없다.

내가 다음과 같이 말한다면 어떻게 되는가?: "어떤 사람이 인치자로 탁자를 잰다면, 그는 다른 모든 인치자들로 이 탁자를 잴 때 무엇이 산출될지를 그에게 말해 주는 실험을 하고 있는 것이다." 하나의 인치자로 행해진 측정으로부터 다른 인치자들로 측정할 때 무엇이 산출될지를 예측할 수 있다는 것은 전혀 의심의 여지가 없다. 게다가 만일 그렇게 할 수 없다면—우리의 측정 체계는 모두 붕괴되어 버릴 것이다.

이렇게 말할 수도 있을텐데 만일 인치자들이 일반적으로 일치하지 않는다면 어떤 인치자도 옳지 않을 것이다. —그러나 그렇게 말할 때 나는 그렇게 되면 그것들이 모두 그르게 될 것임을 의미하고 있지 않다.

75. 계산은 만일 혼란이 일어난다면 그 의의(Witz)를 상실하게 될 것이다. "초록"과 "파랑"이라는 낱말의 사용이 그 의의를 상실하게 될 것처럼. 그럼에도 한 계산 명제(Rechensatz)가 어떤 혼란도 일어나지 않을 것이라고 말하고 있다고 말하는 것은 무의미한 것처럼 보인다. —만일 혼란이 일어난다면, 그 해결은 단순히 계산 명제가 거짓이 아니라 쓸모없게 될 것이라는 것인가?

자와 측정에서 혼란이 일어나도 이 방의 길이는 16피트이다라는 명제는 거짓이 되지 않는 것처럼. 그것의 진리가 아니라 그것의 의미는 규칙적인 측정 과정에 기초하고 있다. (그러나 여기에서 교설적으로 되지 말라. 그 고찰을 곤란하게 만드는 통로들이 존재한다.)

내가 다음과 같이 말한다고 가정하자. 하나의 계산 명제는 어떤 혼란도 일어나지 않으리라는 자신감을 표현한다. —

그렇게 되면 모든 낱말들의 사용은 어떤 혼란도 일어나지 않으리라는 자신감을 표현한다.

그렇지만 우리는 "초록"이라는 낱말의 사용이 어떤 혼란도 일어나지 않을 것이라는 점을 의미한다고는 말할 수 없다—왜냐하면 그렇게 되
99 면 "혼란"이라는 낱말의 사용은 이 낱말에 대해서 바로 동일한 것을 다시 주장해야만 할 것이기 때문에.

만일 '25×25=625'가 이 명제로 끝나는 경로를 취하는 데서 우리가 항상 쉽게 동의할 수 있게 될 것이라는 자신감을 표현하다면—어떻게 이 명제는 그것의 사용에 대해서 우리가 항상 동의할 수 있게 될 것이라는 다른 자신감을 표현하지 않는가?

우리는 그 두 개의 명제들로 동일한 언어 놀이를 하지 않는다.

또는 우리는 여기에 있는 색깔과 동일한 색깔을 저기에서 보게 될 것이라고 똑같이 자신할 수 있는가? —그리고 또한: 만일 그 색깔이 동일하다면, 우리에게 그것은 동일하다고 부르는 경향이 있다는 것도?

나는 이렇게 말하고 싶다: 수학은 그 자체로 항상 척도이지 측정된 것이 아니다.

76. 계산의 개념은 혼란을 배제한다. —어떤 사람이 어떤 곱셈에서 매번 상이한 것을 산출시키고, 이를 보면서도 제대로 되어 있다고 생각

한다면?—그러나 그렇게 되면 확실히 그는 우리와 똑같은 목적으로 그 곱셈을 사용할 수 없을 것이다!—왜 그런가? 그렇게 함으로써 그가 반드시 일을 그릇칠 것이라고 말할 아무런 근거도 없다.

계산을 실험으로 파악하는 것은 유일한 실재론적인 파악으로서 우리에게 쉽게 떠오른다.

우리가 생각하기에 그 외의 모든 것은 허튼 소리이다. 실험 속에서 우리는 뭔가 만질 수 있는 것을 갖게 된다. 그것은 사람들이 다음과 같이 말할 때와 거의 흡사하다: "시를 쓸 때 시인은 어떤 심리학적인 실험을 하고 있는 것이다. 하나의 시가 어떤 가치를 지닐 수 있다는 것은 오직 그렇게 설명되어야 한다." 사람들은 '실험'의 본질을 오인하고 있다.—우리가 어떤 절차의 끝을 알고자 열중할 때마다 그 절차가 우리가 "실험"이라고 부르는 것이라고 믿으면서.

계산이 결코 실험이 아니라고 말한다면, 이는 몽매한 생각(Obskurantismus)처럼 보인다. 그리고 수학이 기호들을 다루지 않는다거나, 또는 고통이 행위의 한 형식이 아니라는 확언(Feststellung)도 마찬가지이다. 그러나 이는 단지 우리가 모두 만질 수 있는 것들과 함께 병행해서 만질 수 없는 즉 그림자 같은 대상의 존재를 주장하고 있다고 사람들이 믿기 때문일 뿐이다. 반면에 우리는 단지 말의 상이한 사용 방식을 지적하고 있을 뿐이다.

그것은 사람들이 다음과 같이 말할 때와 거의 흡사하다: '파랑'은 어떤 파란 대상을 지칭해야만 한다——그렇지 않다면 우리는 그 낱말의 목적을 이해할 수 없을 것이다.

77. 나는 한 놀이를 발명했다—그리고 먼저 시작하는 사람이 항상 이길 수 밖에 없음을 깨달았다: 따라서 그것은 놀이가 아니다. 나는 그것을 바꾼다; 이제 그것은 제대로 되었다.

100 나는 실험을 했는가? 그리고 그 결과란 먼저 시작하는 사람이 항상 이긴다는 것인가? 또는: 우리에게 이것이 일어나게끔 놀이를 하는 경향이 있다는 것인가? 아니다. ——그러나 그 결과를 당신은 확실히 기대하지 않았을 것이다! 물론 그렇다; 그러나 그 점이 그 놀이를 실험으로 만들지는 않는다.

그러나 항상 그와 같이 되어야만 한다는 것이 어째서 그런지를 알지 못한다는 것은 무엇을 의미하는가? 글쎄, 규칙 때문에 그렇다. —나는 제대로 된 놀이를 얻기 위해서 그 규칙들을 어떻게 바꾸어야 하는지 알고 싶다. —그러나 당신은 그것들을 예컨대 완전히 바꿀 수 있다—그래서 이 놀이 대신에 완전히 다른 놀이를 제시할 수 있다. —그러나 그것은 내가 원하는 것이 아니다. 나는 그 규칙들 전체를 대부분 보존하고, 단지 어떤 오류만을 제거하기를 원한다. —그러나 그것은 모호하다. 이제는 무엇이 이 오류로 간주되어야 할지가 단지 명확하지 않다.

이는 어떤 사람이 다음과 같이 말할 때와 흡사하다: 이 음악 작품에서 오류란 무엇인가? 그것은 악기들에 잘 맞지 않는다. —이제 그 오류는 악기 편성법에서 찾아야만 하는 것은 아니며, 주제에서 찾을 수도 있을 것이다.

그러나 그 놀이가 먼저 시작하는 사람의 어떤 특정한 단순한 수법에 의해서 항상 이길 수 있는 것이라고 가정하자. 그런데도 사람들이 이것을 아직 깨닫지 못했다고 하자;—따라서 그것은 놀이이다. 이제 어떤 사람이 그것에 우리의 주의를 환기시킨다;—그러면 그것은 놀이이기를 멈춘다.

나에게 명확하게 되는 것을 나는 어떻게 바꿀 수 있다는 말인가? —요컨대 나는 "그러면 이제 우리는 그것이 놀이가 아니었다는 것을 알게 된다"가 아니라, "그러면 그것은 놀이이기를 멈춘다"라고 말하고 싶다.

나는 이렇게 말하고 싶은데 그 말이 의미하는 것은 또한 다음과 같이

파악될 수 있다: 즉 그 사람은 우리로 하여금 어떤 것에 주의하게끔 하지 않았으며, 오히려 그는 우리의 놀이 대신에 어떤 다른 놀이를 가르쳐 주었다. ——그러나 어떻게 새로운 놀이가 그 이전의 놀이를 폐기시킬 수 있었는가? —이제 우리는 어떤 다른 것을 보고 있고, 이제 더 이상 소박하게 계속 놀이를 할 수 없다.

한편으로 그 놀이는 판 위에서의 우리의 행동들(놀이 행동들)로 성립한다; 그리고 이 놀이 행동들을 나는 이전과 마찬가지로 지금 잘 수행할 수도 있을 것이다. 그러나 다른 한편으로 내가 맹목적으로 이기려고 애썼다는 것은 확실히 그 놀이에 본질적인 것이었다; 그리고 이제 나는 그것을 더 이상 할 수 없다.

78. 사람들이 원래 사칙 연산을 일상적인 방식으로 숙달했다고 가정해 보자. 그러고 나서 그들은 괄호 표현들로 계산하기 시작했는데, 그 중에는 $(a-a)$ 형식의 표현도 있었다. 그들은 이제 예컨대 곱셈이 다의적으로 된다는 것을 알게 되었다. 이 점이 그들을 반드시 혼란에 빠지게 할까? 그들은 "이제 산술의 지반(Grund)이 흔들리는 것처럼 보인다"라고 말해야만 할까?

101 그리고 만일 그들이 이제 무모순성의 증명을 요구한다면, 왜냐하면 그렇지 않으면 그들이 모든 단계에서 곤경에 빠질 위험에 처하게 될 것이므로——그들은 무엇을 요구하고 있는가? 자, 그들은 어떤 질서를 요구하고 있다. 그러나 전에는 어떤 질서도 없었는가? —글쎄, 그들은 이제 그들을 진정시켜 줄 어떤 질서를 요구하고 있다. —그러나 그들은 어린 아이와 같아서 그저 자장가를 불러 주어야 하는가?

자, 그 곱셈은 확실히 그것의 다의성으로 인해 실제로 사용 불가능하게 될 것이다—즉: 이전의 정상적인 목적에는. 곱셈들에 기초했던 예측들은 더 이상 적중되지 않을 것이다. —(만일 내가 50×50의 오열伍列로 정렬될 수 있는 군인이 1열로 서면 얼마나 길지를 예측하고자 한다면, 나는 항상 잘못된 결과들에 도달하게 될 것이다.)

따라서 이 종류의 계산은 잘못된 것인가? —자, 그것은 이 목적들에는 사용 불가능하다. (아마도 다른 목적에는 사용 가능하다.) 그것은 내가 한때 곱하기 대신에 나누기를 한 것과 같지 않은가? (실제로 이것이 일어날 수 있는 것처럼.)

다음은 무엇을 의미하는가? "당신은 여기에서 곱하기를 해야 한다; 나누기가 아니다!"—

이제 일상적인 곱셈이 올바른 놀이라면, 미끄러지는 것은 불가능한가? 그리고 $(a-a)$로 하는 계산이 전혀 올바른 놀이가 아니라면—미끄러지지 않는 것은 불가능한가?

(설명이 아니라 기술하는 것, 이것이 우리가 하고자 하는 것이다!)

자, 우리가 우리의 계산법에 대해서 훤하게 다 알고 있지(auskennen) 못하다는 것은 어떠한가?

우리는 심연 사이로 나 있는 길을 따라 꿈에 잠긴 채 걸었다. —그러나 비록 우리가 이제 "지금 우리는 깨어 있다"라고 말한다 할지라도—우리가 어느 날 깨어나지 않으리라는 것을 확신할 수 있는가? (그러고 나서 우리는 말한다:—따라서 우리는 다시 잠들었다.)

우리가 보지 못하는 심연이란 이제 없다고 우리는 확신할 수 있는가?

그러나 내가 다음과 같이 말한다면?: 내가 어떤 한 계산 체계에서 심연을 보지 못한다면, 거기에는 심연이란 없다!

어떤 악마도 지금 우리를 기만하고 있지 않은가? 글쎄, 만일 그러고 있다면—이는 아무런 문제도 되지 않는다. 모르는 게 약이다.

3으로 나눌 때 나는 때때로 다음과 같이 한다.

그렇지만 때때로 다음과 같이 하기도 한다.

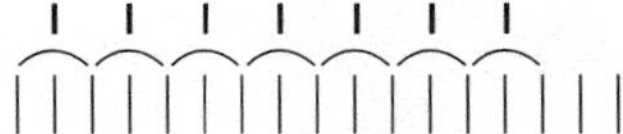

그리고 내가 이를 알아차리지 못한다고 가정해 보자. ―그러고 나서 어떤 사람이 나에게 그것에 주의하도록 한다.

102 한 오류에? 무조건 그것은 오류인가? 그리고 어떤 상황에서 우리는 그것을 오류라고 부르는가?

79. $\left.\begin{array}{l}\sim f(f) = \phi(f) \text{ Def.} \\ \quad\therefore \\ \phi(\phi) = \sim \phi(\phi)\end{array}\right\}$

명제 '$\phi(\phi)$'와 '$\sim \phi(\phi)$'는 한때는 동일한 것을 말하고 한때는 반대되는 것을 말하고 있는 것처럼 보인다. 우리가 그것을 바라보고 있는 바에 따르면, 명제 '$\phi(\phi)$'는 한때는 $\sim \phi(\phi)$를 말하고, 한때는 그 반대를 말하고 있는 것처럼 보인다. 더욱이 우리는 그것을 한때는 다음과 같은 대입의 결과물로 보고,

$$\phi(f) \left| \begin{array}{l} f \\ \phi \end{array}\right.$$

다른 때에는 다음으로 본다.

$$f(f) \,\Big|\, \begin{matrix} f \\ \phi \end{matrix}$$

우리는 다음과 같이 말하고 싶어한다: "'이논리적'(heterologisch)은 이논리적이지 않다. 따라서 그 정의에 따라 '이논리적'이라고 부를 수 있다."* 그리고 이는 전적으로 옳은 말로 들리고, 전적으로 순조롭게 나아가며, 그 모순이 우리에게 전혀 떠오를 필요는 없다. 만일 우리가 그 모순에 주의하게 되면, 우리는 처음에는 ξ는 이논리적이다라는 언명으로 두 경우에 동일한 것을 의미하고 있지 않다고 말하고 싶어한다. 그것을 한번은 축약되지 않은 언명이라고 하고, 또 한번은 정의에 따라 축약된 언명이라고 하고.

그러고 나서 우리는 '$\sim\phi(\phi)=\phi_1(\phi)$'라고 말함으로써 그 문제(Sache)로부터 빠져 나오고 싶어한다. 그러나 왜 우리는 그렇게 우리 자신에게 거짓말을 해야 하는가? 여기에서는 실제로 반대되는 두 경로가 동일한 것에로 나아가고 있다.

또는:—이 경우에 '$\sim\phi(\phi)$'라고 말하는 것은 '$\phi(\phi)$'라고 말하는 것과 똑같이 자연스럽다.

규칙에 따라서, C가 점 A의 오른쪽에 놓여 있다고 말하는 것은, 왼쪽에 놓여 있다고 말하는 것과 똑같이 자연스러운 표현이다.

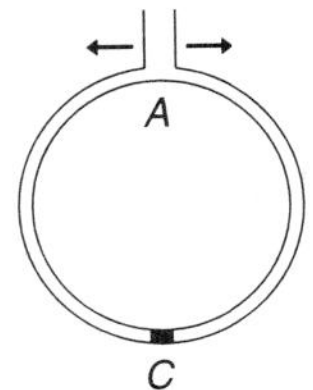

* 이른바 "그렐링의 역설"(Grelling's Paradox)이라고 불리는 것이다. 제 5부 21절 참조—옮긴이 주.

다음의 규칙—즉 화살표의 방향으로 시작되는 길이 어떤 지점에 이를 때, 그 지점이 그 화살표 방향에 놓여 있다고 말하는 규칙에 따르면 말이다.

언어 놀이의 관점에서 그것을 바라보자.—

우리는 원래 곧게 뻗은 길로만 하는 놀이를 했었다.——

103 80. 가령 다음과 같이 상상할 수도 있을까? 즉 내가 파랑을 볼 때 이는 내가 보는 대상이 파랗지 않다는 것을 의미하고—나에게 나타나 보이는 색깔이 항상 배제되는 색깔로서 간주된다고. 예컨대 신이 이 색깔이 아니다라고 말하기 위해서 어떤 색깔을 항상 나에게 보여주고 있다고 나는 믿을 수도 있을 것이다.

또는 다음과 같이 나아간다: 내가 보는 색깔은 이 색깔이 그 대상을 기술하는 데 있어서 어떤 역할을 한다고 그저 나에게 말해 준다. 그것은 어떤 명제가 아니라 낱말 "파랑"에만 대응된다. 그리고 그 대상의 기술은 따라서 "그것은 파랗다"와 "그것은 파랗지 않다"를 둘 다 똑같이 뜻할 수 있다. 그러면 사람들은 말한다: 눈(目)은 단지 파랑만을 나에게 보여줄 뿐이며, 이 파랑의 역할을 보여주는 것은 아니다.—우리는 문장의 나머지를 듣지 않았을 때, 색깔을 보는 것과 "파랑"이라는 낱말을 듣는 것을 비교한다.

나는 다음을 보이고 싶다: 즉 사람들은 어떤 것이 파랗다는 것을 그것이 파랗다고 말하는 것, 그리고 그것이 파랗지 않다고 말하는 것, 둘 다에 의해 기술하고자 하는 데로 이끌릴 수도 있다는 것을.

따라서 '*p*'와 '~*p*'가 동일한 의미를 지니게끔 투사 방법을 바꾸는 것은 우리 손에 달려 있다는 것을. 그렇지만 만일 내가 어떤 새로운 것을 부정으로서 도입하지 않는다면, 그로 인해서 그것들은 그 동일한 의미를 잃게 된다.

이제 한 언어 놀이는 어떤 모순에 의해서 그것의 의미(Sinn)를, 언어 놀이의 성격을 잃어 버릴 수 있다.

그리고 여기에서 그 소리들이 어떤 효과를 지녀야만 한다고 말하는 것에 의해 이 성격이 기술되지 않는다고 말하는 것은 중요하다. 왜냐하면 언어 놀이(2)[2]는 만일 그 미장이가 4가지 명령 대신에 다른 소리들을 계속 발화한다면, 언어 놀이의 성격을 상실하게 될 것이기 때문이다: 설령 그 조수가 벽돌을 나르도록 움직이게 한 것은 항상 이 소리들이라는 점이 가령 심리학적으로 보여질 수도 있을지라도.

여기에서도 언어 놀이에 대한 고찰은 물론 언어 놀이가 계속 기능한다는 점에서 그 중요성을 지닌다고 말할 수도 있을 것이다. 따라서 인간이 소리들에 그렇게 반응하게끔 훈련될 수 있다는 점에 그 중요성이 놓여 있다고도.

이 점과, 한 계산이 계산 경위를 예측할 목적으로 행해진 실험인가 하는 물음은 관련이 있는 것으로 내게는 보인다. 왜냐하면 다음을 가정해 보면 그렇지 않은가? 즉 사람들은 어떤 계산을 수행했고, 그러그러하게 많은 횟수로 이미 그 계산을 했다는 것에 의해서 상황이 그 다음 번에는 이미 바뀌었기 때문에, 그 다음 번에는 달리 계산할 것이라고—옳게—예측했다고 가정하면.

계산은 우리가 계산으로부터 알게 된 현상이다. 언어가 우리의 언어로부터 알게 된 현상인 것처럼.

104 우리는 '모순은 만일 봉합될 수 있다면 해롭지 않다'라고 말할 수 있는가? 그러나 무엇이 우리가 그것을 봉합하지 못하게 가로막는가? 계산 체계에서 우리가 훤하게 다 알고 있지 않다는 것이. 따라서 그것이 해로운 것이다. 그리고 바로 이것이 사람들이 '모순은 우리의 계산 체계에 뭔가 이상이 있음을 암시한다. 그것은 단지 몸 전체의 어떤 질병의

---

2) *Philosophische Untersuchungen*, § 2—편집자 주.

지엽적인 징후일 뿐이다'라고 말할 때 의미하는 것이다. 그러나 그 신체는 우리가 훤하게 다 알고 있지 못할 때 그저 아플 뿐이다.

계산 체계는 어떤 비밀스러운 질병을 가지고 있다는 말은 다음을 뜻한다: 우리가 지니게 된 것은 있는 그대로는 전혀 계산 체계가 아니며, 우리는 훤하게 다 알고 있지는 않다는 것이다—즉 우리가 이 사이비 계산 체계에 '본질적으로' 대응하고, 그 안에서 잘못된 것만을 배제시키는 어떤 계산 체계도 제시할 수 없다는 것이다.

그러나 계산 체계에서 훤하게 다 알고 있지 못하다는 것은 어떻게 가능한가? 도대체 그것은 우리에게 공개되어 있지 않은가?!

우리가 프레게의 계산 체계와 더불어 그 안에서의 모순을 배웠다고 상상해 보자. 그러나 사람들은 이것을 질병과 같은 것으로 간주하지 않는다. 오히려 그것은 계산 체계에서 받아들여진 부분이고, 그것으로 계산이 이루어진다. (그 계산은 논리 계산의 일상적인 목적에 기여하지 않는다.)—이제 그 모순이 전적으로 예우받는 부분인 이 계산 체계를, 이 모순이 존재하지 않아야 하는 다른 계산 체계로 바꾸는 과제가 설정된다. 왜냐하면 모순을 바람직하지 않은 것으로 만드려는 목적으로 사람들은 그 계산 체계를 이제 사용하고자 하기 때문이다.—이것은 무슨 종류의 과제인가? 그리고 만일 우리가 "우리는 이 조건을 만족시키는 계산 체계를 아직 찾지 못했다"라고 말한다면, 이는 어떤 종류의 무능인가?

"나는 그 계산 체계에서 훤하게 다 알고 있는 것은 아니다"라고 내가 말할 때—나는 어떤 정신적 상태가 아니라, 어떤 것을 하는 데 있어서의 무능을 의미하고 있다.

어떤 철학적 문제를 명료하게 하기 위해서 역사적인 발전 과정, 예컨대 수학에 있어서의 그 발전 과정을 실제와는 전적으로 다르게 상상해 보는 것은 종종 아주 유익하다. 만일 그 과정이 달랐다면, 아무도 사람들이 실제로 말하는 것을 말하려는 생각을 지니지 못했을 것이다.

나는 다음과 같이 뭔가를 묻고 싶다: "당신은 계산 체계에서 유용성 때문에 출발하는가? ― 그렇다면 당신은 어떤 모순도 얻지 않는다. 그리고 만일 당신이 유용성 때문에 출발한 것은 아니라면 ― 당신이 어떤 모순을 얻게 되더라도, 결국에는 아무 문제도 되지 않는다."

81. 우리의 과제는 계산 체계를 발견하는 것이 아리라, 현재의 상황을 기술하는 것이다.

자기 자신에게 적용되는 술어라는 따위의 생각은 물론 예들에 의존한다 ― 그러나 이 예들은 실로 어리석은 것들이고, 전혀 철저히 숙고된 것
105 이 아니었다. 그러나 이 말은 그러한 술어들이 사용될 수 없을 것이라고 말하는 것이 아니고, 모순이 그렇게 되면 그 사용을 지니지 않으리라고 말하는 것도 아니다!

내가 의미하는 것은: 만일 사람들이 실로 사용에 시선을 고정시킨다면 '$f(f)$'라고 쓸 생각이 전혀 우리에게 떠오르지 않는다는 것이다. 다른 한편 만일 사람들이 계산 체계에서 그 기호들을 말하자면 전제 없이 사용한다면, 사람들은 또한 '$f(f)$'라고 쓸 수 있으며, 그러고 나서 그 귀결들을 이끌어 내야만 하고, 이 계산 체계의 가능한 실제적 적용에 대해서 아직 암시된 것은 아무것도 없다는 점을 잊지 말아야 한다.

그 물음은 "어디에서 우리가 사용 가능성의 영역을 떠났는가?"인가? ―

우리가 어떤 모순을 산출하고자 했다는 것은 도대체 가능하지 않을까? 우리가 ― 수학적 발견에 대해 자부심을 지닌 채 ― "보라, 그렇게 우리는 모순을 산출시켰다"라고 말하는 것은. 예를 들어 많은 사람들이 논리학의 영역에서 어떤 모순을 산출시키려고 시도했고 마침내 어떤 한 사람이 성공했다는 것은 가능하지 않을까?

·194·

그러나 왜 사람들은 그것을 시도해야 했을까? 글쎄, 나는 아마도 지금 가장 그럴 듯한 목적을 제시할 수 없다. 그러나 예컨대 이 세계의 모든 것이 불확실하다는 것을 보이기 위해 왜 그럴 수 없는가?

그렇다면 이 사람들은 '$f(f)$'의 형식의 표현들을 결코 실제로 사용하지 않게 될 것이만, 그래도 그들은 어떤 모순을 이웃으로 삼은 채 기꺼이 살아갈 것이다.

"부지불식간에 내가 어떤 모순에 이르지 못하게 막아 줄 어떤 한 질서를 나는 보는가?" 이는 내가 다음과 같이 말할 때와 같다: 이 방식으로는 …인 수에 결코 도달할 수 없다는 것을 나에게 확신시켜 주는, 나의 계산 체계에서의 어떤 질서를 나에게 보여주시오. 그러면 나는 그에게 이를테면 회귀적 증명을 보여준다.

그러나 다음과 같이 말하는 것은 잘못된 것인가?: "자, 나는 내 길을 계속 갈 것이다. 만일 내가 어떤 모순을 보게 되면, 이는 뭔가를 할 시간이다."—그것은: 참으로 수학을 하는 것이 아님을 뜻하는가? 왜 그것은 계산하는 것이 아니어야 하는가?! 나는 이 길을 아무 어려움 없이 계속 간다; 만일 절벽에 이르게 된다면, 나는 길을 되돌아가려고 할 것이다. 이것은 '가는' 것이 아닌가?

다음과 같은 경우를 상상해 보자: 어떤 종족의 사람들은 단지 구두 계
산만을 할 수 있다. 그들은 아직 쓰는 법을 알지 못한다. 그들은 아이
들에게 십진법 체계에서 셈을 가르친다. 그들에게는 셈에서 오류가 매
우 빈번하게 일어난다. 숫자들은 그들이 알아차리지 못한 채 반복되거
나 빠뜨려진다. 그런데 한 여행자가 그들의 셈을 축음기로 녹음한다.
그는 그들에게 쓰기와 필기 계산을 가르치고, 그러고 나서 그들이 단지
구두로만 계산할 때 얼마나 자주 잘못 계산하는지를 보여준다.—이 사
106 람들은 이제 이전에는 참으로 계산했던 것이 아니라고 인정해야만 하는
가? 지금은 길을 가고 있지만, 이전에는 단지 손을 더듬거리며 배회했

을 뿐이라고? 그들은 아마도 심지어 다음과 같이 말할 수 없을까?: 즉 이전에는 일이 더 잘 풀렸다, 우리의 직관은 그 죽어 있는 필기 도구로 인해 부담을 느끼지 않았었다, 사람은 기계로 영혼을 붙잡을 수 없다라고? 그들은 가령 다음과 같이 말한다: "만일 우리가 그때 당신의 기계가 주장하듯이 어떤 숫자를 반복했다면—그래도 확실히 그것은 옳았을 것이다."

우리는 우리의 기억보다도 계산이나 셈의 '기계적' 수단을 더 신뢰한다. 왜?—반드시 그래야만 하는가? 나는 잘못 셈했을 수 있지만, 기계는 우리에 의해 일단 그러그러하게 만들어지면 잘못 셈할 수 없다. 나는 이 관점을 수용해야만 하는가?—"그야, 기계로 계산하는 것이 기억에 의한 것보다도 더 신뢰할 만하다고 우리는 경험을 통해 배웠다. 기계로 계산할 때 우리의 삶이 더 순조롭게 나아간다는 것을 우리는 그것으로부터 배웠다." 그러나 그 순조로움이 무조건 우리의 이상이어야만 하는가? (모든 것을 셀로판지로 싸는 것이 우리의 이상이어야만 하는가?)

나는 기억도 신뢰할 수 없고 기계도 신뢰할 수 없을까? 그리고 나는 기계가 더 신뢰할 만하다고 나에게 '그럴싸하게 보여주는' 경험을 불신할 수 없을까?

82. 이 기술(記述)에 대응하는 종류의 곱셈 중에서 받아들여진 결과와 다른 결과를 산출하는 것이 아무것도 없다는 점을 나는 이전에는 확신하지 못했다. 그러나 나의 불확신이 정상적인 종류의 계산으로부터 어느 정도 동떨어질 때 비로소 일어나는 것이라고 가정하자; 그리고 만일 내가 아주 비정상적인 방식으로 계산한다면 나는 바로 모든 것을 다시 숙고해야만 하므로 해로울 것이 없다라고 우리가 말했다고 가정하자. 그러면 이는 전적으로 제대로 된 것 아닐까?

나는 이렇게 묻고 싶다: 무모순성(또는 일의성)의 증명은 그것 없이 지니게 되는 확실성보다도 더 큰 확실성을 무조건 나에게 주어야만 하는가? 그리고 만일 내가 실로 모험하러 떠난다면, 나는 이 증명이 나에게 더 이상 어떤 확실성도 제공하지 않는 곳으로 떠날 수 없는가?

나의 목표는 모순과 무모순성 증명에 대한 태도를 변경시키는 것이다. (이 증명이 중요하지 않은 어떤 것을 나에게 보여준다는 점을 보여주는 것이 아니다. 어떻게 그럴 수 있겠는가!)

만일 예컨대 나에게 가령 미학적인 목적으로 모순을 산출시키는 것이 중요하다면, 나는 이제 주저하지 않고 귀납적인 무모순성 증명을 받아들이고 다음과 같이 말하게 될 것이다: 이 계산 체계에서 어떤 모순을 산출시키려고 하는 것은 가망 없는 일이다; 그렇게 되지 않는다는 것을 그 증명이 보여주고 있다. (화성학 和聲學에서의 증명.) ———

107 83. 다음과 같이 말하는 것은 더 좋은 표현이다: "이 질서(방법)는 이 계산 체계에서 알려지지 않았지만, 저 계산 체계에서는 알려져 있다."

혹자가 "이 질서가 알려지지 않은 계산 체계는 참으로 계산 체계가 아니다"라고 말하면 어떻게 되는가?

(이 질서가 알려져 있지 않은 사무 체계는 참으로 사무 체계가 아니다.)

무질서가 회피되는 것은 — 나는 이렇게 말하고 싶은데 — 실용적인 목적 때문이지 이론적인 목적 때문이 아니다.

어떤 질서는, 사람들이 그것 없이는 일을 그르쳤기 때문에 도입된다 — 또는 그것은 유모차와 전등에 있어서의 유선형과 같이 가령 어떤 다른 곳에서 그 가치가 입증되었고, 그래서 그 양식 또는 그 유행이 이루어졌기 때문에 도입된다.

모순에 대한 기계적 안전 장치라는 생각의 오용(Mißbrauch). 그러나 그 기계 장치의 부속들이 서로 녹아 붙어버리거나 부숴지거나 구부러지면 어떻게 되는가?

84. "무모순성의 증명은 내가 그 계산 체계에 의존할 수 있음을 비로소 보여준다."

비로소 그때에 당신이 그 계산 체계에 의존할 수 있다는 명제는 어떤 종류의 것인가? 그러나 만일 이제 당신이 그 증명 없이 그 계산에 의존한다면 어떻게 되는가!? 어떤 종류의 오류를 범한 것인가?

나는 질서를 도입한다; 나는 말한다: "오직 …인 이 가능성들만 있다." 이는 내가 원소 *A*, *B*, *C*의 가능한 순열들을 확정할 때와 같다: 그 질서가 거기에 있기 전에, 나는 이 집합에 대해 이를테면 안개에 싸인 개념만을 지녔었다. —이제 나는 아무것도 지나치지 않았다고 전적으로 확신하는가? 그 질서는 아무것도 지나쳐 버리지 않기 위한 수단이다. 그러나: 그 계산 체계에서 어떤 가능성도 지나쳐 버리지 않기 위한 수단인가, 아니면 실재에서 어떤 가능성도 지나쳐 버리지 않기 위한 수단인가? —사람들이 결코 달리 계산하기를 원하지 않으리라는 것은 이제 확실한가? 사람들이 우리의 계산 체계를, 우리가 5까지의 수만을 지니고 있는 미개인들의 셈을 바라보는 것과는 결코 똑같이 바라보지 않으리라는 것은? —우리가 실재를 결코 상이하게 바라보기를 결코 원하지 않으리라는 것은? 그러나 그것은 이 질서가 우리에게 주게 될 확실성이 전혀 아니다. 확신되어야 할 것은 계산 체계의 영원한 옳음이 아니라, 말하자면 시간적인 옳음일 뿐이다.

"그래도 이 가능성들을 당신은 의미하고 있다! —아니면 당신은 다른 가능성을 의미하고 있는가?"

그 질서는 이 여섯 가지 가능성들을 지니게 될 때 내가 아무것도 지나쳐 버리지 않았음을 나에게 확신시켜 준다. 그러나 그것은 또한 그러한 가능성들에 대한 나의 현재의 생각을 아무것도 뒤집을 수 없을 것이라고 나에게 확신시켜 주는가?

108 85. 어떤 모순의 구성을 두려워하듯이 7각형의 작도의 가능성을 사람들이 똑같이 두려워하는 것을 나는 상상할 수 있을까? 그리고 7각형의 작도가 불가능하다는 증명이 무모순성의 증명과 같이 진정시키게 하는 어떤 효과를 지니고 있다고 상상할 수 있을까?

(3−3)×2=(3−3)×5에서 도대체 (3−3)으로 약분하려는(또는 그것에 가깝게 하려는) 유혹을 느끼는 것은 어떻게 일어나는가? 규칙에 따라 이 단계가 그럴 듯해 보이는 것은 어떻게 일어나며, 그럼에도 불구하고 여전히 사용될 수 없다는 것은 어떻게 일어나는가?

사람들이 이 상태를 기술하고자 할 때, 그 기술에서 오류를 범하기는 엄청나게 쉽다. (따라서 그것을 기술하기란 매우 어렵다.) 곧바로 입에서 나오는 기술들은 오도적이다—그렇게 이 영역에서 우리의 언어는 정돈되어 있다.

여기에서 사람들은 항상 기술로부터 설명에로 빠져들 것이다.

그것은 대충 다음이었거나 다음과 같아 보인다: 즉 우리가 가령 어떤 계산 기계의 구슬들로 된 계산법을 지니고 있다고 하자; 우리는 그것을 필기 기호로 된 계산법으로 대치시킨다; 이 계산법은 처음의 계산법이 암시하지 않았던 계산 방법에 대한 확장을 우리에게 암시해 준다—또는 아마도 더 낫게 말한다면: 두번째 계산법은 첫번째 계산법에서 지나쳐 버리지 않았을 어떤 차이를 없애 버린다. 만일 이제 이 차이가 만들어졌다는 것이 첫번째 계산법의 의의이고, 두번째에서는 이 차이가 만들어지지 않는다면, 그와 함께 후자는 전자와 동등한 것으로서의 사용 가능성을 잃어 버렸다. 그리고 이제—이렇게 보이는데—다음의 문제가 발생할 수도 있을 것이다: 어디에서 우리는 원래의 계산법으로부터 떠났는가? 새로운 계산법의 어떤 경계가 이전의 계산법의 자연스러운 경계에 대응하는가?

나는 계산 규칙들의 체계를 지니고 있고, 그 규칙들에 따라서 다른 계산 체계가 모델로 형성되었다. 나는 후자를 모델로 간주했다. 그러나 나는 그것을 넘어서 버렸다. 이것은 심지어 어떤 장점이었다; 그러나 이제 그 새로운 계산 체계는 어떤 장소에서는 (최소한 이전의 목적을 위해서는) 사용될 수 없게 되었다. 그렇게 되면 나는 그것을 변경시키려고 애쓴다: 즉 어느 정도 다른 것으로 대치시키려고. 더구나 새로운 계산 체계의 단점은 없지만, 장점은 지니고 있는 것으로. 그러나 그것은 명확하게 규정된 문제인가?

이렇게도 질문할 수 있을텐데—그저 모순이 없는 옳은 논리 계산과 같은 것이 존재하는가?

예컨대 다음과 같이 말할 수 있을까? 러셀의 "유형론"이 실로 모순을 회피하지만, 그래도 러셀의 계산법은 유일한 보편적 논리 계산이 아니며, 이를테면 인위적으로 제한된, 사지가 절단된 계산 체계라고? 순수하고 보편적인 논리 계산은 아직도 발견되어야만 한다고 말할 수 있을까?

109 나는 어떤 놀이를 하고 있었고, 그렇게 하면서 어떤 규칙들을 따랐다: 그러나 어떻게 내가 그것들을 따랐는가 하는 것은 상황들에 의존했으며, 이 의존성은 인쇄되어 저장되어 있지 않았다. (이것은 어느 정도 오도적인 서술이다.) 이제 나는 '기계적으로' 규칙을 따르는 방식으로 이 놀이를 하고자 원했으며, 그 놀이를 '형식화했다'. 그러나 그때에 나는 그 놀이가 모든 의의를 잃어 버리는 위치에 도달했다; 그러므로 나는 이 상황을 '기계적으로' 피하고자 했다. —논리학의 형식화는 만족스럽게 수행되지 않았다. 그러나 사람들은 도대체 무엇을 위해 그러한 시도를 했는가? (그것은 무엇에 유용했는가?) 이 필요와 이것이 충족될 수 있어야만 한다는 생각은 다른 장소에서의 불명확성에서 유래하지 않았는가?

"그것은 무엇에 유용했는가?"라는 물음은 전적으로 본질적인 물음이다. 왜냐하면 그 계산 체계는 어떤 실용적 목적을 위해서가 아니라 '산술을 정초하기' 위해서 발명되었기 때문이다. 그러나 산술이 논리학이라고 누가 말하는가? 또는 어떤 의미에서든 논리학이 산술의 하부 구조가 되기 위해서 논리학으로 우리가 무엇을 해야만 한다고 누가 말하는가? 만일 우리가 가령 미학적 고려에 의해 이것을 시도하게끔 이끌려졌다면, 이것이 성공될 수 있다고 누가 말하는가? (어떤 영시英詩가 우리가 만족하게끔 한국어로 번역될 수 있다고 누가 말하는가?!)

(비록 어떤 의미에서 모든 영어 문장에 대해 한국어로의 번역이 있다는 것이 명확할지라도.)

철학적 불만족은 우리가 더 보게 됨으로써 사라진다.

내가 (3−3)으로 약분하는 것을 허용함으로써, 이러한 종류의 계산은 그 의의를 잃어 버린다. 그러나 내가 예컨대 '이 조작에 따라 동일한'이라고 표현될 어떤 새로운 등호를 도입한다면 어떻게 되는가? 그러나 "그 의미에서 이긴"이라고 말하는 것은, 만일 이 의미에서 내가 모든 놀이를 항상 이기게 된다면 의미가 있을 것인가?

그 계산 체계는 나로 하여금 어떤 위치에서 자기 자신을 폐기시켜 버리게 한다. 이제 나는 이렇게 되지 않는 계산 체계, 이 위치들을 배제시키는 계산 체계를 원한다. — 그렇지만 이는 이제 그러한 배제가 일어나지 않는 어떤 계산도 불확실한 것임을 뜻하는가? "글쎄, 이 위치들의 발견은 우리에게는 하나의 경고이다." — 그러나 당신은 이 '경고'를 오해하지 않았는가?!

86. 아무것도 지나쳐 버리지 않았다는 것을 증명할 수 있는가? — 확실히 그렇다. 그리고 아마도 나중에 우리는 "그렇다. 나는 뭔가를 간과했다; 그러나 나의 증명이 타당했던 영역에서는 그렇지 않다"라고 인정하지 않아야만 하는가?

무모순성의 증명은 우리에게 어떤 예측에 대한 근거들을 제공해 줌에
110 틀림없으며, 이것이 그 실제적인 목적이다. 이는 이 증명이 우리의 계산 기술의 물리학으로부터의 증명—따라서 응용 수학으로부터의 증명—이라는 점을 뜻하는 것이 아니라, 우리에게 가장 가까이 놓여 있는 적용과 바로 그 때문에 우리에게는 이 증명에 놓여 있는 적용이 예측이라는 점을 뜻한다. 그 예측은 "어떤 무질서도 이 방식으로 일어나지 않을 것이다"가 아니라(왜냐하면 그것은 전혀 예측이 아니라 수학적 명제일 것이므로), "어떤 무질서도 일어나지 않을 것이다"이다.

나는 다음과 같이 말하고자 했다: 만일 무모순성의 증명이 이 예측에 대해 어떤 적확한 근거라면, 그것은 단지 우리를 진정시킬 수 있을 뿐이다.

87. 어떤 모순 또는 각삼등분이 이 방식으로 구성되거나 작도될 수 없다고 증명되는 것이 나를 만족시키는 곳에서, 귀납적 증명은 요구되는 바를 달성한다. 그러나 만일 내가 어떤 것이 어떻게든 언젠가 모순의 구성으로 해석될 수 있을 것이라는 점을 두려워해야 한다면, 어떤 증명도 나로부터 이 불확정적인 공포를 가져갈 수 없다.

내가 모순 주위에 둘러친 울타리는 초-울타리가 아니다.

어떻게 한 증명에 의해 계산 체계가 원칙적으로 올바르게 될 수 있었는가?

어떻게 이 증명이 발견되지 않는 한에서 그것은 옳은 계산 체계일 수 없었는가?

"이 계산 체계는 순수하게 기계적이다; 어떤 기계는 그것을 수행할 수 있을 것이다." 어떤 종류의 기계인가? 일상적인 재료들로 만들어진 기계인가—아니면 초-기계인가? 당신은 지금 규칙의 견고성을 재료의 견고성과 혼동하고 있지 않은가?

만일 모순의 발생과 그것의 귀결을 이를테면 인류학적으로 고찰한다면, 우리는 수학자들의 격앙된 시각에서 볼 때와는 완전히 다른 빛 아래에서 모순을 보게 될 것이다. 즉 만일 우리가 어떻게 모순이 언어 놀이에 영향을 끼치는지를 단지 기술하고자 시도한다면, 또 수학적 법칙 부여자의 관점에서 모순을 바라본다면, 우리는 모순을 달리 보게 될 것이다.

88. 그러나 기다려라! 아무도 어떤 모순에 도달하기를 원하지 않는다는 것은 명확하지 않은가? 그래서 만일 당신이 어떤 사람에게 모순의 가능성을 보인다면, 그가 그러한 것을 불가능하게 만들기 위해 모든 것을 다하리라는 점도? (그래서 어떤 사람이 그렇게 하지 않는다면 그는 바보라는 점도.)

그러나 그가 다음과 같이 대답한다면 어떻게 되는가?: "나는 나의 계산 체계에서 어떤 모순도 상상할 수 없다. ―당신은 실로 다른 계산 체계에서의 모순을 보여주었다. 그러나 이 계산 체계에서는 아니다. 이 계산 체계에는 아무런 모순도 없으며, 나는 확실히 그 가능성을 보지 못한다."

"만일 계산 체계에 대한 나의 파악이 때로는 변경되어야 한다면; 만일 내가 지금 보지 못하는 어떤 맥락 때문에 그것의 관점이 변경되어야 한다면―우리는 이에 대해 더 이야기하려고 할 것이다."

111 "나는 어떤 모순의 가능성을 보지 못한다. 그리고 이는―이렇게 보이는데―당신의 무모순성의 증명에서 어떤 모순이 있다는 가능성을 당신도 보지 못하는 것과 마찬가지이다."

만일 내가 지금 그러한 모순의 가능성을 보지 못하는 곳에서 어떤 모순을 보게 된다면, 그것이 나에게 위험스럽게 보일 것인지의 여부를 나는 알고 있는가?

89. "한 증명은 그 결과를 별도로 하면 나에게 무엇을 가르쳐 주는가?"—어떤 새로운 곡조는 나에게 무엇을 가르쳐 주는가? 나는 그것이 나에게 뭔가를 가르쳐 준다고 말하려는 어떤 유혹을 느끼고 있지 않은가?—

90. 나는 아직까지 오산(誤算, Verrechnen)의 역할을 명확하게 밝히지 않았다: "나는 잘못 계산했음에 틀림없다"라는 문장의 역할. 그것은 참으로 수학의 '기초'를 이해하기 위한 관건이다.

III

1942년

1. "수학적 공리 체계의 공리들은 자명해야 한다." 그렇다면 어떻게 그것들은 자명한가?

만일 내가 이렇게 말한다면 어떻게 되는가?: 그렇게 나는 그것을 가장 쉽게 상상할 수 있다.

그리고 여기에서 상상하는 것은, 사람들이 대개 눈을 감거나 두 손으로 눈을 가리는 동안에 일어나는 어떤 특정한 정신적 과정이 아니다.

2. 그러한 공리, 예를 들어 평행선 공리가 우리에게 주어질 때 우리는 무엇이라고 말하는가? 경험이 우리에게 사태가 그러하다는 것을 보여주었는가? 하긴 아마도 그렇다; 그러나 어떤 경험이? 내가 의미하는 것은, 경험은 어떤 역할을 하지만 사람들이 곧바로 기대하게 될 그러한 역할은 아니라는 것이다. 왜냐하면 실제로 우리는 주어진 한 점을 지나서 오직 한 직선만이 다른 직선과 교차하지 않는지를 실험도 하지 않았고 발견하지도 않았기 때문이다. 그럼에도 불구하고 그 명제는 명백하다. —이제 내가 다음과 같이 말한다고 하자: 그것이 왜 명백한지는 아무 문제도 되지 않는다. 우리가 그것을 받아들이는 것으로 충분하다. 중요한 것은 우리가 그것을 어떻게 사용하느냐일 뿐이다.

명제는 한 그림을 기술한다. 말하자면 이렇게:

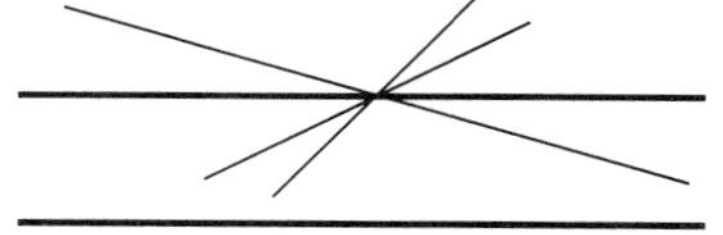

이 그림은 우리에게 받아들여질 만하다. 10의 배수로 반올림함으로써 어떤 수에 대해 대강 알고 있음을 암시하는 것이 우리에게 받아들여질 만한 것처럼.

'우리는 이 명제를 받아들인다.' 그러나 무엇으로서 우리는 그것을 받아들이는가?

3. 나는 이렇게 말하고 싶다: 예를 들어 평행선 공리의 어휘들이 주어질 때(그리고 우리는 그 언어를 이해한다), 이 명제의 사용의 종류와, 그리하여 그 의미는 아직 전혀 결정되지 않는다. 그리고 우리가 그것은 우리에게 명백하다고 말한다면, 우리는 그와 함께 이미 그 명제의 어떤 확정적인 종류의 사용을 알지 못하면서도 선택했다. 우리가 만일 그 명제를 바로 그 목적으로 사용하지 않는다면, 그 명제는 수학적 공리가 아니다.

우리가 말하자면 여기에서 실험을 하는 것이 아니라 자명성을 받아들인다는 것은, 그 사용을 고정시키기에 충분하다. 왜냐하면 실험 대신에 자명성을 승인할 만큼 우리가 소박한 것은 아니기 때문이다.

114 그 명제를 수학적 명제로 만드는 것은, 그 명제가 우리에게 자명하게 참이라는 점이 아니라 우리가 그 자명성을 승인한다는 점에 있다.

4. 어떤 두 점 사이에도 한 직선이 가능하다는 것을 우리는 경험을 통해 배우는가? 또는 상이한 두 색깔이 동일한 장소에 있을 수 없다는 것도?

다음과 같이 말할 수 있을 것이다: 우리는 그것을 상상을 통해 배운다. 그리고 진리는 거기에 놓여 있다; 우리는 그것을 단지 올바르게 이해해야만 한다.

명제 앞에서 개념은 여전히 유연하다.

그러나 경험이 우리로 하여금 공리를 거부하도록 결정할 수 없을까?! 그럴 수 있다. 그리고 그럼에도 불구하고 그것은 경험적 명제의 역할을 하지 않는다.

왜 뉴턴의 법칙들은 수학의 공리가 아닌가? 왜냐하면 달리 되는 것을 아주 잘 상상할 수 있기 때문이다. 그러나—나는 이렇게 말하고 싶은데—이 말은 단지 그 명제들에게 다른 것들과 대조해서 단지 어떤 역할들을 할당하는 것이다. 즉: 어떤 명제에 대해서 '우리는 그것을 달리 상상할 수도 있을 것이다'라거나 '우리는 그 반대를 역시 상상할 수 있다'라고 말하는 것은, 그 명제에 경험적 명제의 역할을 부여한다.

참이 아니라고 상상하기가 불가능하게 될 명제는 사태가 그렇지 않다고 하는 명제와 기능이 다르다.

5. 수학의 공리들은 다음과 같이 기능한다: 즉 만일 경험을 통해 우리가 어떤 공리를 포기하게 되었다면, 그와 함께 그 공리의 부정이 공리로 되지 않을 것이다.

'$2\times 2\neq 5$'는
'$2\times 2=5$'가 입증되지 않았음을 뜻하지 않는다.

혹자는 공리 앞에 말하자면 어떤 특수한 주장 기호를 갖다 붙일 수 있다.

어떤 것이 공리인 것은, 우리가 그것을 극도로 개연적이거나 확실하다고 받아들이기 때문이 아니라, 우리가 그것에 어떤 특정한 기능을 부여하기 때문이며, 경험적 명제들의 기능과 상충되는 기능을 부여하기 때문이다.

우리는 공리에 경험적 명제와는 다른 종류의 승인을 부여한다. 그리고 이렇게 말하면서 나는 '정신적 승인의 행위'가 다른 행위임을 의미하고 있지 않다.

나는 이렇게 말하고 싶은데, 공리는 말의 상이한 부분이다.

6. 그러그러한 것이 가능하다는 수학적 공리를 듣게 될 때, 곧바로 우리는 '가능하다'는 것이 여기에서 무엇을 의미하는지를 알고 있다고 가정한다; 왜냐하면 이런 형식의 문장은 당연하게도 우리에게 친숙하기 때문이다.

115 "…은 가능하다"라는 언명의 사용이 얼마나 다양한지를 우리는 미처 의식하지 못하고 있다! 그리고 그 때문에 이 경우에 그 특수한 사용에 대해 질문하려는 생각이 우리에게 떠오르지 않는다.

가장 사소한 사용도 간과함이 없다면, 우리가 그 명제를 이해한다는 점을 우리는 여기에서 전혀 의심할 수 없다.

원거리에서의 작용이란 없다라는 명제는 수학적 명제들의 계열에 속하는가? 여기에서 혹자는 다시 다음과 같이 말하고 싶을 것이다: 그 명제는 어떤 경험을 표현하려고 설정된 것이 아니라, 오히려 어떤 것을 달리 상상할 수 없다는 것을 표현하려고 설정된 것이다.

두 점 사이에 한 직선이—기하학적으로—항상 가능하다고 말하는 것은 다음을 뜻한다: 명제 "점들…은 하나의 직선 위에 놓여 있다"는 이 명제가 2개 이상의 점들을 다룬다면 점들의 위치에 대한 한 언명이다.

마찬가지로 어떤 특정한 경우에 "…은 존재하지 않는다"라는 형식의 명제(예컨대 "이 명제의 어떤 증명도 존재하지 않는다")가 무엇을 의미하는지 우리는 자문하지 않는다. 그것이 무엇을 의미하느냐고 질문을 받게 되면, 우리는 다른 사람에게, 그리고 우리 자신에게 비존재의 예를 들면서 대답한다.

7. 수학적 명제는 네 발로 서 있지, 세 발로 서 있지 않다;그것은 과도하게 결정되어 있다.

8. 어떤 사람의 행위를 예컨대 규칙에 의해서 기술할 때, 우리는 우리가 기술하고자 하는 사람이 그 규칙의 적용에 의해 특수한 경우에 무엇이 일어나는지를 알고 있기를 원한다. 이제 나는 규칙에 의해서 그를 간접적으로 기술하고 있는가?

물론 다음과 같이 말하는 명제도 존재한다: 만일 어떤 사람이 수 …들을 그러그러한 규칙들에 따라 곱하려고 시도한다면, 그는 …을 얻는다.

수학적 명제의 한 가지 적용은 항상 계산 자체임에 틀림없다. 이는 수학적 명제의 의미에 대한 계산 활동의 관계를 결정한다.

우리는 우리의 계산의 결과들에 따라 동일성과 일치를 판단한다;이 때문에 우리는 계산을 설명하기 위해서 일치를 사용할 수 없다.

우리는 규칙에 의해서 기술한다. 무엇을 위해? 왜? 이는 또 다른 물음이다.

'그 규칙은 이 수들에 적용되면 저 수들을 산출시킨다'는 다음을 뜻할
116 수 있을 것이다: 그 규칙의 표현은, 인간에게 적용될 때 그들로 하여금 이 수들로부터 저 수들을 산출시키게 한다.

우리는 아주 정당하게도 이 명제가 전혀 수학적 명제가 아닐 것이라고 느낀다. 수학적 명제는 하나의 길을 결정하며, 우리가 나아갈 길을 확정한다.

그것이 하나의 규칙이고 단순히 확립되지 않으며, 규칙들에 따라 산출된다는 것은 하등 모순이 아니다.

어떤 규칙으로 기술하는 사람은, 그 자신 또한 자기가 말하는 것보다 더 알지 못한다. 즉 특수한 경우에 그 규칙으로부터 행하게 될 적용을

그는 예견하지 못한다. "등등"이라고 말하는 사람은 그 자신 또한 "등등"보다 더 알지 못한다.

9. 어떻게 우리는 어떤 규칙을 따라야 하는 사람에게 그가 무엇을 해야만 하는지를 설명할 수 있을까?

사람들은 다음과 같이 설명하려는 유혹을 느낀다: 무엇보다도 먼저 가장 단순한 것을 하시오(만일 그 규칙이 예컨대 항상 똑같은 것을 반복하는 것이라면). 그리고 물론 이것에는 뭔가가 있다. 각각의 수가 앞의 수보다 1만큼 더 큰 수열보다도, 각각의 수가 앞의 수와 동일한 수열을 쓰는 일이 더 단순하다고 우리가 말할 수 있는 것은 중요하다. 그리고 다시 첫번째 수열의 규칙이 1과 2를 교대로 더하는 것보다 더 단순한 법칙이라는 것도.

10. 막대기와 강남콩에 시험했던 어떤 명제를 빛의 파장에 적용시키는 것은 도대체 너무 성급하지 않은가? 내가 염두에 두고 있는 것은 2×5,000=10,000이다.

그렇게 많은 경우에 참임이 증명되었던 것이 이 경우에도 역시 타당해야만 한다는 것을 사람들은 실제로 고려하는가? 또는 우리가 그 산술적 가정과 전혀 관련 없다는 것이 오히려 사실 아닌가?

11. 수들의 자연사(광물학)로서의 산술. 그러나 그것에 대해 누가 그렇게 말하는가? 우리의 전체 사유에는 이러한 생각이 퍼져 있다.

수들은 형태들(나는 수기호들을 의미하고 있지 않다)이며, 산술은 우리에게 이 형태들의 속성들을 알려 준다. 그러나 여기에서의 어려움은 이 형태들의 속성들이란 가능성들이지, 그러한 형태의 사물들의 형태에 관한 속성이 아니라는 점이다. 그리고 이 가능성들은 다시 물리학적 또는 심리학적 가능성들(분리, 배열 등의 가능성들)로서 나타난다. 그러나 그 형태들은 그러그러하게 사용되는 그림들의 역할을 할 뿐이다. 우리가 제공하는 것은 형태들의 속성들이 아니라, 그 어떤 범형들로서 확립된 형태들의 변형들이다.

117 12. 우리는 그림들을 판단하지 않으며, 오히려 그림들을 사용해서 판단한다.

우리는 그것들을 탐구하지 않으며, 어떤 다른 것을 탐구하기 위하여 그것들을 사용한다.

당신은 그로 하여금 이 그림을 받아들일 것인지 결정하게 한다. 더구나 당신은 증명에 의해서 즉 일련의 그림을 제시함으로써, 또는 단순히 그에게 그림을 보임으로써 그렇게 한다. 무엇이 그로 하여금 결정하게 하는지는 여기에서 문제가 되지 않는다. 중요한 것은, 하나의 그림을 받아들이는 것이 문제라는 점이다.

조합의 그림은 조합이 아니다; 분리의 그림은 분리가 아니다; 끼워맞춰짐의 그림은 끼워맞춰짐이 아니다. 그런데도 이 그림들은 가장 큰 중요성을 지닌다. 만일 조합되면, 분리되면 등등, 그렇게 보인다.

13. 동물이나 수정이 수들과 같이 아름다운 속성들을 가지고 있다면 어떻게 될까? 그렇게 되면 예컨대 각각이 다른 것보다 한 단위씩 더 큰 형태들의 계열이 있게 될 것이다.

나는 수학이 우리에게 한때는 수들의 영역의 자연사로서, 또 한때는 다시 규칙들의 집합으로서 보이는 것이 어떻게 일어나는지를 서술할 수 있었으면 한다.

그러나 사람들은 (예컨대) 동물 형태들의 변형들을 연구할 수 없을까? 하지만 어떻게 '연구'를? 내가 의미하는 것은 이것이다: 즉 동물 형태들의 변형들을 차례대로 제시하는 것은 유익할 수 없을까? 그러나 그래도 이것은 동물학의 분과가 아닐 것이다. —

그렇다면 (예컨대) 이 형태가 이 변형을 통해서 이 형태로부터 도출된다는 것은 수학적 명제가 될 것이다. (그 형태들과 변형들은 재인식 가능하다.)

14. 그러나 우리는 수학적 증명이 그 변형들에 의해서 기호 기하학적 명제들뿐만 아니라, 가장 다양한 내용의 명제들을 증명한다는 점을 기억하지 않으면 안 된다.

이런 방식으로 러셀 식 증명의 변형들은, 이 논리학적 명제가 이 규칙들의 도움으로 근본 법칙들로부터 형성될 수 있다는 것을 증명한다. 그러나 그 증명은, 그 결론 명제가 참이라는 것을 보이는 증명으로 간주되거나, 그 결론 명제가 아무것도 말하지 않는다는 것에 대한 증명으로 간주된다.

이제 이것은 그 명제가 외부와 맺는 어떤 관계를 통해서만 가능하다; 즉 예컨대 다른 명제들, 그리고 그 적용과 맺는 관계를 통해서.

"동어 반복(예컨대 '$p \vee \sim p$')은 아무것도 말하지 않는다"는 명제 p가
118 적용되는 언어 놀이를 지시하는 명제이다. (예컨대 "비가 오거나 비가 오지 않는다"는 날씨에 대해서 아무것도 말하지 않는다.)

러셀의 논리학은 명제들—나는 논리학적 명제들을 의미하고 있지 않다—의 종류와 사용에 대해서 아무것도 말하지 않는다; 그런데도 그 논리학은 그저 명제들에 대해 가정된 적용으로부터 그 전체 의미를 얻는다.

15. 어떤 사람들이 어떤 순수 수학도 지니지 않으면서 응용 수학을 갖고 있다고 상상할 수 있다. 그들은 예를 들어—이렇게 가정해 보자—어떤 움직이는 물체를 기술하는 행로를 계산하고, 주어진 시간에 그 위

치를 예측할 수 있다. 이러한 목적으로 그들은 좌표 체계를 이용하고, 곡선의 방정식(실제 운동의 기술의 형식)과 십진법 체계에서의 계산 기술을 이용한다. 순수 수학의 명제라는 생각은 그들에게는 아주 낯선 것이 될 수 있다.

따라서 이 사람들은 규칙들을 가지며, 그 규칙에 따라 어떤 사건들의 발생을 예측할 목적으로 적절한 기호들(특히 예컨대 수기호들)을 변형시킨다.

그러나 그들이 지금 예컨대 곱하기를 한다면, 인수들의 순서가 바뀌어도 곱셈의 결과는 동일하다는 내용의 명제에 도달하게 되지 않을까? 그것은 일차적인 기호들의 규칙도 아니지만, 그들의 물리학의 명제도 아닐 것이다.

자, 그들은 그러한 명제를 획득할 필요가 없다—비록 그들이 인수들의 순서 바뀜을 인정한다고 하더라도.

나는 위의 수학이 완전히 명령의 형식으로 수행되는 경우를 상상하고 있다. "당신은 그러그러하게 해야만 한다"—이를테면 '이 물체는 그러그러한 시간에 어디에 있게 될 것인가?'라는 질문에 대한 대답을 얻기 위해서. (어떻게 이 사람들이 이 예측 방법에 도달했는지는 전혀 문제가 되지 않는다.)

이 사람들에게 수학의 무게 중심은 전적으로 ~함(Tun, 행위)에 놓여 있다.

16. 그러나 그것은 가능한가? 그들이 (예컨대) 교환 법칙을 명제라고 공언하지 않는 것은 가능한가?

그래도 나는 이렇게 말하고 싶다: 이 사람들은 수학적 발견을 하고 있다는 생각이 아니라, 단지 물리적 발견만을 하고 있다는 생각에 도달하게 될 것이다.

문제: 그들은 발견으로서 수학적 발견을 해야만 하는가? 만일 그들이 아무 발견도 하지 않는다면, 그들은 무엇을 빠뜨렸는가? 한 명제로 극명하게 나타내려는 생각 없이, 그래서 그들의 물리적 명제와 여하튼 비교 가능한 어떤 결과를 지니고 있다는 생각 없이, (예컨대) 교환 법칙의 증명을 그들은 사용할 수 있을까?

119 17. 다음의 단순한 그림은

○ ○ ○ ○ ○

○ ○ ○ ○ ○

○ ○ ○ ○ ○

○ ○ ○ ○ ○

한번은 점 5개의 4행으로, 또 한번은 점 4개의 5열로 간주되고, 이는 어떤 사람에게 교환 법칙을 확신시킬 수도 있을 것이다. 따라서 그는 한때는 한 방향으로, 또 다른 때는 다른 방향으로 곱셈을 수행할 수도 있을 것이다.

그 견본(Vorlage)과 공기돌을 한번 보는 것으로도, 그는 그것들을 그 모양(Figur)대로 놓을 수 있다고 확신하게 되며, 다시 말해 그에 따라 그는 그렇게 놓는 것을 착수한다.

"그렇다. 그러나 오직 그 공기돌이 변하지 않을 때에만 그렇다."—만일 그것들이 변하지 않는다면, 우리가 이해하지 못할 실수를 저지르지지 않는다면, 또는 공기돌이 몰래 사라지거나 첨가되지 않는다면.

"그러나 그 공기돌이 실제로 매번 그 모양대로 놓여질 수 있다는 것은 확실히 본질적이다! 만일 그것들이 그렇게 될 수 없다면 무슨 일이 일어날 것인가?"—그렇게 되면 아마도 우리가 정신 나갔다고 여기게 될 것이다. 그러나—또 뭔가?—아마도 우리는 있는 그대로의 사태를 또한 받아들이게 될 것이다. 그리고 그렇게 되면 프레게는 다음과 같이 말할 수도 있을 것이다: "여기에서 우리는 새로운 종류의 정신 착란을 보게 된다!"

18. 예측의 목적으로 기호들을 변형하는 기술로서의 수학이 문법과는 하등 관계가 없다는 것은 명확하다.

19. 수학을 단지 그러한 기술로 여기는 그 사람들은, 어떤 기호 기술을 다른 것으로 대치시킬 수 있다고 확신하게 하는 증명들을 또한 이제 받아들이게 될 것이다. 즉 그들은 변형들, 그림들의 계열들을 발견하며, 그것을 바탕으로 어떤 기술 대신에 다른 것을 거리낌 없이 사용할 수 있다.

20. 만일 계산이 기계의 작동으로 우리에게 보인다면, 그 기계는 바로 계산을 수행하는 인간이다.

그렇게 되면 계산은 기계의 일부분을 그린, 다시 말하자면 도표가 될 것이다.

21. 그리고 이는 나로 하여금 다음에 이르게 하는데, 즉 어떤 기계 장치가 작동할 때 그 기계 장치의 특정한 일부분이 그러그러하게 움직일 것이라고 어떤 그림은 우리에게 아주 잘 확신시켜 준다는 점이다.

120 그러한 그림(또는 일련의 그림들)의 효과는 증명의 효과와 같다. 따라서 나는 예컨대 다음의 기계 장치의 점 X가 어떻게 움직일 것인지를 작도할 수도 있을 것이다.

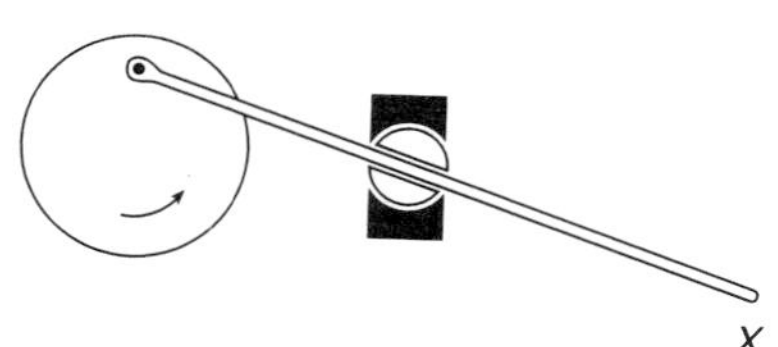

나눗셈에서 순환 마디의 그림이 그 숫자열이 반복하여 나타난다는 것을 어떻게 우리에게 확신시켜 주는지가 즉각적으로 명확한 것은 아니라는 점은 기묘하지 않은가?

(내적 관계를 외적 관계로부터 분리시키는 것—그리고 그림을 예측으로부터 분리시키는 것은 나에게는 매우 어렵다.)

수학적 명제의 이중성—법칙으로서 그리고 규칙으로서.

22. "직관" 대신에 "옳은 추측"을 말한다면 어떻게 되는가? 이는 직관의 가치를 완전히 다른 빛 아래서 보여주게 될 것이다. 왜냐하면 추측이라는 현상은 심리학적인 것이지만, 옳은 추측이라는 현상은 그렇지 않기 때문이다.

23. 우리가 어떤 기술을 배웠다는 것은, 이 그림을 보고난 후에 우리로 하여금 그 기술을 이제 그러그러하게 변경시키게 한다.

'우리는 어떤 새로운 언어 놀이를 하기로 결정한다.'
'우리는 자발적으로' (나는 이렇게 말하고 싶은데) '어떤 새로운 언어 놀이를 하기로 결정한다.'

24. 그렇다;—그렇게 보인다: 만일 우리의 기억이 달리 기능한다면, 우리가 하는 것처럼 계산할 수 없을 것이다. 그러나 그렇다면 우리는 우리가 하는 바대로 정의를 줄 수 있을까? 우리가 하는 것처럼 말하고 쓸 수 있을까?

그러나 어떻게 우리는 경험적 명제들에 의하여 우리의 언어의 기초를 기술할 수 있는가?!

25. 우리가 어떤 나눗셈을 충분히 해나갈 때, 그 순환 마디를 베낀 것

과 동일한 결과에 이르지 않는다고 가정해 보자. 이는 예컨대 우리가 알아차리지 못한 사이에 계산 법칙들을 변경시켜 버린 것에 기인할 수도 있다. (물론 우리가 다르게 베낀 것에 기인할 수도 있지만.)

26. 계산하지 않는 것과 잘못 계산하는 것 사이의 차이란 무엇인가? —또는: 시간을 재지 않는 것과 시간을 잘못 재는 것 사이에 어떤 날카로운 경계가 있는가? 시간 측정에 대해 전혀 알지 못하는 것과 잘못 아는 것 사이에는?

121 27. 우리가 어떤 사람에게 수학적 명제의 진리를 확신시키는 언설에 대해 주의해 보자. 그것은 우리에게 이 확신의 기능에 대해서 한 가지 설명을 준다. 나는 직관을 깨어나도록 만드는 언설을 의미하고 있다.

그것과 더불어 그렇게 계산 기술이라는 기계는 작동된다.

28. 어떤 기술(技術)을 배운 사람은 그로 인해 그 결과의 동일성을 확신한다고 말할 수 있는가?

29. 경험(Empirie)의 한계는—개념 형성(Begriffsbildung)이다.

"그렇게 될 것이다"로부터 "그렇게 되어야만 한다"로 나아갈 때 나는 어떤 이행을 해내고 있는가? 나는 어떤 다른 개념을 형성하고 있다. 전에는 있지 않았던 것을 포함하는 어떤 개념을. 만일 내가 "이 도출이 동일하다면, …여야만 한다"라고 말한다면, 나는 어떤 것을 동일성의 기준으로 만들고 있는 것이다. 그렇게 나는 나의 동일성의 개념을 고쳐서 형성하고 있다.

그러나 만일 어떤 사람이 이제 다음과 같이 말한다면 어떻게 되는가?: "나는 이 두 과정을 알지 못한다. 나는 단지 경험만을 알 뿐이며, 그것과 독립적인 개념 형성이나 개념 변형에 대해서는 알지 못한다; 나에게는 모든 것이 경험의 도움 속에서 성립하는 것처럼 보인다."

다른 말로 하면: 우리는 때로는 더 합리적으로, 때로는 덜 합리적으로 되는 것처럼 보이지 않는다. 또는 우리가 "사유"라고 부르는 것을 변화시키기 위해 우리의 사유의 형식을 변경시킨다고는 보이지 않는다. 단지 우리는 항상 경험에 우리의 사유를 끼워 맞추는 것처럼 보인다.

다음은 명확하다: 즉 어떤 사람이 "만일 당신이 그 규칙에 따른다면 그렇게 되어야만 한다"라고 말한다면, 그는 그 반대에 대응하는 경험들에 대해서 어떤 명확한 개념도 가지고 있지 않다.

또는 다시: 사태가 달리 된다면 어떻게 보일지에 대해서 그는 어떤 명확한 개념도 가지고 있지 않다. 그리고 이는 아주 중요하다.

30. 무엇이 우리로 하여금 동일성의 개념을 형성하도록 강제하여서, 가령 "만일 두 번 다 실제로 동일한 것을 한다면, 당신은 동일한 것을 산출해야만 한다"라고 말하게끔 하는가? —무엇이 우리로 하여금 어떤 규칙에 따라 나아가도록 강요하며, 어떤 것을 규칙으로 파악하도록 강요하는가? 무엇이 우리로 하여금 우리가 배운 언어의 형식으로 말하도록 강요하는가?

왜냐하면 "…여야만 한다"라는 낱말은 확실히 이 개념으로부터 우리가 떠날 수 없다(können)는 것을 표현하기 때문이다. (아니면 나는 "[떠나지] 않을 것이다" wollen라고 말해야 하는가?)

참으로 비록 내가 어떤 개념 형성으로부터 다른 개념 형성에로 이행했다 할지라도, 그 이전의 개념은 여전히 배경 속에 남는다.

122 "한 증명은 우리를 어떤 결정에로, 더구나 어떤 특정한 개념 형성을 받아들이는 결정에로 데려간다"라고 나는 말할 수 있는가?

증명을 당신에게 강제하는 어떤 과정으로 보지 말고, 오히려 당신을 인도하는 과정으로 보라. ―그리고 실제로 증명은 하나의 (어떤) 사태에 대한 당신의 파악을 인도한다.

그러나 우리가 모두 일치하면서 영향받게끔 증명이 우리를 인도한다는 것은 어떻게 일어나는가? 자, 우리가 일치해서 센다는 것은 어떻게 일어나는가? 이렇게 말할 수 있다: "바로 그렇게 우리는 훈련받았다. 그리고 그렇게 생겨난 일치는 증명들에 의해 계속된다."

이 증명의 과정에서 우리는 자와 컴퍼스로 작도하는 것을 배제시키는, 각의 3등분을 바라보는 한 가지 방식을 형성시켰다.

어떤 명제를 자명한 것으로 받아들임으로써, 우리는 또한 경험에 대면해야 하는 모든 책임으로부터 그것을 면제시킨다.

증명의 과정에서 우리가 바라보는 방식은 변화한다―그리고 경험과 연결되어 있다는 점은 전혀 그것을 손상시키지 않는다.

우리가 바라보는 방식은 개조된다(umgemodelt, 모델이 변화한다).

31. 그렇게 되어야만 한다는 말은 그렇게 될 것이다를 뜻하지 않는다. 반대로: '그렇게 될 것이다'는 어떤 가능성을 다른 가능성들로부터 선택한다. '그렇게 되어야만 한다'는 오직 하나의 가능성만을 본다.

증명은 말하자면 특정한 통로들로 우리의 경험들을 인도한다. 그러그러한 것을 되풀이해서 시도했던 사람은, 증명이 주어진 이후에 그 시도를 포기한다.

어떤 사람이 공기돌을 배열해서 어떤 모양으로 만들려고 시도한다. 이제 그는 어떤 견본을 보게 되는데, 그 견본 그림의 한 부분이 그의 공기돌을 모두 배열해서 이루어져 있었기 때문에 이제 그는 자신의 시도를 포기한다. 그 견본은 그의 계획이 불가능하다는 것에 대한 증명이었다.

그 견본 또한 그가 이 공기돌을 배치해서 어떤 모양을 만들 수 있을 것임을 보여주는 견본과 마찬가지로 그의 개념을 변화시킨다. 왜냐하면 이렇게 말할 수도 있을텐데 그는 공기돌을 배치해서 그 모양을 만드는 문제를 결코 그와 같이 바라본 적이 없었기 때문이다.

만일 어떤 사람이 그 견본 그림의 일부가 이 공기돌로 배치될 수 있음을 보게 된다면, 어떤 방법으로도 그것들을 가지고서 전체 모양으로 배치할 수 없을 것임을 깨닫는다는 것은 명백한가? 그래도 공기돌의 어떤 배치가 이 목적을 달성할 수 없는지 그가 계속해서 시도하고 또 시도하는 것은 가능하지 않은가? 그리고 그가 자신의 목적을 달성하는 것은 가능하지 않은가? (예컨대 공기돌 1개를 두 번 사용하는 것.)

123 여기에서 우리는 사유와 사유의 실제적인 성공을 구분하지 않아야 하는가?

32. "…우리처럼 어떤 진리들을 직접 깨닫지 못하고, 아마도 귀납이라는 한참 더 돌아서 가는 길에 의존하는 사람"이라고 프레게는 말한다.* 그러나 나를 흥미롭게 만드는 것은 참이든 거짓이든간에 그 직접적인 깨달음이다. 나는 묻는다: 뭔가를 '직접적으로 깨닫는' 인간들의 특징적인 행태란 무엇인가? —이 깨달음의 실제적인 결과가 무엇이든간에.

내가 흥미롭게 느끼는 것은 어떤 진리에 대한 직접적인 깨달음이 아니라, 직접적인 깨달음이라는 현상이다. (실로) 어떤 특수한 정신 현상으로서가 아니라, 인간 행동에서의 한 현상으로서.

33. 그렇다; 개념 형성이 우리의 경험을 특정한 통로들로 인도하고, 그리하여 사람들은 이제 한 경험을 다른 경험과 함께 새로운 방식으로

* *Grundgesetze der Arithmetik* I, xvi—편집자 주(증보판).

보는 듯하다. (어떤 광학 기구가 특정한 방식으로 다양한 광원으로부터 빛을 방사하여 하나의 상에 모여들게 하는 것처럼.)

증명이 한 편의 시, 심지어 연극의 각본이라고 상상해 보라. 그런 것을 보는 것은 나로 하여금 무엇엔가에 이르게 할 수 없는가?

그것이 어떻게 될지를 나는 몰랐다—그러나 나는 어떤 그림을 보았으며, 그것이 그 그림에서와 같이 그렇게 되리라는 것을 이제 확신하게 되었다.

그 그림은 나로 하여금 예측을 하게끔 도왔다. 실험으로서가 아니다——그것은 단지 예측하는 데 있어서 산파였다.

왜냐하면 나의 경험이 무엇이든지간에 또는 무엇이었든지간에, 나는 확실히 여전히 예측을 해야만 하기 때문이다. (경험은 나를 위해서 예측하지 않는다.)

그렇다면 증명이 우리가 예측하도록 돕는다는 것은 아주 놀라울 게 없다. 나는 이 그림 없이는 어떻게 될 것인지 말할 수 없었을 것이지만, 그 그림을 본다면 나는 예측을 할 목적으로 그것을 움켜 잡는다.

시험관 속에 있는 물질들과 그 반응을 나타내는 어떤 그림에 의해서 나는 어떤 화학적 합성물이 무슨 색깔을 갖게 될지 예측할 수 없다. 만일 그 그림에서 거품이 일어나고 결국 빨간 결정체가 나타나는 것이 보여진다면, 나는 "그렇다. 그렇게 되어야만 한다"라거나 "아니다. 그렇게 될 수 없다"라고 말할 수 없을 것이다. 그렇지만 내가 작동중인 어떤 기계 장치의 그림을 본다면 사정은 다르다;이 그림은 그 기계 장치의 일부가 실제로 어떻게 움직일 것인지를 나에게 가르쳐 줄 수 있다. 그러나 만일 아주 부드러운 물질(가령 밀가루 반죽)로 이루어져 있고, 그래서 그 그림 속에서 다양한 방식으로 구부려지는 부분들로 된 기계 장치를 그 그림이 담고 있다면, 그 그림은 아마도 다시 내가 어떤 예측을 하는 데 도움이 되지 않을 것이다.

124 이렇게 말할 수 있는가? 하나의 개념은 어떤 예측에 적합하게끔, 다시 말해 가장 단순한 용어로 예측이 가능하게끔 형성된다고—?

34. 철학적 문제는 이러하다: 어떻게 우리는 진리를 말할 수 있고, 또 그렇게 함에 있어서 이 강한 선입견을 평정시킬 수 있는가?

다음에는 차이가 있다: 내가 어떤 것을 나의 감각의 기만으로 생각하는가 아니면 어떤 외적 사건으로 생각하는가, 내가 이 대상을 저 대상의 척도로 간주하는가 아니면 거꾸로 간주하는가, 내가 두 개의 기준으로 결정하기로 결심하는가 아니면 한 기준만으로 결정하기로 결심하는가.

35. 만일 옳게 계산되었다면 그것은 산출되어야만 한다. 그렇다면 항상 그렇게 산출되어야만 하는가? 물론 그렇다.

어떤 기술을 익히게끔 교육받음으로써, 우리는 또한 바로 그 기술만큼 확고하게 정착되어 있는 고찰 방법을 지니게끔 교육받는다.

수학적 명제는 기호들도 다루지 않고 인간도 다루지 않는 것으로 보이며, 그리하여 그렇게 하지도 않는다.

수학적 명제는 우리가 견고하다고 간주하는 그 연관들을 보여준다. 그러나 우리는 이 연관들로부터 어느 정도 시선을 돌리고 어떤 다른 것을 본다. 우리는 그것들에 말하자면 등을 기댄다. 또는: 우리는 그것들에 기대어 의지한다.

게다가: 우리는 수학적 명제를 기호들을 다루는 명제로 보지 않으며, 그리하여 그것은 그렇지 않다.

우리는 그것에 등을 기댐으로써 그것을 승인한다.

예를 들어 역학의 근본 법칙은 어떠한가? 그것들을 이해하는 사람은 어떤 경험들 위에 그것들이 근거하고 있는지를 알아야만 한다. 순수 수학의 명제들은 사정이 그와 다르다.

36. 하나의 명제는 하나의 그림을 기술할 수 있고, 이 그림은 사물들에 대한 우리의 고찰 방식에, 그리하여 우리의 삶의 방식과 행동 방식에 다양하게 닻을 내릴 수 있다.

그 증명은 각 3등분의 작도에 대한 탐색을 완전히 포기하기에는 너무 박약한 근거가 아닌가? 당신은 그 일련의 기호들을 통과하여 단지 한 번 또는 두 번 나아갔을 뿐인데, 그것에 따라가기로 결심할 것인가? 그저 이 변형 하나를 보았기 때문에, 당신은 그 탐색을 포기할 것인가?

나는 이렇게 생각하는데, 증명의 효과는 인간이 새로운 규칙으로 뛰어든다는 것일 게다.

지금까지 그는 그러그러한 규칙에 따라 계산해 왔다;이제 어떤 사람
이 그에게 다른 방식으로도 계산할 수 있다는 증명을 보여주고, 그는
125 이제 (다른 기술로) 전환한다—이는 그 방법으로도 될 것이라고 그가
자신에게 말하기 때문이 아니라, 새로운 기술이 이전의 것과 동일하다
고 느끼기 때문이며, 그것에 동일한 의미를 부여해야만 하기 때문이며,
그가 이 색깔을 초록색이라고 승인하는 것과 같이 그가 그것을 동일하
다고 승인하기 때문이다.

즉:수학적 관계들을 깨닫는 것은 동일성을 깨닫는 것과 유사한 역할을 한다. 더 복잡한 종류의 동일성이라고 거의 말할 수도 있을 것이다.

다음과 같이 말할 수도 있을 것이다:그가 이제 어떤 다른 기술로 전환하는 이유들은, 그가 수행하는 바대로 어떤 새로운 곱셈을 수행하게끔 하는 이유들과 종류가 같다;거기에서 그는 그 기술을 다른 곱셈에서 적용했던 것과 동일한 것으로 승인한다.

37. 방문이 닫혀 있고 안쪽으로 열리는데, 어떤 사람이 그 문을 미는 것 대신에 당기는 것을 전혀 생각하지 못한다면, 그 사람은 그 방 안에 갇혀 있는 것이다.

38. 하얀색이 검은색으로 바뀔 때, 몇몇 사람들은 "그것은 본질적으로 여전히 동일하다"라고 말한다. 그리고 또 다른 사람들은 그 색깔이 조금만 더 어둡게 되어도 "그것은 완전히 변해 버렸다"라고 말한다.

39. 다음의 명제들 즉 '$a=a$', '$p \supset p$', "'비스마르크'라는 낱말은 다섯 글자로 되어 있다", "빨록(rötlichgrün)과 같은 것은 없다"는 모두 명백하고, 본질에 관한 명제이다: 그것들은 무엇을 공통으로 갖고 있는가? 그것들은 명백하게도 각기 다른 종류이고 상이하게 사용된다. 끝에서 두번째 명제는 경험적인 명제와 가장 비슷하다. 그리고 사람들이 그것을 선험적 종합 명제라고 부를 수 있다는 점은 이해 가능하다.

다음과 같이 말할 수 있다: 어떤 사람이 수열과 글자열을 나란히 대응시키지 않는다면, 그는 한 낱말에 얼마나 많은 글자가 있는지를 알 수 없다.

40. 한 형태(Figur)는 어떤 규칙에 따라 다른 형태로부터 도출된다(가령 어떤 주제음을 뒤집는 것).

그렇게 되면 그 결과는 그 조작과 동등한 것으로 된다.

41. 내가 "증명은 조망 가능해야만 한다"라고 썼을 때 의미하고자 했던 것은, 인과성은 증명에서 어떤 역할도 하지 않는다는 것이다.

또는: 하나의 증명은 그저 복사함으로써 재생될 수 있어야만 한다.

42. 수학적 명제들의 종합적 성격은, 소수(素數)들이 예측할 수 없는

방식으로 나타난다는 점에서 가장 명백하게 드러난다고 아마도 말할 수 있을 것이다.

126 그러나 그것들이 (이러한 의미에서) 종합적이기 때문에, 그것들이 조금이라도 덜 선험적인 것은 아니다. 나는 이렇게 말하고 싶은데 수학적 명제들은 어떤 종류의 분석에 의해서 그 개념들로부터 얻어질 수 있는 것이 아니라, 가령 프리즘을 통과시킴으로써 어떤 물체를 규정할 수 있는 것과 같이 종합에 의해 어떤 개념을 실제로 결정한다고 사람들은 말할 수도 있을 것이다.

소수의 분포는 사람들이 선험적인 종합이라고 부를 수도 있는 것의 이상적인 실례가 될 것이다. 왜냐하면 어쨌든 소수의 개념을 분석하여도 그 분포가 발견될 수 없다고 말할 수 있기 때문이다.

43. 1 나누기 3을 계속해 나갈 때 3이 되풀이해서 계속 산출되어야만 한다는 것은, 곱셈 25×25를 반복할 때마다 항상 동일한 값이 나온다는 것과 마찬가지로 직관에 의해서 알려지지 않는다.

44. 참으로 수학에서 직관에 대해 이야기할 수 없을까? 비록 수학적 진리가 직관적으로 파악되는 것은 아닐지라도, 물리학적 또는 심리학적 진리는 그럴 것이다. 그래서 나는 대단한 확신과 함께 만일 내가 25와 25를 10번 곱하면 그때마다 625를 얻게 되리라는 것을 알고 있다. 즉 이 계산이 되풀이해서 계속 나에게 옳은 것으로 나타날 것이라는 심리학적 사실을 나는 알고 있다; 1부터 20까지의 수열을 10번 차례대로 기억해 내서 쓴다면, 내가 써놓은 것들을 대응시킬 때 그것들이 동일한 것으로 판명될 것임을 내가 알고 있는 것과 같이. —그러면 이제 그것은 경험적 사실인가? 물론—그런데도 나에게 그것을 확신시켜 줄 것이 실험이라고 말하기란 어려울 것이다. 그러한 것을 사람들은 직관적으로 알려진 경험적 사실이라고 부를 수도 있을 것이다.

45. 새로운 증명은 모두 어떤 또는 다른 방식으로 증명의 개념을 변화시킨다고 당신은 말하고 싶어한다.

그러나 그렇다면 무슨 원리에 의해서 어떤 것이 새로운 증명으로 승인되는가? 아니라면 오히려 여기에는 확실히 어떤 '원리'도 없다.

46. 그러면 이제 나는 "항상 동일한 결과가 나올 것임을 우리는 확신하고 있다"라고 말해야 하는가? 아니다. 그것으로는 충분하지 않다. 우리는 항상 동일한 계산이 산출될 것이며 계산될 것이라는 점을 확신한다. 그러면 이제 그것은 수학적 확신인가? 아니다—왜냐하면 만일 계산된 것이 항상 동일하지 않다면, 계산이 한때는 어떤 결과를 또 다른 때에는 어떤 다른 결과를 산출시킨다고 우리는 결론지을 수 없을 것이기 때문이다.

우리는 물론 우리가 어떤 계산을 반복할 때 그 계산의 그림을 반복할 것임을 또한 확신하고 있다. —

47. 나는 다음과 같이 말할 수 없을까? 즉 곱셈을 하는 사람은 어떤 경우든지 수학적 사실이 아니라 수학적 명제를 발견한다고? 왜냐하면
127 그 사람이 발견하는 것은 비-수학적 사실이고, 그래서 수학적 명제이기 때문이다. 왜냐하면 수학적 명제는 하나의 발견 다음에 따라나오는 개념 규정이기 때문이다.

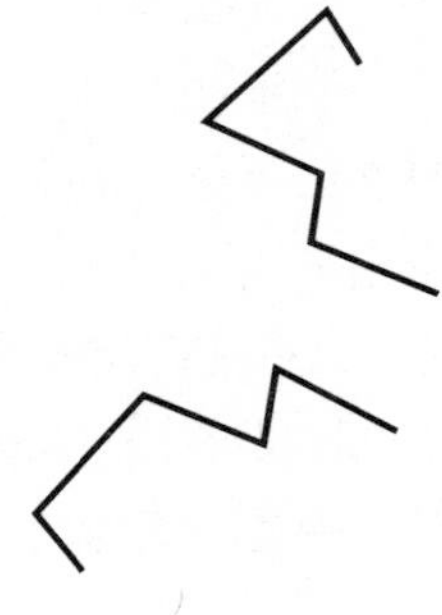

당신은 하나의 새로운 외양(Physiognomie)을 발견한다. 당신은 이제 그것을 예컨대 기억해 두거나 베낄 수 있다.

하나의 새로운 형식이 발견되고 구성되었다. 그러나 그것은 이전의 개념과 더불어 어떤 새로운 개념을 주는 데 이용된다.

그것이 산출되었어야만 하게끔 사람들은 개념을 변화시킨다.

나는 결과를 발견하지 않는다; 오히려 내가 거기에 도달한다는 것을 발견한다.

그리고 경험적 사실인 것은, 이 길이 거기에서 시작되고 거기에서 끝난다는 것이 아니라 내가 이 길을 또는 이렇게 끝나는 길을 갔다는 것이다.

48. 그러나 설령 아무도 이 길을 가지 않았을지라도 규칙들이 그 길로 이끌어 간다고 말할 수 없을까?

왜냐하면 바로 그것이 사람들이 말하고 싶어하는 것이기 때문이다—그리고 여기에서 우리는 규칙 자체에 의해 움직이면서, 수학적 법칙들에만 순종하고 물리적 법칙들에는 순종하지 않는 수학적 기계를 보게 된다.

나는 이렇게 말하고 싶다: 수학적 기계의 작업은 단지 어떤 기계의 작업에 대한 그림일 뿐이다.

그 규칙은 어떤 작업도 하지 않는다. 왜냐하면 그 규칙에 따라 일어나는 것이 무엇이든지 이는 그 규칙의 한 해석이기 때문이다.

49. 내가 다음의 운동 상태들을 내 앞에 있는 그림에서 본다고 가정하자;

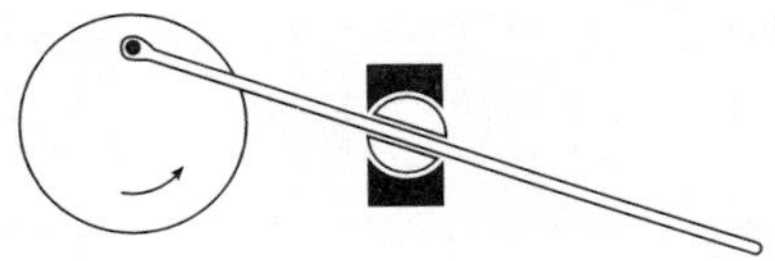

그러면 이것은 이 그림으로부터 내가 말하자면 단숨에 읽어 버린 어떤 명제를 만들어 낼 수 있도록 한다. 그 명제는 "대충"이라는 낱말을 포함하며 기하학의 명제이다.

128 내가 한 그림으로부터 어떤 명제를 단숨에 읽어낼 수 있으리라는 것은 기묘하다.

그렇지만 그 명제는 내가 보는 그림을 다루지 않는다. 그것은 그러그러한 것이 이 그림에서 보여질 수 있다고 말하지 않는다. 더구나 그 명제는 그 실제 기계 장치가 무엇을 할지를 암시하기는 하지만 말해 주지는 않는다.

그러나 만일 그 기계 장치의 부분들이 변하지 않는다면, 나는 또한 다른 방법으로도 그 기계 장치의 운동을 그릴 수 있을까? 다시 말해 나는 이 조건들 아래서 바로 이것을 그 운동의 그림으로 받아들이도록 강제되지 않는가?

기계 장치의 상태들에 대한 작도가 변화하는 색깔들의 선들로 수행된다고 상상해 보자. 그 선들이 하얀 바탕에 부분적으로 검고, 검은 바탕에 부분적으로 희다고 하자. 유클리드[기하학]에서의 작도가 이와 같이 수행된다고 가정하자; 그러면 그것들은 모든 명백성을 잃어 버릴 것이다.

50. 거꾸로 배열된 단어는 새로운 얼굴을 지닌다.

다음과 같이 말한다면 어떻게 되는가?: 순서열 123을 역순으로 놓는 사람은 123이 거꾸로 될 때 321이 산출된다는 것을 그 123에 관해 배우게 된다. 더구나 그 사람이 배우는 것은 이 잉크선들의 어떤 속성이 아니라, 형식들의 순서열의 속성이다. 그는 형식들의 어떤 형식적인 속성을 배운다. 이 형식적 속성을 진술하는 명제는, 한 형식이 이 방식으로 다른 형식으로부터 생겨나옴을 그에게 보여주는 경험에 의해 증명된다.

그러면 이제 그것을 배우는 사람은 두 개의 인상을 지니는가? 그 순서열이 거꾸로 된다는 사실에 대한 인상과 321이 생겨나온다는 사실에 대한 인상을? 그리고 그 사람은 123이 거꾸로 된다는 경험, 인상을 지니면서도 321이 생겨난다는 경험과 인상을 갖지 않을 수는 없을까? 아마도 사람들은 다음과 같이 말할 것이다:"오직 기묘한 착각에 의해."—

사람들이 그 형식적 명제를 경험으로부터 배운다고 참으로 말할 수 없는 이유는—이 과정이 이 결과에 이르게 될 때 사람들은 그것을 비로소 이 경험이라고 부른다는 데 있다. 사람들이 의미하는 경험은 이 결과와 더불어 이 과정으로 이루어진다.

그 때문에 어떤 그림을 보는 것은 그 경험 이상의 것이다.

한 문자열은 두 개의 역렬을 가질 수 있는가?

가령 하나는 음향학적인 역렬이고 다른 하나는 광학적인 역렬. 내가 어떤 사람에게 종이 위에 있는 어떤 단어의 역렬이 무엇인지를, 사람들이 무엇을 그렇게 부르는지를 설명한다고 가정해 보자. 그리고 이제 그가 그 단어의 어떤 음향학적 역렬 즉 그가 그렇게 부르고 싶어하는 어떤 것을 갖고 있지만, 씌어진 역렬과 완전히 일치하지는 않는다는 점이 드러난다. 그래서 다음과 같이 말할 수 있게끔 말이다:그는 단어의 역렬이라는 말을 그렇게 듣는다. 말하자면 단어가 역순될 때 그에게는 비
129 틀어진 것으로서. 그리고 이는 이를테면 만일 그가 철자를 말하는 경우와 대조해서 그 단어와 그 역렬을 유창하게 발음한다면 일어날 수도 있을 것이다. 또는 그가 그 단어를 단숨에 앞뒤로 말할 때 그 역렬은 달리

보일 수도 있을 것이다.

어떤 외관(Profil)의 정확한 거울상이 그 외관 다음에 곧바로 보여지면 동일한 것이라고 결코 공언되지 않고 단지 방향만 바뀌었다고 공언되는 것은 가능할 것이며, 정확한 역렬이라는 인상을 주기 위해서 그 외관이 그 측정에서 조금 변화되어야 한다는 것도 가능할 것이다.

그러나 우리가 다음과 같이 말할 권리는 없다고 나는 말하고 싶다: 비록 예컨대 어떤 긴 단어의 정확한 역렬에 대해 실로 의심할 수 있을지라도, 그 단어가 오직 하나의 역렬만을 갖는다는 것을 우리는 알고 있다.

"그렇다. 그러나 만일 그것이 이 의미에서 어떤 역렬을 갖게 된다면, 오직 하나만 있을 수 있다." 여기에서 '이 의미에서'는 이 규칙에 따라서를 의미하는가, 아니면 이 외양을 갖고서를 의미하는가? 첫번째 경우라면 그 명제는 동어 반복이 될 것이고, 두번째 경우라면 그것은 참일 필요가 없다.

51. 어떤 문자열을 역순시키게끔 '그렇게 구성된' 어떤 기계를 생각해 보라. 그리고 이제 다음과 같은 경우

A B E R

그 결과는 다음과 같다는 명제에 대해 생각해 보라. —

R E B A

실제로 의미된 바 그 규칙은 어떤 관념적인(ideal, 이상적인) 열을 그렇게 역순시키는 어떤 추진력인 것처럼 보인다. —인간이 어떤 실제적

인 열을 갖고서 무엇을 하든지 말이다.

따라서 이것은 실제적인 기계 장치에 대하여 척도, 이상인 기계 장치이다.

그리고 그것은 이해 가능하다. 왜냐하면 만일 그 역순의 결과가 그 열이 실제로 역순되었다는 것에 대한 기준이 된다면, 그리고 만일 우리가 이를 어떤 이상적인(ideal) 기계를 모방하고 있다고 표현한다면, 이 기계는 이 결과를 오류 가능하지 않게 산출시켜야만 하기 때문이다.

52. 수학이 산출하는 개념들은 일용품이라고, 본질적으로 우리는 그것들 없이도 지낼 수 있었다고 이제 말할 수 있는가?

무엇보다도 먼저 이 개념들의 수용은 어떤 경험들에 대한 확신에 찬 기대를 표현한다.

우리는 예를 들어 어떤 곱셈이 어떤 경우든지 항상 동일한 결과를 산출시키는 것은 아니라는 것을 받아들이지 않는다.

그리고 우리가 확신을 지닌 채 기대하는 것은 우리의 전체 삶에 본질적이다.

53. 그러나 그렇다면 왜 나는 수학적 명제들이 바로 그 특정한 기대들
130 을, 그리하여 경험들을 표현한다고 말해서는 안 되는가? 그저 수학적 명제들이 바로 그렇게 하지 않기 때문이다. 만일 내가 어떤 사실들의 발생을 확고하게 기대하지 않았다면, 어떤 개념의 수용은 아마도 내가 취하지 않게 될 방책이다; 그러나 그렇기 때문에 이 척도의 확립은 그 기대들에 대한 언명과 동등하지 않다.

54. 사실이라는 몸을 올바른 평지 위에 세우는 것, 즉 주어진 것을 주어진 것으로 간주하는 것은 어렵다. 사람들이 익숙해져 있는 것과는 다

르게 그 몸을 확립시키고 보는 것은 어렵다. 어떤 목재방 안에 있는 책상은 예컨대 공간을 절약하기 위해서 항상 뒤집힌 채 놓여 있을 수도 있다. 그렇게 나는 다양한 이유들로부터 사실이라는 몸이 늘 그와 같이 확립됨을 보아 왔다; 그리고 이제 나는 다른 어떤 것을 그것의 시작이라고, 다른 어떤 것을 그것의 끝이라고 보아야 한다. 그것은 어렵다. 그것은 이 위치에서 다른 장치에 의해서 떠받쳐지지 않는다면, 말하자면 그렇게 서 있지 않을 것이다.

55. 모순을 회피하는 것에서 성립하는 수학적 기술을 사용하는 것과, 수학 일반에 있어서의 모순에 대해서 철학하는 것은 별개이다.

56. 모순. 왜 이것은 그저 하나의 유령인가? 이는 확실히 아주 의심스럽다.

왜 어떤 실제적 목적을 위해 만들어진 계산이 어떤 모순을 산출하고서 그저 "당신이 하고 싶은 대로 하시오. 나—그 계산—는 그것에 대해서는 결정하지 않을테니까"라고 말해서는 안 되는가?

모순은 내가 행동해야 하지 숙고해서는 안 된다는 신들의 암시로서 파악될 수도 있을 것이다.

57. "왜 어떤 모순도 수학에 허용되어서는 안 될까?"—자, 왜 어떤 모순도 우리의 단순한 언어 놀이에 허용되어서는 안 되는가? (여기에는 확실히 어떤 연관성이 있다.) 그렇다면 그것은 모든 생각 가능한 언어 놀이를 다스리는 근본 법칙인가?

하나의 모순이 명령에서 예컨대 놀람과 망설임을 생기게 한다고 가정해 보자—그러면 이제 우리는 이렇게 말한다: 바로 그것이 이 언어 놀이에서 모순의 목적이다.

58. 어떤 사람이 사람들에게 다가와서는 "나는 항상 거짓말한다"라고 말한다. 그들은 대답한다:"자, 그렇다면 우리는 당신을 신뢰할 수 있다!"—그러나 그는 바로 그가 말한 것을 의미할 수 있을까? 정말 참인 것은 그것이 무엇이든지간에 말할 수 없다는 느낌이 있지 않은가?

"나는 항상 거짓말한다!"—자, 그렇다면 이 문장은 어떻게 되는가?—"그것 역시 거짓말이었다!"—그러나 그렇다면 당신은 항상 거짓말하는 것은 아니다!—"아니다. 그것은 모두 거짓말이다!"

아마도 우리는 이 사람에 대해서, 그가 "참"과 "거짓말"로 우리가 의미하는 것과는 동일한 것을 의미하고 있지 않다고 말하게 될 것이다.
131 그는 아마도 다음과 같은 것을 의미하고 있다:그가 말하는 것은 반짝거린다;또는 아무것도 실제로 그의 가슴에서 우러나오지 않는다.

또한 다음과 같이 말할 수도 있을 것이다:그의 "나는 항상 거짓말한다"는 참으로 어떤 주장도 아니었다. 그것은 오히려 환호성(Ausruf, 감탄)이었다.

따라서 다음과 같이 말할 수 있다:"만일 그가 그 문장을 아무런 생각 없이 말했다면—그렇다면 그는 그 말을 그러그러하게 의미해야만 했으며, 그 말을 일상적 방식으로 의미할 수 없었을 것이다"?*

59. 왜 러셀의 모순은 초-명제적인 어떤 것으로서, 즉 명제들의 꼭대기에 있으면서 야누스의 머리와 같이 양쪽 방향으로 동시에 보이는 어떤 것으로서 파악되어서는 안 되는가? 주의해 보라:즉 명제 $F(F)$는—

---

* 여기서 물음표는 원문에 있는 것을 그대로 옮긴 것이다. 우리는 다음의 세 가지 가능성을 추측할 수 있을 것이다. 첫째는 비트겐슈타인 자신의 의도와는 다르게 이 물음표가 씌어졌을 가능성이고, 둘째는 위의 문장이 반어법으로 씌어졌을 가능성이며, 마지막으로 비트겐슈타인이 이 글을 쓰는 과정에서 지녔던 어떤 의문점이나 문제점을 표시해 두기 위해서 일부러 덧붙였던 것이 그대로 남아 있게 되었을 가능성이다—옮긴이 주.

거기에서는 $F(\xi)=\sim\xi(\xi)$인데—어떤 변항들도 포함하지 않으며, 따라서 초-논리적인 어떤 것으로, 그 부정 자체가 다시금 그 자신을 말하게 될 뿐인, 어떤 논박 불가능한 것으로서 간주될 수도 있을 것이다. 뿐만 아니라 사람들은 심지어 이 모순으로 논리학을 시작할 수도 없을까? 그리고 그것으로부터 말하자면 명제들에로 하강해 간다.

자기 모순적인 명제는 논리학의 명제들 위에 있는 (야누스의 머리를 가진) 기념비처럼 서 있게 될 것이다.

60. 치명적으로 해로운 것은, 모순 없는 명제와 모순적인 명제 어느 쪽도 수행할 그 어떤 작업도 없는 영역에서 어떤 모순을 산출시키는 것이 아니다. 참으로 해로운 것은: 모순이 더 이상 해가 되지 않는 곳으로 어떻게 도달했는지를 모른다는 것이다.

133

IV

1942~1943년

1. 실제로 '하나의 놀이를 하고 있는' 한에서 수학자는 어떤 추론도 하고 있지 않다는 것은 물론 명확하다. 왜냐하면 여기에서 '놀이하기'란 어떤 규칙들에 일치해서 행동하기를 의미해야만 하기 때문이다. 그리고 그가 여기에서 일반적 규칙에 따라 그렇게 행동할 수도 있다는 결론을 이끌어 낸다면, 그것은 이미 그 단순한 놀이 밖으로 나와 버리는 것이 될 것이다.

2. 계산기는 계산하는가?

어떤 계산기가 우연히 생겨났다고 상상해 보자;이제 어떤 사람은 우연히 그 단추를 누르고(또는 어떤 동물이 그 위를 달려가고) 그것은 곱셈 25×20을 계산한다. —

나는 이렇게 말하고 싶다:수학의 기호들이 평상복 차림으로도 사용된다는 것은 수학에 본질적이다.

기호 놀이를 수학으로 만드는 것은 수학 외부의 사용이며, 따라서 그 기호들의 의미(Bedeutung)이다.

내가 어떤 형성물을 다른 형성물로 변형시키는 것(가령 의자들의 어떤 배열을 다른 배열로)이, 만일 이 배열들이 이 변형의 외부에서 어떤 언어적 사용을 갖지 않는다면 논리적 추론이 될 수 없는 것과 마찬가지로.

3. 그러나 러셀의 기호들의 의미를 전혀 모르는 어떤 사람이 러셀의 증명을 검토할 수 있을 것이라는 것은 참이 아닌가? 따라서 어떤 중요한 의미에서 그것들이 옳은지 그른지 검사할 수 있을까?

어떤 인간적인 계산기는 다음과 같이 훈련될 수도 있을 것이다: 즉 그 계산기에 추론 규칙들이 보여지고 또 가령 예들이 제시될 때, 그 계산기는 어떤 수학적(가령 러셀의) 체계의 증명들을 읽어 나가며, 전부 옳게 끌어낸 결론 뒤에서는 고개를 끄덕이고, 오류에는 고개를 흔들고 계산하기를 멈춘다. 게다가 우리는 이 존재가 완전히 우둔하다고 상상할 수도 있을 것이다.

우리는 검토될 수 있고 또 복사될 수 있는 어떤 것을 증명이라고 부른다.

4. 수학이 하나의 놀이라면, 어떤 놀이를 하는 것은 수학을 하는 것이다. 그렇다면 왜 춤추는 것은 또한 수학을 하는 것이 아닌가?

134 계산기가 자연적으로 생겨났고, 사람들이 그 계산기의 상자 내부를 들여다 볼 수 없다고 상상해 보라. 그리고 가령 우리가 계산을 이용하는 것처럼, 비록 그 계산에 대해서는 아무것도 모를지라도, 이 사람들이 이제 이 설비를 이용한다고 하자. 따라서 그들은 가령 그 계산기의 도움으로 예측을 하지만, 이 기묘한 대상을 조종하는 것은 그들에게는 일종의 실험이다.

이 사람들은 우리가 지니고 있는 개념들을 결여하고 있다; 그러나 무엇이 그 자리를 대신하는가? —

그 운동을 우리가 기하학적(운동학적) 증명으로 보았던 기계 장치에 관해 생각해 보라: 명확하게도 바퀴를 돌리고 있는 어떤 사람이 뭔가를 증명하고 있다고는 정상적으로는 말해지지 않을 것이다. 놀이를 하기 위해서 기호들을 배열시키고, 그 배열을 바꾸는 사람도 그와 마찬가지가 아닌가? 설령 그가 산출하는 것이 증명으로 보여질 수 있을지라도 말이다.

수학이 놀이라고 말하는 것은 다음을 뜻할 것이다: 증명하는 데 있어서 우리는 기호들의 의미에, 따라서 그것들의 수학 외적 적용에 결코 호소할 필요가 없다. 그러나 그렇다면 이것에 호소한다는 것은 도대체 무엇을 뜻하는가? 어떻게 그러한 호소가 유용할 수 있는가?

그것은 수학으로부터 밖으로 나와서 다시 복귀하는 것을 뜻하는가, 아니면 하나의 수학적 추론 방법에서 다른 것으로 넘어감을 뜻하는가?

구(球)의 표면이라는 새로운 개념을 획득한다는 것은 무엇을 뜻하는가? 그렇다면 어느 정도까지 그것은 구의 표면이라는 개념인가? 오직 실제의 구에 적용될 수 있는 한에서.

러셀의 수리 논리학을 이해하기 위해서는 어느 정도로 '명제'의 개념을 지녀야만 하는가?

5. 만일 수학의 의도된 적용이 본질적이라면, 그 적용—또는 최소한 수학자가 그 적용이라고 간주하는 것—이 완전히 환상적인 수학의 분과에 대해서는 어떠한가? 그래서 집합론에서와 같이 사람들은 그 적용에 대해서 완전히 잘못된 생각을 하는 수학의 분과에 종사한다. 자, 그렇다고 하더라도 사람들은 수학을 하고 있지 않은가?

만일 산술적 조작이 단지 어떤 암호를 구성하는 데만 기여한다면, 물론 그것의 적용은 우리의 산술의 적용과는 근본적으로 다를 것이다. 그러나 그렇다면 도대체 이 조작들은 수학적 조작일 것인가?

어떤 암호 해독 규칙을 적용하는 사람은 수학적 조작들을 수행하고
135 있다고 우리는 말할 수 있는가? 그렇지만 그의 변형들은 그렇게 생각
될 수 있다. 왜냐하면 기호들 …의 해독에서 그러그러한 열쇠에 맞게

산출되어야 하는 것을 그가 계산하고 있다고 그는 확실히 말할 수 있을 것이기 때문이다. 그리고 이 규칙에 따라 해독된 기호들 …은 …을 산출한다라는 명제는 수학적 명제이다. 장기 놀이에서 이 포진으로부터 저 포진으로 둘 수 있다는 명제와 마찬가지로.

4차원 공간의 기하학이 영혼의 생활 조건에 대해 알려는 목적으로 수행된다고 상상해 보라. 그 까닭에 그것은 수학이 아닌가? 그리고 나는 이제 그것이 개념들을 결정한다고 말할 수 있는가?

어떤 어린 아이가 이미 수천 개의 곱셈을 할 수 있었다고 말하는 것은—이 말로 이를테면 그 아이가 이미 무제한적인 수 영역에서 계산할 수 있었다는 것이 의미될텐데—기묘하게 들리지 않을까? 그리고 '무한하게 많은' 대신에 단지 '수천 개'라고만 말할 때, 실로 이는 극도로 온건한 표현 방식으로 여겨질 수도 있을 것이다.

일상 생활에서는 가령 1000까지만 계산하고, 그보다 더 큰 수로 이루어지는 계산은 영혼의 세계에 대한 수학적 탐구를 위해 유보했던 사람들을 생각할 수 있을까?

"실제의 구 표면에 대해 타당하든 그렇지 않든—그것은 수학적 구 표면에 대해 타당하다"—이는 마치 수학적 명제와 경험적 명제 사이의 특수한 차이가, 경험적 명제의 진리가 진동하고 대략적인 반면, 수학적 명제는 그것의 대상을 정확하게 그리고 무조건적으로 참되게 기술한다는 점에 있는 것처럼 보이도록 만든다. 마치 바로 그 '수학적 구'가 하나의 구인 것처럼. 그리고 사람들은 가령 그러한 구가 오직 하나만 있는지, 아니면 더 많이 있는지에 대해 질문할 수도 있을 것이다(프레게의 문제 설정).

가능한 적용에 관한 오해는 수학의 일부로서의 계산에 손상을 끼치는가?

그리고 오해는 별도로 할 때—단순한 불명확성에 대해서는 어떠한가?

수학자들이 어떤 기묘한 존재, 제곱할 때 -1을 산출시키는 $\sqrt{-1}$을 발견했다고 믿는 사람들은, 그럼에도 불구하고 복소수로 아주 잘 계산하고 그러한 계산을 물리학에 적용할 수 없는가? 그리고 그러한 까닭에 그것은 뭔가 모자란 계산이 되는가?
물론 어떤 관점에서 그의 이해는 약한 토대 위에 서 있다; 그러나 그는 확신을 가지고 그의 결론을 이끌어 낼 것이며, 그의 계산 체계는 확고한 토대 위에 서 있게 될 것이다.

그렇다면 이제 이 사람들이 수학을 하고 있지 않았다고 말하는 것은 우스꽝스럽지 않을까?

136 어떤 사람은 수학을 확장시켜 나가고, 새로운 정의를 부여하고, 새로운 정리들을 발견한다——그리고 사람들은 어떤 관점에서는 자신이 무엇을 하고 있는지 그는 알지 못한다고 말할 수 있다. —그는 어떤 공간과 같은 것을 발견했다는 것에 대해(이때 그는 어떤 방을 생각한다), 또 어떤 영토를 개척했다는 것에 대해 모호한 표상을 지니고 있으며, 그것에 대해 질문받게 되면 장황하게 헛소리를 늘어놓을 것이다.

어떤 사람이—그는 자기가 이렇게 한다고 말하는데—수들의 영역의 거대한 새로운 영토를 정복하기 위해서 엄청나게 큰 곱셈들을 수행하는 원시적인 경우를 상상해 보자.

$\sqrt{-1}$로 이루어지는 계산이 어떤 얼간이에 의해서 발명되었다고 상상해 보라. 그런데 그는 단지 그 생각의 역설에 매료된 채 일종의 부조리한, 신에 대한 예배 또는 종교 의식으로서 계산을 한다. 그는 불가능한 것을 써놓고서 그것으로 조작하고 있다고 상상한다.

바꾸어 말하면: 수학적 대상들의 존재와 그것들의 기묘한 속성들을 믿

는 사람은—그럼에도 불구하고 수학을 할 수 없는가? 또는:—그 역시 수학을 하고 있지 않은가?

'이상적(ideal, 이념적) 대상.'* "기호 '*a*'는 어떤 이상적 대상을 지칭한다"는 명백하게도 그 의미에 대해서, 따라서 '*a*'의 사용에 대해서 뭔가를 진술할 것이다. 그리고 그것은 당연하게도 이 사용이 어떤 관점에서는 어떤 대상을 갖는 기호의 사용과 비슷하다는 것, 그리고 그것은 어떤 대상도 지칭하지 않는다는 것을 뜻한다. 그러나 '이상적 대상'이라는 표현이 이 사실로부터 무엇을 만드느냐는 흥미롭다.

6. 어떤 상황에서 우리는 무한한 열의 구슬에 대해 이야기할 수도 있다.—동일한 간격으로 떨어져 있는 구슬들의 무한한 직선열을 상상해 보자. 우리는 어떤 특정한 인력 법칙에 따라서, 이 모든 구슬에 의해서 어떤 특정한 물체에 작용하는 힘을 계산한다. 우리는 이 계산에 의해 산출된 수를 어떤 측정들에 대한 정확성의 이상으로 간주한다.

여기에서 뭔가 기묘하다는 느낌은 오해에서 유래한다. 그것은 지성의 엄지잡기[놀이]가 만들어 낸 오해와 같은 종류이다.—이것에 나는 중지를 명하고 싶다.

'유한은 무한을 파악할 수 없다'라는 반론은 참으로 파악이나 이해가 심리학적인 작용이라는 생각에 향해진 것이다.

---

* 여기에서(그리고 7절에서) 비트겐슈타인은 힐베르트를 염두에 두고 있다. 평면에서 임의의 두 직선은 한 점에서 교차하거나 만나지 않는다. 두 직선이 만나지 않는 경우는 그 두 직선이 평행할 때인데, 힐베르트에 따르면 '무한대에 있는 점들'과 '무한대에 있는 한 직선'을 도입함으로써 어떤 임의의 평행한 두 직선도 그러한 한 점에서 교차한다고 말할 수 있다. 이때 힐베르트는 여기에서 새로이 도입된 것을 '이상적 원소들'(ideal elements)이라고 부른다. D. Hilbert, "On the Infinite" (1925), in *Philosophy of Mathematics*, ed. Putnam & Bennacerf(Cambridge Univ. Press, 1983) 참조—옮긴이 주.

또는 우리가 단순히 다음과 같이 말한다고 생각해 보라: "이 힘은 그
러그러하게 배열된 무한한 열의 구슬들이 이 인력 법칙에 따라 그 물체
137 를 잡아당기는 인력에 상응한다." 또는 다시: "그러그러한 성질의 무한
한 열의 구슬들이 한 물체에 작용하는 힘을 계산하라!"—이 명령은 확
실히 어떤 의미를 지니고 있다. 어떤 특정한 계산이 기술된다.

다음과 같은 문제에 대해서는 어떠한가?: "석판들이 차곡차곡 쌓여 있고 또 이 석판들은 기수들과 수가 같을 때, 이 석판들로 이루어진 기둥의 무게를 계산하라. 가장 밑바닥의 석판은 1kg이고, 위에 있는 석판은 각각 그 밑에 있는 석판의 무게의 절반이다."

그 어려움은 우리가 어떤 표상도 만들어 낼 수 없다는 점이 아니다. 어떻게든 예컨대 어떤 무한열의 표상을 만들어 내는 것은 아주 쉽다. 문제는 그 표상이 우리에게 어떤 용도를 갖느냐 하는 것이다.

동화에서 사용되는 무한한 수들을 생각해 보라. 난쟁이들은 기수들이 존재하는 만큼 많은 금조각들을 쌓아 올렸다—등등. 이런 동화 속에서나 일어날 수 있는 것은 확실히 의미가 있음에 틀림없다.—

7. 집합론이 어떤 풍자가에 의해서 수학에 대한 일종의 패러디로서 발명되었다고 상상해 보라.—나중에 사람들은 어떤 합리적인 의미를 보았고, 그것을 수학에 통합했을 것이다. (도대체 만일 한 사람이 그것을 수학자의 낙원으로 간주할 수 있다면, 왜 어떤 다른 사람은 농담으로 간주할 수 없는가?)

문제는 이렇다: 농담일지라도 그것은 명백하게도 수학이 아닌가?—

그리고 왜 그것은 명백하게도 수학인가?—그것이 규칙들에 따른 기호 놀이이기 때문에?

그러나 여기에서 명백하게도 개념들은—비록 우리가 그것들의 적용

에 대해서 명확하게 알지 못하더라도—형성되지 않는가?

그러나 어떻게 사람들은 한 개념을 가지면서 그 적용에 대해 명확하게 알지 못할 수 있는가?

8. 힘의 다각형의 작도에 대해 고려해 보자: 그것은 응용 수학의 일부가 아닌가? 그리고 이 그래프 계산에서 이용되는 순수 수학의 명제는 어디에 있는가? 이 경우는 어떤 예측의 목적으로 어떤 계산 기술을 지니고 있지만, 어떤 순수 수학의 명제도 지니고 있지 않은 종족의 경우와 같지 않은가?

어떤 종교 의식의 수행에 이바지하는 계산. 예컨대 어떤 가정에 적용되는 축문의 낱말들의 수가, 부모의 나이와 그 자식의 수로부터 어떤 특정한 기술에 의해 도출된다고 하자. 우리는 그 계산 과정이 모세의 율법과 같은 율법으로 기술된다고 상상할 수도 있을 것이다. 그렇다면 우리는 이 종교 의식적인 계산 규정을 지니는 그 민족이 결코 실제 생활에서는 계산하지 않는다고 상상할 수 없을까?

138 이것은 실로 응용 계산의 한 경우가 될 것이다. 그러나 그것은 어떤 예측의 목적에는 이바지하지 않을 것이다.

만일 계산 기술이 적용들의 가족을 지닌다면 놀라울 것이 있는가?!

9. 우리는 π의 무한 전개에서 ϕ라는 형태(예컨대 '770'과 같은 숫자들의 특정한 배열)가 나올 것인가의 여부를 묻는 물음이 얼마나 기묘한 것인지를, 아주 평범한 방식으로 그 문제를 설정하고자 시도할 때 비로소 보게 된다: 사람들은 어떤 규칙들에 따라 기호들을 써내려 가도록 훈련받았다. 이제 그들은 이 훈련에 맞게 나아가며, 우리는 그들이 그 주어진 규칙을 따르면서 언젠가 그 형태 ϕ를 적어 놓게 될지 아닌지가 문제라고 말한다.

그러나 한 가지는 분명하다: 즉 그 무한 전개에서 사람들은 ϕ에 도달하거나 그렇지 않거나 할 것이다라고 말하는 사람은 무엇을 말하고 있는가?

나에게는 이렇게 말하는 사람이 어떤 규칙이나 공준을 이미 스스로 설정하고 있다고 보인다.

만일 어떤 사람이 어떤 질문에 '지금까지 이 질문에는 어떤 대답도 없었다'라고 응수한다면 어떻게 되는가?

가령 어떤 시인에게 그의 시에 나오는 영웅에게 누이가 있는지 없는지를 묻는다면, 그는 그렇게 대답할 수도 있을 것이다—즉 그가 아직 그것에 대해 아무것도 결정하지 않았을 때.

물음은—나는 이렇게 말하고 싶은데—그 물음이 결정 가능하게 될 때 그 위상이 바뀐다. 왜냐하면 그렇게 되면 이전에는 거기에 있지 않았던 어떤 연관이 만들어지기 때문이다.

우리는 피훈련자에 대해서 다음과 같이 질문할 수 있다: '어떻게 그는 이 경우에 그 규칙을 해석할 것인가?' 또는 '어떻게 그는 이 경우에 그 규칙을 해석해야 할 것인가?' 그러나 이 물음에 대해서 어떤 결정도 이루어진 바가 없다면 어떻게 되는가?—자, 그렇다면 그 대답은 '그는 그 규칙을 ϕ가 그 소수 전개에서 나타나게끔 해석해야 한다' 또는 '그는 그 규칙을 ϕ가 나타나지 않게끔 해석해야 한다'가 아니며, 오히려 '그 점에 관해서는 아직 아무것도 결정되지 않았다'이다.

아무리 기묘하게 들릴지라도 어떤 무리수를 더 전개하는 것은 수학을 더 전개하는 것이다.

우리는 개념들로 수학을 한다.—그리고 다른 개념들로 하는 것보다 더 많은 어떤 개념들로.

나는 이렇게 말하고 싶다: 어떤 결정의 근거가 이미 거기에 있었던 것처럼 보인다; 그리고 그것은 비로소 발명되어야만 한다.

그 말은 다음과 같이 말하는 것과 같게 될까?: 즉 우리가 배운 소수
139 전개 기술에 대해 생각할 때 우리는 어떤 완결된 소수 전개라는 (보통 우리가 "수열"이라고 부르는 것의) 잘못된 그림을 사용하고 있고, 그리하여 우리는 대답 불가능한 물음을 내세우도록 강요받고 있다라고?

왜냐하면 결국 $\sqrt{2}$의 소수 전개에 관한 모든 물음은 전개 기술에 관한 실제적인 물음으로 설정될 수 있어야만 할 것이기 때문이다.

그리고 여기에서는 당연하게도 어떤 실수의 소수 전개의 경우 또는 일반적으로 수학적 기호들의 산출뿐만 아니라, 놀이, 춤 등등 모든 유사한 과정도 문제가 된다.

10. 어떤 사람이 배중률이 불가피한 것이라고 우리에게 끈덕지게 주장한다면 — 그의 물음에 뭔가가 잘못되어 있음은 분명하다.

어떤 사람이 배중률을 내세울 때, 그는 말하자면 우리 앞에 두 개의 그림을 내놓고서 하나를 선택하라는 것이며, 그 중 하나가 사실에 대응해야만 한다고 말하는 것이다. 그러나 여기에서 그 그림이 적용될 수 있는지가 문제될 수 있다면 어떻게 되는가?

그리고 그 무한 전개에 ϕ라는 형태가 포함되거나 포함되지 않아야만 한다고 말하는 사람은, 말하자면 아주 멀리 나아간, 조망할 수 없는 수열의 그림을 우리에게 보여주고 있는 것이다.

그러나 만일 그 그림이 그 멀리 나아간 곳에서 가물거리기 시작하면 어떻게 되는가?

11. 어떤 무한한 수열에 대해서 그것이 어떤 특정한 형태를 포함하지 않는다고 말하는 것은 오직 아주 특수한 조건들 하에서만 의미가 있다.

다시 말해: 사람들은 어떤 경우들에 대해서 이 명제에 의미를 부여해 왔다.

대충 말하자면: 형태 …을 전혀 포함하지 않는다는 것이 이 수열의 법칙에 있는 경우에 대해.

게다가: 그 소수 전개를 계속 더 계산할 때, 나는 그 수열이 따르는 새로운 법칙들을 도출하고 있다.

“좋다. ―따라서 우리는 다음과 같이 말할 수 있다: ‘그 형태가 나타난다는 것은 그 수열의 법칙에 놓여 있어야만 하거나 아니면 그 반대가 그래야만 한다.’” 그러나 그것은 그러한가? ―“글쎄, 소수 전개 법칙은 도대체 그 수열을 완전히 결정하지 않는가? 그리고 만일 그러하다면, [그리하여] 어떤 양의성도 허용하지 않는다면, 그것은 수열의 구조에 관한 모든 물음들을 암묵적으로 결정하지 않으면 안 된다.”―여기에서 당신은 유한 수열을 생각하고 있다.

“그러나 확실히 그 수열의 첫번째부터 1000번째까지, 10^{10}번째까지 등등의 항들은 모두 결정되어 있다; 따라서 확실히 모든 항들은 결정되
140 어 있다.” 만일 이 말이 가령 그러그러하게 큰 수번째가 결정되지 않는 경우는 없다는 것을 의미한다면 이 말은 옳다. 그러나 그 말은 어떤 형태가 (만일 그 형태가 지금까지 나타나지 않았다면) 그 수열에서 나타날지 안 나타날지에 대해 어떤 정보도 주지 않음을 당신은 알 수 있다. 따라서 우리는 우리가 어떤 오도적인 그림을 사용하고 있음을 본다.

만일 당신이 그 수열에 대해서 더 많이 알고자 한다면, 당신은 말하자면 다른 차원으로(말하자면 직선으로부터 그것을 둘러싼 평면으로) 나아가야 한다. ―그러나 그렇다면 그 직선과 마찬가지로 그 평면은 바로 거기에 있지 않은가? 그리고 사람들이 사태가 어떠한지를 알고자 한다면 탐구되어야 할 어떤 것이 그저 있지 않은가?

아니다. 수학이 전부 그렇듯이 이러한 더 큰 차원의 수학은 발명되어

야만 한다.

5를 초과해서는 세지 않는 어떤 사람들의 산술에서는 4+3은 얼마인가 하는 물음은 아직 어떤 의미도 없다. 그러나 이 물음에 어떤 의미를 부여하게 될 문제는 당연히 존재할 수 있다. 다시 말해: 그 물음이 의미를 갖지 않는 것은 배중률이 그 물음에 적용될 때 의미를 갖지 않는 것과 마찬가지이다.

12. 사람들은 배중률에서 확고한 어떤 것, 어떤 경우에서든 회의에 빠져들지 않게 할 어떤 것을 이미 얻었다고 생각한다. 반면에 실제로 이 동어 반복은 경우인 것은 p인가 아니면 $\sim p$인가 하는 물음과 마찬가지로 진동하는 의미(내가 이렇게 말해도 된다면)를 갖고 있다.

내가 다음과 같이 질문한다고 하자: "형태 …은 이 소수 전개에서 나타난다"라는 말로 사람들은 무엇을 의미하는가? 대답은 이럴 것이다: "당신은 확실히 그것이 무엇을 의미하는지 알고 있다. 그것은 형태 …가 그 소수 전개에서 실제로 나타나는 것과 같이 나타난다."—따라서 그것은 그렇게 나타나는가? —그러나 어떻게라는 것인가?

다음과 같이 말해졌다고 상상해 보라: "그것은 그렇게 나타나든가, 그렇게 나타나지 않든가이다"!

"그러나 그것이 무엇을 의미하는지 정말로 당신은 이해하지 못하는가?!"—그러나 나는 그것을 이해하고 있다고 믿지만 틀릴 수 없는가? —

형태 …은 그 소수 전개에서 나타난다라는 말이 무엇을 의미하는지 도대체 나는 어떻게 아는가? 확실히 예들을 통해서—즉 …인 것이 어떤 것인지를 나에게 보여주는 예들을 통해서. 그러나 이 예들은 그 형태가 그 소수 전개에서 나타난다는 것이 어떤 것인지를 나에게 보여주지 않는다!

사람들은 이렇게 말할 수 없을까?: 만일 그 형태가 소수 전개에서 나타난다는 것이 어떤 것인지 이 예들이 나에게 말해 주고 있다고 말할 권리를 실제로 내가 갖고 있다면, 그 예들은 또한 그 명제의 반대가 의미하는 것이 무엇인지도 나에게 보여주어야만 할 것이다.

13. 그 형태가 그 소수 전개에서 나타나지 않는다는 일반 명제는 그저 하나의 명령일 수 있다.

사람들이 수학적 명제들을 명령으로 간주하고, 더구나 그것들을 그 자체로 말한다면 어떻게 되는가? "25^2은 625가 되게 하라."

141 그런데—하나의 명령은 내적인 부정과 외적인 부정을 지니고 있다.

기호 "$(x).\phi x$"와 "$(\exists x).\phi x$"는, 사람들이 그 외에도 러셀의 기호들이 여기에서 가리키는 존재 또는 비존재 증명 기술을 알고 있는 한, 수학에서는 확실히 유용하다. 그러나 만일 이것이 결정되어 있지 않다면, 이 이전의 논리학의 개념들은 극도로 오도적인 것이다.

만일 어떤 사람이 "그러나 당신은 확실히 '그 형태는 그 소수 전개에서 나타난다'는 것이 무엇을 뜻하는지를 알고 있다. 즉 그것이다"라고 말한다면—그리고 나타나는 한 경우를 지적한다면—그가 나에게 보여주는 것은 여러 다양한 사실들을 예증할 수 있다고 나는 그저 대답할 수 있다. 그러한 이유로 해서 그가 이 경우에 그것을 확실히 적용하리라는 것을 내가 알고 있기 때문에 그 명제가 무엇을 의미하는지 내가 알고 있다고 우리는 말할 수 없다.

"p인 법칙이 존재한다"의 반대는 "$\sim p$인 법칙이 존재한다"가 아니다. 그러나 만일 전자를 P로 표현하고 후자를 $\sim P$로 표현한다면, 우리는 곤경에 빠져들 것이다.

14. 어린 아이들이 지구는 무한한 평면이라고 교육받는다고 하면 어

떻게 될까? ; 또는 신이 무한한 열의 별들을 창조했다거나, 별은 전혀 멈춤 없이 일직선으로 균일하게 한없이 계속 움직인다고 교육받는다고 하면 어떻게 될까?

기묘하게도: 사람들이 그런 것을 자명한 것으로, 말하자면 전적으로 무난한 것으로 간주한다면, 그것은 모든 역설[역설적인 면]을 상실한다. 그것은 마치 누군가가 나에게 다음과 같이 말하는 경우와 같다: 걱정하지 마라. 이 수열이나 운동은 전혀 멈춤 없이 계속 나아가니까. 우리는 말하자면 끝에 대해서 생각하는 수고를 면제받는다.

'우리는 끝을 고려하지 않을 것이다'('우리는 끝에 신경 쓰지 않을 것이다').

사람들은 다음과 같이 말할 수도 있을 것이다: '우리에게 그 수열은 무한하다.'

'우리는 그 수열의 끝에 대해 걱정하지 않을 것이다; 우리에게 그것은 항상 조망 가능하지 않다.'

15. 사람들은 유리수들을 세어서 열거할 수 없다. 왜냐하면 사람들은 그것들을 셀 수 없으므로. 그러나 사람들은 유리수를 매개로 셀 수 있다—즉 기수들로 세는 것과 마찬가지로. 이 사팔뜨기 식 표현 방식은 그럴싸하게 보이는 전체 체계에 스며들어 있어서 여태까지 우리가 유한 집합을 다룰 때 지녔던 동일한 확신과 함께 새로운 장치로 무한 집합들을 다루게 한다.

'세어서 열거할 수 있는'이라고 부르지 말았어야 했다. 반면에 '가부번'(可附番)이라고 말하는 것은 의미가 있을 것이다. 그리고 이 표현은 또한 그 개념의 한 적용을 알게 해준다. 왜냐하면 사람들은 실로 유리수들을 세어서 열거하려고 할 수 없지만, 당연히 그것들에 번호들을 할당시키려고 할 수 있기 때문이다.

142 16. 연금술과의 비교가 암시된다. 우리는 수학에 있어서의 일종의 연금술에 관해 이야기할 수도 있을 것이다.

수학적 명제들이 수학적 대상들에 관한 언명들로서 간주되는 것—그래서 수학이 이 대상들의 탐구로서 간주되는 것은 이러한 수학적 연금술을 특징짓는가?

어떤 의미에서 우리는 수학에서 기호들의 의미에 호소할 수 없다. 왜냐하면 수학이 비로소 그것들에 의미를 부여하기 때문에.

내가 이야기하고 있는 현상에 전형적인 것은, 그 어떤 수학적 개념에 대해서 신비스러운 것은 곧바로 잘못된 생각 또는 오류로 해석된다는 점이 아니라, 오히려 여하튼 무시되지 않아야 할, 아마도 심지어 차라리 존중되어야 할 어떤 것으로 해석된다는 점이다.

내가 할 수 있는 모든 것은 이러한 불명확성으로부터, 그리고 개념의 현란한 빛으로부터 빠져 나오는 쉬운 길을 보여주는 것이다.

기묘하게도 이 모든 현란한 개념 형성들에 말하자면 어떤 견고한 핵이 있다고 말할 수 있다. 그리고 나는 그것이 그것들을 수학적 산물로 만든다고 말하고 싶다.

다음과 같이 말할 수도 있을 것이다: 물론 당신이 보고 있는 것은 차라리 번쩍이며 빛나는 신기루처럼 보인다; 그러나 다른 쪽에서 그것을 보라. 그러면 당신은 견고한 물체를 볼 수 있고, 이는 그저 그 [처음의] 방향에서만 형체를 지닌, 기반이 없는 섬광처럼 보인다.

17. '이 형태는 그 수열에 있거나 그 수열에 있지 않거나이다'는 다음을 뜻한다: 사태는 그와 같이 보이거나, 그와 같이 보이지 않거나이다.

"ϕ는 그 수열에 나타난다"라는 명제와 "ϕ는 그 수열에 나타나지 않는다"라는 명제의 반대가 무엇을 의미하는지 사람들은 어떻게 아는가?

이 질문은 무의미하게 들리지만, 그래도 어떤 의미가 있다.

즉: 내가 "ϕ는 그 수열에 나타난다"라는 명제를 이해한다는 것을 나는 어떻게 아는가?

참으로 나는 그러한 언명의 사용에 대해서 예들을 제시할 수 있고, 또한 그 반대의 것도 그렇다. 그리고 그것들은 어떤 특정한 영역 또는 일련의 영역들에서의 나타남을 규정하거나, 이러한 나타남이 배제된다는 것을 규정하는 어떤 규칙이 존재한다는 것에 대한 예들이다.

만일 "당신은 그것을 한다"가 당신은 그것을 해야만 한다를 뜻하고, "당신은 그것을 하지 않는다"가 당신은 그것을 해서는 안 된다를 뜻한다면—"당신은 그것을 하든가 또는 하지 않든가이다"는 배중률이 아니다.

143 어떤 명제가 그러그러한 것이 무한 수열에서 나타나지 않는다고 진술할 수 있다는 생각에 모든 사람들은 불편한 기분을 느낀다—반면에 아무리 이 수열이 계속 나아가더라도 이 수열에 그것이 나타나서는 안 된다고 말하는 명령에 대해서는 의아할 게 전혀 없다.

그러나 "아무리 멀리 갈지라도 당신은 그것을 결코 발견하지 못할 것이다"와 "아무리 멀리 갈지라도 당신은 결코 그것을 해서는 안 된다" 사이의 이 차이는 무엇에서 연유하는가?

그 명제를 듣게 될 때 사람들은 "어떻게 그와 같은 것을 알 수 있는가?"라고 질문할 수 있다. 그러나 명령에 대해서는 유사한 어떤 것도 적용되지 않는다.

진술은 너무 무리하는 것처럼 보이지만, 명령은 전혀 그렇지 않다.

모든 수학적 명제가 명령문으로 말해진다고 상상할 수 있는가? 예를 들어: "10×10은 100이 되게 하라!"

그리고 이제 "그렇게 되게 하라, 또는 그렇게 되지 않게 하라"고 말하는 사람은, (이미 내가 위에서 말했던 바와 같이) 배중률을 말하는 것이 아니라—어떤 규칙을 말하고 있다.

18. 그러나 그것이 정말로 그 곤경에서 빠져 나가는 길인가? 왜냐하면 다른 모든 수학적 명제들, 가령 '$25^2=625$'에 대해서는 어떠한가?; 이것들에 대해서 배중률은 수학의 내부에서 유효하지 않은가?

사람들은 어떻게 배중률을 적용하는가?

"이것을 금지하는 어떤 규칙이 있거나, 그것을 명령하는 규칙이 있거나이다."

그 나타남을 금지하는 규칙이 전혀 없다면—그렇다면 왜 그것을 명령하는 규칙이 있어야 하는가?

"그 나타남을 금지하는 어떤 규칙도 없지만, 그래도 사실상 그 형태는 나타나지 않는다"라고 말하는 것은 의미가 있는가?—그리고 만일 이 말이 전혀 의미가 없다면, 어떻게 그 반대 즉 그 형태가 나타난다는 말은 의미가 있을 수 있는가?

자, 내가 그것이 나타난다고 말할 때에 그 수열의 그림은 그 초항부터 그 형태에 이르기까지 나에게 떠오른다—그러나 만일 내가 그 형태가 나타나지 않는다고 말하면, 그러한 어떤 그림도 나에게 소용이 없으며, 내게는 그 그림들이 바닥난다.

그 규칙이 그 사용에서 눈치채지 못하는 사이에 휘어져 버리면 어떻게 되는가? 내가 의미하는 것은, 내가 그것을 사용하는 다양한 공간들을 나는 말할 수도 있다는 것이다.

"그것은 나타나지 않아야 한다"의 반대는 "그것은 나타날 수도 있다"이다. 그러나 어떤 수열의 유한한 절편에 대해서 "그 안에서 그것은 나타나지 않아야 한다"의 반대는 "그 안에서 그것은 나타나야만 한다"인 것처럼 보인다.

"ϕ는 그 무한 수열에서 나타나거나 또는 나타나지 않거나이다"라는
144 양자 택일에 기묘한 것은, 우리가 그 두 가지 가능성을 각각 상상해야만 한다는 것, 각각에 대해서 각기 상이한 표상을 찾는다는 것, 그리고 다른 곳에서와 같이 그 하나의 표상이 부정적인 경우와 긍정적인 경우에 적합하지 않다는 것이다.

19. 일반 명제 "… 은 존재한다"가 여기에서 의미가 있다는 것을 나는 어떻게 아는가? 글쎄, 만일 그것이 어떤 언어 놀이에서 전개 기술에 관하여 뭔가를 알려 주는 데 사용될 수 있다면.

한 가지 알려 주는 것은 다음이다: "그것은 나타나지 않아야 한다"—즉: 만일 그것이 나타난다면 당신은 잘못 계산했다.

또 한 가지는 다음이다: "그것은 나타날 수도 있다." 즉 그러한 금지는 전혀 존재하지 않는다. 또 한 가지는: "그것은 그러그러한 영역에서 (항상 이 영역의 이 자리에서) 나타나야만 한다." 그러나 이것의 반대는 "그것은 그러그러한 곳에서는 나타나지 않아야 한다"인 것으로 보인다—"그것은 거기에서 나타날 필요가 없다" 대신에.

그러나 예컨대 π의 형성 규칙이 4를 산출하는 모든 곳에서, 4 대신에 그와 다른 어떤 임의의 숫자가 대치될 수 있다는 규칙이 주어진다면 어떻게 되는가?

또한 어떤 자리들에서는 어떤 숫자를 금지하지만, 그 밖의 다른 자리에서는 선택의 여지를 남겨 두는 규칙도 고려해 보라.

이렇지 않은가?: 수학적 명제에서 무한 소수의 개념은 수열의 개념이 아니라, 수열의 제한 없는 전개 기술의 개념이다.

우리는 무제한의 기술을 배운다: 즉 어떤 것이 우리에게 해보여졌고, 그 다음에 우리는 그것을 따라 한다; 우리에게 규칙들이 말해졌고 우리

는 그것을 따르는 연습을 한다; 아마도 "무한대까지 계속 그렇게"와 같은 표현도 사용되지만, 그와 함께 문제가 되는 것은 어떤 거대한 외연이 아니다.

그것이 사실이다. 그렇다면 이제 "ϕ는 그 전개에서 나타나거나, 나타나지 않거나이다"라고 말하는 것은 무엇을 의미하는가?

20. 그러나 이는 이제 "형태 ϕ는 이 소수 전개에서 나타나는가?"와 같은 문제가 전혀 존재하지 않는다는 것을 의미하는가? ―이렇게 묻는 사람은 ϕ의 나타남에 관한 어떤 규칙에 대해 묻는 것이다. 그리고 그러한 규칙의 존재 또는 비존재에 대한 양자 택일은 어쨌든 전혀 수학적인 것이 아니다.

먼저 세워져야 할 어떤 수학적 구조 내에서 비로소 그 물음은 어떤 수학적 결정을 허용하며, 그와 함께 그러한 결정에 대한 요구가 된다.

21. 그렇다면 무한은 현실적이지 않은가? ―나는 "그 석판의 두 변은 무한에서 교차한다"라고 말할 수 없는가?

"그 원은 무한하게 멀리 떨어진 두 점 …을 지나기 때문에 이 속성을 지닌다"가 아니라, 오히려 "그 원의 속성들은 이러한 (진기한) 관점에서 고찰될 수 있다"이다.

145 그것은 본질적으로 하나의 관점이고, 멀리서 가져온 관점이다. (이는 어떤 비난이 아니다.) 그러나 이런 방식으로 바라보는 것이 얼마나 멀리서 가져온 것인지는 항상 완전히 명확해야만 한다. 왜냐하면 그렇지 않다면, 그것의 실제의 의미는 어둠 속에 있게 되기 때문이다.

22. "수학자는 자신이 무엇을 하고 있는지 알지 못한다" 또는 "그는 자신이 무엇을 하고 있는지 알고 있다"는 무엇을 의미하는가?

23. 우리는 무한한 예측들을 할 수 있는가? —자, 왜 우리는 예컨대 관성의 법칙을 그러한 것이라고 불러서는 안 되는가? 또는 혜성은 한 포물선을 그린다는 명제를.

물론 어떤 의미에서 그 예측의 무한성은 아주 진지하게 받아들여지지 않는다.

그렇다면 이제 π를 전개하는 사람은 아무리 계속 나아갈지라도 형태 ϕ를 결코 만나지 못하리라는 예측에 대해서는 어떠한가? —자, 우리는 이것이 비-수학적 예측이거나 아니면 수학적 규칙 중의 하나라고 말할 수도 있을 것이다.

$\sqrt{2}$를 전개하는 방법을 배운 어떤 사람이 점쟁이에게 간다. 그리고 그 점쟁이는 그가 아무리 계속 $\sqrt{2}$를 전개해도 결코 형태 …에 이르지 못할 것이라고 그에게 예언한다. —그 점쟁이의 예언은 수학적 명제인가? 아니다. —"만일 당신이 항상 옳게 전개한다면, 결코 …에 도달하지 못할 것이다"라고 그 점쟁이가 말하지 않는 한. 그러나 그것은 여전히 예측인가?

이제 옳은 전개에 대한 그러한 예측은 생각 가능한 것처럼 보이며, 그 예측은 사태가 그러그러해야만 한다는 수학적 법칙과는 구별되는 것처럼 보인다. 그리하여 수학적인 전개에서 사실상 그렇게 산출되어 나오는—말하자면 우연적으로—것과 산출되어야만 하는 것 사이에 어떤 차이가 있게 될 것이다.

어떤 무한한 예측이 의미 있는지 없는지는 어떻게 결정될 것인가?

어쨌든 "내가 …라고 말할 때 내가 뭔가를 의미한다고 나는 확신한다"라고 말하는 것에 의해서는 아니다.

게다가 그 물음은 그 예측이 어떤 의미를 갖느냐 그렇지 않느냐라는 물음이라기보다는 어떤 종류의 의미를 갖느냐라는 물음이다. (그리하여 어떤 언어 놀이에서 그것이 나타나느냐.)

·255·

24. 수학 속으로의 논리학의 "재앙에 찬 침입".

그렇게 준비되어 있는 분야에서 그것은 존재 증명이다.

논리학적 기술에 대해서 해로운 것은 그것이 우리로 하여금 특수한 수학적 기술을 잊도록 만든다는 것이다. 한편 논리학적 기술은 수학에
146 서는 단지 보조적 기술일 뿐이다. 예컨대 그것은 상이한 기술들간의 어떤 연관들을 산출한다.

이는 어떤 사람이 가구 세공업은 아교칠하기로 성립한다고 말하려는 것과 거의 같다.

25. 증명은 어떤 방정식의 근이 존재함을 당신에게 확신시켜 준다(어디에라는 생각은 주지 않으면서)——근이 하나 존재한다는 명제를 당신이 이해하고 있음을 당신은 어떻게 아는가? 당신이 정말로 어떤 것을 확신하고 있음을 당신은 어떻게 아는가? 당신은 증명된 명제의 적용이 발견될 수 있으리라는 점을 확신할지도 모른다. 그러나 당신은 그 적용을 발견하지 못하는 한, 그 명제를 이해하지 못한다.

증명이 일반적인 방식으로 하나의 근이 존재함을 증명할 때, 모든 것은 그 증명이 그것을 증명하는 형식에 의존한다. 여기에서 이 언어적 표현으로 이끌어가는 것, 바로 그것은 단지 그림자일 뿐이며, 본질적인 것에 대해 침묵한다. 반면에 논리학자에게는 그것이 오직 부수적인 것에 대해서만 침묵하는 것처럼 보인다.

수학적 일반은 수학적 특수에 대해, 다른 곳에서 일반이 특수에 대해 갖는 관계와 동일한 관계에 있지 않다.

내가 말하는 모든 것은 참으로 다음에 귀결된다: 즉 사람들은 어떤 증명을 정확히 알면서 각각의 단계를 차례차례 따라갈 수 있지만, 그래도 그때 증명된 것이 무엇인지 이해하지 못한다.

그리고 이는 다시 어떤 수학적 명제의 의미를 이해하지 못하고도 사람들이 문법적으로 옳게 그 수학적 명제를 형성할 수 있다는 점과 연결되어 있다.

자, 그러면 사람들은 그것을 언제 이해하는가? —나는 이렇게 믿고 있다: 그것을 적용할 수 있을 때.

아마도 다음과 같이 말할 수 있을 것이다: 사람들이 그것의 적용에 대해 어떤 명확한 그림을 갖게 될 때. 그렇지만 이를 위해 어떤 명확한 그림과 그것[수학적 명제]을 연결시키는 것으로는 충분하지 않다. 다음과 같이 말하는 것이 오히려 더 좋을 것이다: 사람들이 그 적용에 대해 어떤 명확한 조망을 가질 때. 그리고 그것조차도 좋지 않다. 왜냐하면 그저 문제인 것은 적용이 없는 곳에서 그 적용을 추정하지 않는 것이기 때문이다; 명제의 언어적 형식에 의해서 속지 않는 것이기 때문이다.

그러나 그렇다면 사람들이 어떤 명제나 증명을 이 방식으로 이해하지 못하거나 오해하는 일이 어떻게 일어나는가? 그리고 그렇다면 이해를 생겨나게 하기 위해서 무엇이 필요한가?

나는 이렇게 믿는데 바로 거기에 어떤 사람이 실제로 명제(또는 증명)를 적용할 수는 있지만 적용의 종류에 대해서는 명확하게 설명할 수 없는 경우들이 존재한다. 그리고 그가 그 명제를 적용할 수조차 없는 경우도. (선택 공리.)

147 0×0=0에 관해서는 어떠한가?

대부분의 비-수학적 명제의 경우에서와 같이 수학적 명제의 이해는 그 언어적 형식에 의해서 보장되지 않는다고 사람들은 말하고 싶을 것이다. 이 말이 뜻하는 것은—이렇게 보이는데—그 언어적 표현(Wortlaut)이 그 명제가 기능하는 언어 놀이를 결정하지 않는다는 것이다.

논리학적 기호법은 구조를 억누른다.

26. 존재하는 것의 구성을 전혀 허용하지 않는 어떤 것이 어떻게 '존재 증명'이라고 불릴 수 있는지를 보려면, "어디"라는 낱말의 다양한 의미를 생각해 보라. (예컨대 지형적인 의미와 측량적인 의미.)

실로 존재 증명은 '존재하는 것'의 장소를 비확정적으로 남겨 놓을 수 있을 뿐만 아니라, 그러한 장소가 전혀 문제될 필요가 없다.
즉: 증명된 명제가 "…인 수가 존재한다"와 같이 되어 있을 때 "그렇다면 이 수는 어떤 것인가?"라고 묻는 것 또는 "그렇다면 이 수는 …이다"라고 말하는 것은 의미가 있을 필요가 없다.

27. π의 소수 전개에서 777이 어디에 나타나는지는 보여주지 않지만 나타난다는 것을 보여주는 증명은 완전히 새로운 관점으로부터 이 소수 전개를 보아야만 할 것이며, 그리하여 그 증명은 가령 아주 멀리 떨어져 있다고 우리가 그저 알고 있었던 소수 전개의 영역들의 속성들을 보여줄 것이다. 그와 동시에 π 안에서 아주 멀리 떨어진 불확정적인 길이의, 말하자면 암흑 지대 즉 우리의 계산 장치에 더 이상 의존할 수 없는 암흑 지대, 그리고 우리가 다른 방식으로 다시 뭔가를 볼 수 있는 훨씬더 나아간 지대를 가정해야만 할 것이라는 점이 그저 떠오른다.

28. 수학적으로 반박될 수 있는 어떤 비수학적 주장(가령 A가 B에게 그러그러한 장기말을 가지고 외통수로 몰았다는 것을 보았다는 주장)을 내세우는 어떤 사람과의 논쟁에서 귀류법에 의한 증명이 사용된다고 우리는 항상 상상할 수 있다.

수학에서 귀류법에 관하여 느끼게 되는 어려움은 이것이다: 무엇이 이 증명에서 진행되는가? 수학적으로 불합리한 어떤 것, 그리하여 비수학적인 어떤 것이? 어떻게 사람들은—이렇게 사람들은 묻고 싶을텐데—수학적으로 불합리한 것을 그렇게 가정할 수 있는가? 내가 물리적으로 거짓인 것을 가정하고 모순적인 결론에 도달할 수 있다는 점은 나에게 어떤 어려움도 주지 않는다. 그러나 어떻게—말하자면—생각할 수 없는 것을 생각하는가?!

그렇지만 간접 증명이 말하는 것은 이렇다: "만일 당신이 그렇게 하고자 한다면 당신은 그것을 가정해서는 안 된다: 왜냐하면 당신이 포기하고 싶지 않은 것의 반대만이 그것과 결합 가능할 것이므로."

148 29. 해석학에서의 기하학적 도해는 실로 비본질적이지만, 기하학적 응용은 그렇지 않다. 원래 기하학적 도해는 해석학의 응용이었다. 이렇게 되기를 멈추는 곳에서 기하학적 도해는 쉽게 그리고 완전히 오도적일 수 있다.

그렇게 되면 우리가 갖게 되는 것은 환상적 적용이다. 공상적 적용.

'절단'이라는 생각은 그러한 위험한 도해이다.

오직 도해가 응용이기도 한 한에서만 그 도해가 어떤 가능한 응용이기를 멈추는 순간에, 그리하여 그것이 어리석은 것으로 되는 순간에, 그 도해가 산출하는 특이한 현기증의 느낌을 그 도해는 산출시키지 않는다.

30. 만일 우리가 무리수라고 부르는 것이 완전히 알려지지 않았지만, 만일 주사위를 던짐으로써 소수의 자리를 결정하는 어떤 기술이 있다면, 데데킨트의 정리는 도출될 수도 있을 것이다. 그리고 그렇게 되면 이 정리는, 설령 무리수에 관한 수학이 존재하지 않을지라도 그 적용을 갖게 될 것이다. 데데킨트의 전개가 모든 특수한 실수들을 이미 예견한 것 같지는 않다. 그것은 데데킨트의 계산법이 특수한 실수들의 계산법들에 결합되자마자 단지 그와 같이 보일 뿐이다.

31. 다음과 같이 질문할 수도 있을 것이다: 10살 정도 된 어린 아이가

데데킨트의 정리의 증명에 관해서 무엇을 이해할 수 없을 것인가? —왜냐하면 그 어린 아이가 숙달해야만 하는 모든 계산들보다도 이 증명은 훨씬더 단순하지 않은가? —그리고 만일 누군가가 이제 그 어린 아이는 그 정리의 더 깊은 내용을 이해할 수 없다고 말한다면—나는 묻는다: 어떻게 이 정리는 어떤 깊은 내용을 얻게 되는가?

32. 수 직선의 그림은 어떤 지점까지는 절대적으로 자연스러운 것이다: 요컨대 그것이 실수에 관한 일반 이론에 사용되지 않는 한.

33. 만일 당신이 실수들을 상계 집합과 하계 집합으로 나누고자 한다면, 먼저 두 유리수 점 P와 Q로 일단 대충 나누어 보라.

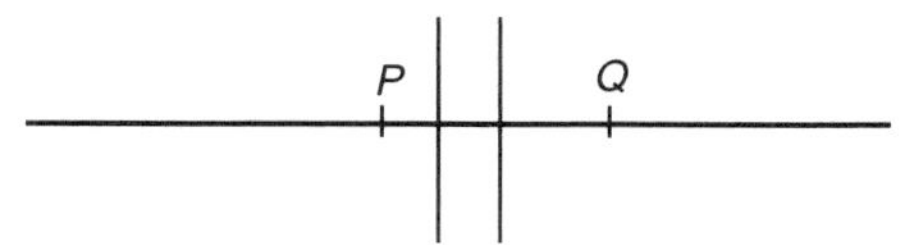

그러고 나서 PQ를 반으로 나누고, 그 절단이 (만일 나누는 점에 있지 않다면) 어느 쪽에 놓이게 될 것인지 결정하라; 만일 예컨대 하계 집합에 있다면, 이것을 반으로 나누고, 더 정확한 결정을 하고, 이런 식으로 계속하라.

149 만일 당신이 이러한 과정을 무제한적으로 계속해 나아가게 하는 어떤 원칙을 지닌다면, 이 원칙은 모든 각각의 수에 대해서 그것이 왼쪽에 놓이는지 오른쪽에 놓이는지를 결정하기 때문에 어떤 절단을 수행한다고 당신은 말할 수 있다. —이제 문제는 내가 그러한 분할의 원칙에 의해 줄곧 나아갈 수 있는지의 여부, 또는 다른 어떤 결정 방법이 여전히 필요한지의 여부이다; 그리고 우리는 그 원칙에 의한 완결된 결정 이후인지, 아니면 그 완결 이전인지 물을 수도 있을 것이다. 자, 어쨌든 완결 이전은 아니다; 왜냐하면 그 직선의 어느 유한한 선분에 그 점이 놓이게

될 것인가 하는 문제가 여전히 남아 있는 한, 더 계속되는 분할이 [그 문제를] 결정할 것이기 때문이다. ―그러나 어떤 원칙에 의한 결정 이후에도 어떤 더 이상의 결정에 대한 여지가 여전히 존재하는가?

데데킨트의 정리는 배중률과 사정이 같다: 그것은 어떤 제 3의 것을 배제하는 것처럼 보이는데, 제 3의 것은 여기에서 문제가 되지 않는다.

데데킨트 정리의 증명은 이를 정당화할 수 없는, 오히려 이 정리에 의해 정당화되어야 할 그런 그림으로 수행된다.

당신은 분할의 원칙을 무한하게 계속되는 분할로서 기꺼이 본다. 왜냐하면 어쨌든 그것은 어떤 유한 분할과도 상응하지 않으며, 당신을 한없이 계속 이끌어 나가는 것처럼 보이기 때문이다.

34. 우리는 극한, 함수, 실수의 이론에 대해서 우리가 하는 것보다 더 외연적인 준비를 할 수 없을까? 비록 이러한 예비적인 계산법이 아주 사소하고 그 자체로 쓸모없게 보일지라도?

한때는 내포적인 방식으로, 한때는 다시 외연적인 방식으로 고찰하는 것의 어려움은 이미 '절단'의 개념에서 시작된다. 각각의 유리수가 유리수들의 분할 원칙이라고 불릴 수 있다는 점은 아주 분명하다. 이제 우리는 분할 원칙이라고 부를 수 있는 어떤 다른 것, 가령 $\sqrt{2}$에 상응하는 것을 발견한다. 그러고 나서 다른 유사한 것들을―그리고 이제 우리는 그러한 분할의 가능성에 이미 아주 친숙하게 되고, 직선의 어딘가에서 만들어진 어떤 절단이라는 그림 아래서 그리하여 외연적으로 그것들을 보게 된다. 왜냐하면 만일 내가 절단한다면, 나는 물론 내가 절단하고자 하는 곳을 선택할 수 있기 때문이다.

그러나 만일 어떤 분할 원칙이 하나의 절단이라면, 이는 확실히 임의의 유리수들이 그 절단의 한쪽에 또는 반대쪽에 있다고 말할 수 있기 때문일 뿐이다. ―이제 절단이라는 생각이 우리로 하여금 유리수에서 무리수로 나아가게 했다고 말할 수 있는가? 도대체 우리는 절단의 개념을 통해서 예컨대 $\sqrt{2}$에 도달했는가?

자, 그러면 무엇이 실수들의 절단인가? 그야, 상계 집합과 하계 집
150 합으로 나누는 어떤 분할 원칙. 따라서 그러한 원칙은 모든 유리수와 무리수를 산출한다. 왜냐하면 비록 우리가 어떤 무리수들의 체계도 갖고 있지 않을지라도, 여전히 우리가 갖고 있는 것들은 그 절단에 준거해서(즉 그것들이 이것과 비교 가능한 한에서) 상계와 하계로 분할되기 때문이다.

그러나 이제 데데킨트의 생각은 상계 집합과 하계 집합으로 나누는 분할이 (알려진 조건들 아래서) 실수라는 것이다.

절단은 외연적인 표상이다.

만일 내가 어떤 임의의 유리수에 대해서 그것이 상계 집합에 속하는지 아니면 하계 집합에 속하는지를 확립하기 위한 어떤 수학적 기준을 갖고 있다면, 두 집합이 만나는 자리에 체계적으로 임의로 접근해 가는 것이 내게는 쉬운 일이라는 점은 물론 참이다.

데데킨트[데데킨트의 정리]에서 우리가 어떤 절단을 만들어 내는 것은, 절단함으로써, 그리하여 그 자리를 지적함으로써가 아니라, 오히려 —$\sqrt{2}$를 찾아낼 때와 같이—상계 집합과 하계 집합이 서로 인접하는 끝점들을 근접시킴으로써이다.

이제 오직 실수를 제외한 다른 어떤 수들도 그러한 절단을 수행할 수 없다는 것이 증명되어야 할 것이다.

원래 두 집합으로 유리수들을 분할하는 것은, 어떤 사람이 그렇게 기술할 수 있었던 어떤 것에 우리가 주의하기까지는 어떤 의미도 없었다는 것을 잊지 않도록 하자. 개념은 일상적인 언어 사용으로부터 얻어온 것이고, 이 때문에 수에 대해서도 직접 어떤 의미를 지녀야만 하는 것처럼 보인다.

유리수들의 절단이라는 개념을 이제 단순히 실수에로 확장해야 한다고 말함으로써 어떤 사람이 이제 실수들의 절단이라는 생각을 도입할 때, 우리가 필요로 하는 모든 것은 실수들이 두 집합으로 분할된다는 (따위의) 속성인데—무엇보다도 모든 실수를 그렇게 분할하는 그러한 속성이라는 말로 무엇이 의미되는지는 명확하지 않다. 이제 혹자는 모든 실수가 각각 그것에 기여할 수 있다는 점에 우리로 하여금 주의하게 할 수 있다. 그러나 그것은 우리를 단지 그 정도까지만 이끌어 가며, 그 이상은 아니다.

35. 함수, 실수 등의 외연적 설명은 모든 내포적인 것을—비록 이를 그 설명이 전제할지라도—지나쳐 버리며, 항상 반복되는 외적 형식을 가리킨다.

36. 우리의 곤경은 참으로 이미 무한 직선과 함께 시작된다;비록 우리가 이미 어렸을 때 한 직선은 끝이 없다고 배우고, 이런 생각이 그 어떤 사람에게 어려움을 안겨 주었다는 것을 내가 알지 못한다 하더라도. 어떤 유한주의자가 이 개념을 일정한 길이의 곧은 선분의 개념으로 대치하려고 시도한다면 어떻게 될까?!

그러나 직선은 계속해 나아가기의 한 법칙(ein Gesetz des Fortschreitens)이다.

151 37. 데데킨트의 외연적인 파악에서 오도적인 것은 실수들이 수 직선에 널리 퍼져 있다는 생각이다. 사람들은 그것들을 알 수도 있고 그렇지 않을 수도 있다;이는 문제가 되지 않는다. 그리고 그렇게 사람들은 그저 절단하는 것 또는 집합들로 분할하는 것이 필요할 뿐이며, 실수들로 하여금 모두 제자리를 잡게 했다.

만일 O 로부터의 거리의 측정치로서 $\sqrt{2}$를 허용하지 않는다면, 직선 위에서 한 점, 이를테면 P가

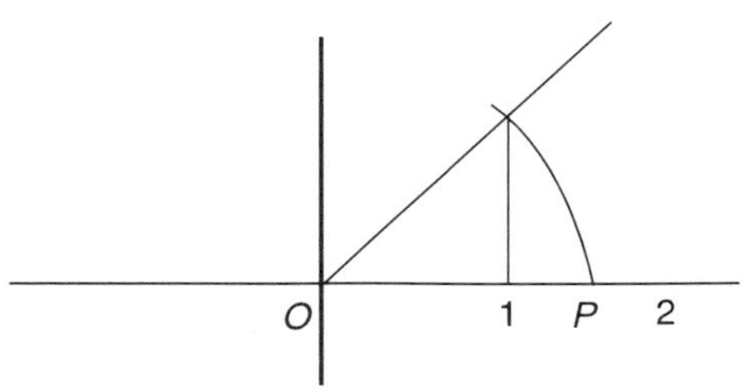

탈락되어야만 했을 것이라는 생각을 얻게 되는 것은, 계산과 작도를 결합시키는 것에 의해서이다. '왜냐하면 만일 내가 실제로 정확하게 작도했다면, 그 원은 그 직선과 그 두 점 사이에서 교차해야만 했을 것이기 때문이다.'

이것은 끔찍하게도 혼란스러운 그림이다.

무리수는—말하자면—특수한 경우이다.

한 점이 빠진 직선이라는 개념에 대한 적용이란 무엇인가?! 적용은 '평범'해야만 한다. "한 점이 빠진 직선"이라는 표현은 경악스럽게도 오도적인 그림이다. 도해와 적용 사이에 벌어져 있는 틈.

38. 함수들의 일반성은 말하자면 무질서한 일반성이다. 그리고 우리의 수학은 그러한 무질서한 일반성 위에 세워져 있다.

39. 만일 일반적인 함수 계산법을 예들의 존재 없이 생각한다면, 교과서에서 발견되는 것과 같은 함수값 도표와 그래프 그림에 의한 모호한 설명들은, 어떻게 가령 이 계산법에 언젠가 어떤 한 의미가 부여될 수도 있을지를 시사하는 것으로서 자리잡게 된다.

어떤 사람이 다음과 같이 말한다고 상상해 보라: "나는 이와 같이 나아가는 곡을 듣고 싶다."

152 이 말은 반드시 무의미해야 할까? 그 어떤 중요한 의미에서 이 선에 대응한다는 것이 보여질 수 있는 어떤 곡이 있을 수 없을까?

또는 어떤 사람이 연속성을 기호 '$x^2+y^2=z^2$'의 속성으로 간주한다면 어떻게 될까?—물론 이 방정식과 다른 방정식이 통상적으로 어떤 알려진 종류의 검사를 받게 되는 한에서만. '그렇게 이 규칙(방정식)은 이 특정한 검사에 관계한다.' 일종의 외연에 곁눈질하면서 일어나는 검사.

방정식에 대한 그 검사에서 어떤 외연들과 연결되어 있는 어떤 것이 행해진다. 그러나 여기에서 문제되는 것은 그 방정식 자체와 어떻게든 동등하게 될 어떤 외연인 것 같지는 않다. 어떤 외연들이 말하자면 넌지시 빗대어질 뿐이다.—여기에서 참다운 것은 그저 달리할 방도가 없기 때문에 내포적으로 기술되는 외연이 아니라, 오히려 내포로부터 그때 거기에서 산출되는 어떤 외연들에 의해 그 내포가 기술—또는 묘사—된다는 것이다.

어떤 외연들의 양상은 함수의 대수적 속성에 간접적인 설명을 준다. 그리하여 이런 의미에서 쌍곡선의 그림은 쌍곡선의 방정식에 어떤 간접 설명을 준다고 말할 수도 있을 것이다.

이 점과, 그 외연들이 그 규칙의 가장 중요한 적용일 것이라는 점은 모순이 아니다; 왜냐하면 타원을 그리는 것과 그 방정식에 의해서 그것을 작도하는 것은 별개이기 때문이다.—

내가 이렇게 말한다면 어떠한가?: 외연적 고찰(예컨대 하이네-보렐 정리*)은 그렇게 사람들이 내포를 다룬다는 것을 보여준다.

그 정리는 내포들과 함께 나아가는 방법의 중요한 특징들을 우리에게 제공한다. 그것은 가령 '그렇게 보여져야만 한다'라고 말한다.

그리고 그렇게 되면 어떤 특정한 도해를, 가령 특정한 내포들을 지니는 절차에 덧붙여 그릴 수 있다. 도해는 특별히 조망 가능한 인상적인 기호, 기술(記述)이다.

여기에서 도해는 사실상 어떤 절차를 제공하게 될 것이다.

어떤 그림(회화)에서 도형들을 어떻게 위치시킬 것인가 하는 이론—가령 일반적인 미학적 근거에서—이들 도형이 싸우고 있든, 서로 애무하고 있든 등등은 별도로 하고.

한편으로는 다수의 예들이 적합하고, 다른 한편으로는 경우들을 분류하기 위한 표준으로서 존재하는 하나의 도식으로서의 함수 이론.

153 통상적인 서술에 오도적인 것은, 외적인 근거들로부터 불가능하지 않다면 실제로 모든 것은 외연적으로 다루어질 수 있기 때문에 예가 전혀 없어도, 내포들(복수임)에 대한 어떤 생각이 없어도 그 일반적 서술이 완전히 이해될 수 있는 것처럼 보인다는 점에 있다.

40. 데데킨트는 표현 방식의 일반적 도식을 제공한다; 말하자면 추론

---

* 하이네-보렐 정리란 "수직선 R의 부분 집합 $[a, b]$의 개피복(開被覆, open covering)을 $\{G_x\}$라고 할 때, $\{G_x\}$ 중에서 유한개의 원소 G_{x1}, G_{x2}, $\cdots$, G_{xr}을 꺼내서 $[a, b]$를 덮을 수 있다. 즉 $\{G_x\}$로부터 $[a, b]$의 유한 부분 피복(有限部分被覆, finite subcovering) $\{G_{x1}, G_{x2}, \cdots, G_{xr}\}$을 뽑아낼 수 있다"(《토폴로지 입문》, 김용운·김용국 공저, 우성 문화사, 1989, 100~101면)라는 내용으로 되어 있으며, 해석학과 위상 수학에서 매우 중요하고 유명한 정리이다—옮긴이 주.

의 어떤 논리적 형식.

어떤 과정의 일반적 정식화. 그 효과는 함수에 대한 일반적 설명의 목적으로 "대응"이라는 낱말을 도입하는 효과와 유사하다. 어떤 수학적 과정을 특징짓는 데 아주 유용한 어떤 일반적인 어법이 도입된다(아리스토텔레스 논리학에서와 같이). 그러나 위험한 것은, 이 일반적인 어법을 지니게 될 때 개별적인 경우에 대해서 완전한 설명을 지니게 된다고 사람들이 믿는다는 점이다(동일한 위험이 논리학에도 있다).

우리는 무한 소수를 계속해서 형성해 나가는 규칙의 개념을 결정한다.

그러나 개념의 내용?! ―글쎄, 도대체 우리는 아무리 어떤 적용이 계속해 나타날지라도 어떤 그릇으로 그 개념의 골격을 완성할 수 없는가? 도대체 내가 그 형식(어떤 내용이 나에게 자극을 주었다는 것에 대한 형식)을 완성하고, 말하자면 가능한 사용을 위해 어떤 언어 형식을 준비하면 안 되는가? 왜냐하면 그것이 공허하게 남는 한, 이 형식은 그래도 수학의 형식을 결정짓는 데 도와줄 것이기 때문에.

도대체 주어-술어 형식은 이러한 방식으로 열려져 있고 가장 다양한 새로운 적용을 기다리고 있지 않은가?

즉: 수학적 함수의 일반성과 마찬가지로 우리가 명제와 술어의 일반성을 조망할 수 없기 때문에, 수학적 함수 개념의 일반성에 관련된 전체의 곤경이 이미 아리스토텔레스 논리학에 놓여 있다는 것은 참인가?

41. '필연적인' 명제들에서 나타나는 개념들은 비-필연적인 명제들에서도 나타나야만 하며, 어떤 의미를 지녀야만 한다.

42. 만일 어떤 사람이 명제 '563+437=1000'이 어떻게 증명될 수 있는지 알지 못한다면, 우리는 그가 그 명제를 이해한다고 말하게 될까?

만일 어떤 사람이 어떻게 그 명제가 증명될지를 안다면, 이 점이 그 명제를 이해한다는 표시임을 사람들은 부정할 수 있는가?

한 정리의 수학적 결정을 발견하는 문제는, 어떤 수식에 수학적 의미를 부여하는 문제라고 어느 정도 정당하게 불릴 수도 있을 것이다.

154 방정식은 두 개의 개념을 결합시킨다; 그리하여 나는 이제 어떤 개념으로부터 다른 개념에로 이행할 수 있다.

방정식은 어떤 개념 통로를 건설한다. 그러나 개념 통로는 개념인가? 그리고 그렇지 않다면, 그것들 사이에 날카로운 경계가 존재하는가?

당신이 어떤 사람에게 곱셈 기술을 가르쳤다고 상상해 보라. 그는 그것을 어떤 언어 놀이에서 사용한다. 그는 늘 새롭게 곱셈하지 않아도 되게끔 축약된 형식으로, 말하자면 방정식으로 곱셈을 적어 놓으며, 그가 이전에 곱셈을 했던 곳에서 이것을 사용한다.
이제 그는 곱셈 기술이 개념들간의 연관성을 확립한다고 말한다. 그는 또한 이 이행의 그림으로서 곱셈에 대해서도 동일한 것을 말할 것이다. 그리고 결국 방정식에 대해서도 역시 그렇게 말할 것이다: 왜냐하면 그 이행이 단지 그 방정식의 도식에 의해서 표현될 수 있어야만 한다는 것은 본질적이기 때문이다. 그리하여 그 이행이 항상 새롭게 이루어져야 할 필요는 없다는 것.
그러나 이제 그는 곱셈의 과정이 개념이라고 말하는 쪽으로 기울 것인가?

그것은 확실히 운동이다. 그것은 두 개의 정점들 사이의 운동인 것으로 보인다; 이것들은 개념들이다.

만일 내가 증명을 한 개념에서 다른 개념으로 나아가는 나의 운동으로 파악한다면, 나는 그것 자체가 새로운 개념이라고 말하고자 하지 않을 것이다. 그러나 나는 곱셈을 어떤 수기호와 비교 가능한 하나의 그림으로서 파악할 수 없는가? 그리고 그 곱셈은 또한 개념 기호로서 기능할 수 없는가?

43. 나는 이렇게 말하고 싶다: 우리가 한때는 방정식의 한 변을, 다른 때는 다른 한 변을 사용한다면, 우리는 동일한 개념의 두 측면을 사용하고 있는 것이다.

44. 개념적 장치는 개념인가?

45. 어떤 사람은 자신이 어떤 수학적 명제를 이해하고 있다는 것을 도대체 어떻게 보여주는가? 가령 그가 그것을 적용한다는 것에서. 따라서 그가 그것을 증명한다는 것에서도 또한 보여지지 않는가?

나는 이렇게 말하고 싶다: 증명은 나에게 어떤 새로운 연관을 보여주며, 그리하여 나에게 또한 어떤 새로운 개념을 준다.

그 새로운 개념이란 그 증명 자체가 아닌가?

그러나 당신은 확실히 증명이 개봉될 때 어떤 새로운 판단을 형성할 수 있다. 왜냐하면 당신은 확실히 이제 어떤 특정한 견본(Muster)에 대해서 그것이 이 증명인가 아닌가를 말할 수 있기 때문이다.

그렇다. 그러나 증명으로 간주되고 해석되는 증명은 도형인가? 나는 이렇게 말할 수도 있을텐데 증명으로서 그것은 나에게 뭔가를 확신시켜
155 주어야 한다. 그것을 근거로 삼고서 나는 어떤 것을 하든가 그만둘 것이다. 그리고 어떤 새로운 개념을 근거로 삼고서 나는 아무것도 하지 않든가 아무것도 그만두지 않는다. 따라서 나는 이렇게 말하고 싶다: 증명은 특정한 방식으로 사용되는 증명 그림이다.

그리고 증명이 나에게 확신시켜 주는 것은 이제 아주 다양한 종류일

수 있다. (러셀 식의 동어 반복에 대한 증명이나, 기하학과 대수학에서의 증명에 대해 생각해 보라.)

기계 장치는 나에게 무엇인가를 확신시켜 줄 수 있다(어떤 것을 증명할 수 있다). 그러나 어떤 상황에서—어떤 활동과 문제의 맥락에서—나는 그것이 나에게 뭔가를 확신시켜 준다고 말하게 될 것인가?

"그러나 한 개념은 확실히 나에게 아무것도 확신시켜 주지 않는다. 왜냐하면 그것은 나에게 어떤 사실을 보여주지 않기 때문에."—그러나 왜 한 개념이 무엇보다도 내가 그것을 사용하고자 한다는 점을 나에게 확신시켜 주어서는 안 되는가?

왜 일단 형성된 새로운 개념이 나로 하여금 어떤 판단으로 이행하도록 곧바로 허용해서는 안 되는가?

46. '어떤 수학적 명제를 이해하기'—이는 아주 모호한 개념이다.

그러나 만일 당신이 "도대체 문제가 되는 것은 이해가 아니다. 수학적 명제는 단지 어떤 놀이에서의 배치(Stellungen)일 뿐이다"라고 말한다면, 그것 또한 무의미하다! '수학'은 결코 날카롭게 경계 그어진 개념이 아니다.

그리하여 전혀 구성이 아닌 존재 증명이 진정한 존재 증명인가 아닌가 하는 쟁점이 문제가 된다. 즉 다음과 같은 물음이 있다: "…은 존재한다"라는 명제를, 그것이 어디에 존재하는지 알아낼 어떤 가능성도 지니고 있지 않을 때에도 나는 이해하는가? 그리고 여기에는 두 가지 관점이 있다: 내가 그 명제를 이를테면 설명할 수 있는 한, 예컨대 한국어 문장으로 나는 그 명제를 이해한다(그리고 나의 설명이 얼마나 계속되는지를 주목하라!). 그러나 나는 그 명제로 무엇을 할 수 있는가? 자, 내가 구성적 증명으로 할 수 있는 것은 아니다. 그리고 내가 그 명제로 할 수 있는 것이 그 명제에 대한 이해의 기준인 한, 내가 그것을 이해했는지 그렇지 않은지, 또 얼마나 이해했는지는 처음부터 명확하지 않다.

이제 어떤 명제도 수학적 표기법에서 표현될 수 있고, 그로 인해서 우리가 그 명제를 이해해야 할 의무가 있다고 느낀다는 것은, 수리 논리학이 수학 속으로 침입한 데서 생긴 재앙이다. 비록 이 표기 방법이 그저 모호한 일상적인 산문의 번역일지라도.

47. 개념은 본질적으로 술어가 아니다. 우리는 실로 때때로 "이것은 병(瓶)이 아니다"라고 말하지만, 그러한 판단이 '병'이라는 개념을 지닌 언어 놀이 안에서 나타난다는 것은 그 언어 놀이에 전혀 본질적이지 않
156 다. 주의해야 하는 것은 어떻게 한 개념어(예를 들어 "석판")가 어떤 한 언어 놀이에서 사용되느냐이다.

예를 들어 "이것은 석판이다"와 같은 문장은 전혀 있을 필요가 없지만, 이를테면 그저 "여기에 석판이 하나 있다"는 그렇지 않다.

48. '수리 논리학'은 우리의 일상 언어의 형식들에 대한 피상적인 해석을 사실들의 구조에 대한 분석으로 공언해 버림으로써, 수학자와 철학자의 사유를 완전히 왜곡시켜 버렸다. 이렇게 하면서 물론 그것은 아리스토텔레스 논리학 위에 그저 더 계속 지어올렸을 뿐이다.

49. 다음은 확실히 참이다: 수기호는 개념 기호에 속하며, 오직 이것과 함께 할 때 말하자면 척도이다.

50. 만일 이 쥐의 입을 들여다보면, 당신은 두 개의 긴 송곳니를 보게 될 것이다. —그것을 당신은 어떻게 아는가? —나는 모든 쥐가 그것을 갖고 있음을 알고 있으며, 따라서 이 쥐도 마찬가지이다. (그리고 사람들은 "그리고 이것이 한 마리 쥐라면, 따라서 이것도 역시 …"라고 말

하지 않는다.) 왜 이것이 그렇게 중요한 이행인가? 그야, 우리는 예컨대 동물, 식물 등등을 탐구하며, 일반적인 판단들을 형성하고, 개별적인 경우에 그것을 적용한다. —그러나 만일 모든 쥐가 그 성질을 지니고 있다면, 이 쥐가 그 성질을 지닌다는 것은 확실히 진리이다! 그것은 "모든"이라는 낱말의 적용에 대한 하나의 결정이다. 사실적인 일반성은 어딘가 다른 곳에 놓여 있다. 즉 예컨대 그 탐구 방법과 그 적용이 일반적으로 나타나는 곳에.

또는: "이 사람은 수학자이다." 그것을 당신은 어떻게 아는가? —"이 방에 있는 모든 사람은 수학자이다; 오직 그런 사람만이 들어올 수 있었다."—

일반성에 관하여 흥미로운 것은 이것이다: 우리는 종종 특수한 경우들을 고찰하기 전에 일반적 명제를 확신하는 수단을 지니고 있다: 그리고 우리는 그렇게 되면 그 일반적 방법을 이용하여 특수한 경우를 판단한다.

우리는 경비원에게 초대장을 지닌 사람들만 들여보내라는 명령을 내리고, 이제 들어와 있는 이 사람은 초대장을 가지고 있다고 간주하게 된다.

논리학적 명제의 경우 그 일반성에 관해 흥미로운 것은 그 명제가 언표하는 것으로 보이는 사실이 아니라, 이러한 이행이 이루어지는 늘 반복되는 상황이다.

51. 만일 증명이 어떻게 (예컨대) 25×25가 625를 산출시키는지를 보여준다고 말한다면, 이는 물론 기묘한 어법이다. 왜냐하면 그 산술적 결과는 결코 어떤 시간적인 과정이 아니기 때문이다. 그러나 [그렇다면] 이제 그 증명은 어떤 과정도 보여주지 않는다.

157 어떤 일련의 그림들을 상상해 보라. 그 그림들은 어떻게 두 사람이

그러그러한 규칙에 따라 칼을 가지고 펜싱을 하는지 보여준다. 어떤 그림열은 확실히 그것을 보여줄 수 있다. 여기에서 그 그림은 어떤 실재를 가리킨다. 우리는 펜싱이 이와 같이 이루어진다는 것을 보여준다고 할 수 없고, 어떻게 펜싱이 이루어지는지를 보여준다고 말할 수 있다. 어떤 다른 의미에서는 그 그림들은 어떻게 한 사람이 세 동작으로 이 자세에서 저 자세로 갈 수 있는지를 보여준다고 말할 수도 있다. 그리고 이제 그 그림들은 또한 사람들이 이 방식으로 저 자세에로 갈 수 있다는 것을 보여준다.

52. 철학자는 방향을 바꾸어 나아감으로써 수학적 문제를 지나가 버려야 하며 그 어떤 것을 향해 돌진해서는 안 된다. —그것은 그가 계속 더 나아갈 수 있기 전에 풀려야만 할 것이다.

철학에 있어서 그의 노고는 말하자면 수학에서의 태만이다.

어떤 새로운 건물이 세워져야 하거나 어떤 새로운 다리가 지어져야 하는 것이 아니라, 오히려 지금 있는 그대로 지리가 판정되어야 한다.

우리는 확실히 개념들의 단편들을 보지만, 어떤 개념을 다른 개념에로 이행하게 하는 경사를 명확하게 보는 것은 아니다.

바로 그 때문에 수학 철학에서 새로운 형식들로 증명들을 개조하는 것은 아무 쓸모가 없다. 비록 여기에는 강한 유혹이 있기는 하지만.

500년 전에도 당시에 수학이었던 것에 대한 수학 철학은 존재할 수 있었다.

53. 철학자는 건전한 인간 지성의 개념에 도달할 수 있기 전에 자신의 지성의 수많은 질병을 스스로 치유해야만 하는 사람이다.

만일 우리가 삶 속에서 죽음에 둘러싸여 있다면, 그와 같이 우리는 지성의 건강 속에서 광기에 둘러싸여 있다.

159 # V

1941 그리고 1944년

1. 척도를 다루지만 '경험적 명제'가 아닌 명제들의 역할. —누군가가 나에게 "이 선분의 길이는 240인치이다"라고 말한다. 나는 "그것은 20피트이고, 따라서 대략 일곱 걸음이다"라고 말하고, 이제 길이에 대한 개념을 지니게 되었다. —그 변형은 산술적 명제들에, 그리고 12인치=1피트라는 명제에 기인한다.

아무도 일상적으로는 이 마지막 명제를 경험적 명제로 간주하지 않을 것이다. 그 명제는 규약을 표현한다고 사람들은 말한다. 그러나 만일 예컨대 길이가 1인치인 조각들 12개를 직렬로 놓았을 때 다시 특수하게 보존될 수 있는 어떤 길이를 일상적으로 산출하지 않는다면, 측정한다는 것은 완전히 그 일상적 성격을 잃어 버리게 될 것이다.

그 때문에 나는 '12인치=1피트'라는 명제가, 측정에 현재의 의의를 부여하는 이 모든 것들을 진술한다고 말해야만 하는가?

아니다. 그 명제는 어떤 기술(技術)에 내함되어 있다. 그리고 당신이 좋다면 이 기술을 가능하게 하는 물리적인 사실들과 심리적인 사실들에 내함되어 있다. 그 때문에 그것의 의미가 이 조건들을 표현하는 것은 아니다. 그 명제 즉 '12인치=1피트'의 반대는, 자가 충분히 단단하지 않다거나 우리가 모두 동일한 방식으로 세고 계산하지 않는다는 것을 말하지 않는다.

2. 그 명제는 규칙의 전형적인(그러나 동시에 단순하지 않은) 역할을 한다.

나는 명제 '12인치=1피트'를 이용해서 어떤 예측을 할 수 있다; 이를테면 길이가 1인치인 나무 조각 12개를 직렬로 놓으면 다른 방법으로 측정된 나무 조각 하나와 길이가 같다는 것이 판명될 것이라는 예측을. 따라서 그 규칙의 의의는 가령 그것이 어떤 예측을 하는 데 사용될 수 있다는 것이다. 그로 인해서 이제 그것은 규칙의 성격을 잃어 버리는가? —

왜 우리는 그러한 예측을 할 수 있는가? 그야—모든 자들이 똑같게 만들어진다는 것; 그것들의 길이가 현저하게 변하지 않는다는 것; 인치 또는 피트로 금 그어진 나무 조각도 그와 같이 변하지 않는다는 것; 우리가 '12'까지 셀 때 숫자들을 두 번 세지도 않고 어떤 것도 빠뜨리지 않을 만큼 기억력이 좋다는 것; 등등.

160 그러나 그렇다면 그 규칙은, 자들이 그러그러한 방식으로 만들어져 있고, 사람들이 그것들을 바로 그렇게 사용한다는 사실을 말하는 경험적 명제로 대치될 수 없는가? 혹자는 이를테면 이러한 인간 제도에 대해 문화 인류학적인 서술(ethnologische Darstellung)을 제시할 수도 있을 것이다.

이제 이러한 서술이 규칙의 기능을 떠맡을 수도 있을 것이라는 점은 명백하다.

어떤 수학적 명제를 알고 있는 사람은 여전히 [그 외에는] 아무것도 알지 못할 것이다. 만약 우리의 조작에 혼란이 있다면, 모든 사람이 각자 다르게 계산해서 한때는 이렇게 한때는 저렇게 한다면, 아직 어떤 계산도 존재하는 것이 아니다; 만일 우리가 동의한다면, 우리는 단지 우리의 시계를 맞췄을 뿐이지 아직 어떤 시간도 잰 것은 아니다.

어떤 수학적 명제를 알고 있는 사람은 여전히 [그 외에는] 아무것도 알지 못할 것이다.

즉 수학적 명제는 단지 어떤 기술(記述)을 위한 틀을 제공할 뿐이다.

3. 어떻게 한 표현의 단순한 변형이 실제적인 귀결일 수 있는가?

내가 25×25개의 호두를 갖고 있다는 것은 625개의 호두를 셈으로써 검증할 수 있지만, 이것은 '25×25'라는 표현 형식에 더 가까운 다른 방식으로도 발견될 수 있다. 그리고 이것은 물론 수를 결정하는 두 가지 방식의 결합이며, 그 안에 곱셈의 한 가지 목적이 놓여 있다.

규칙은 규칙으로서 분리되어 있으며, 말하자면 홀로 고고하게 서 있다; 비록 그것에 중요성을 부여하는 것은 일상적인 경험의 사실들이지만.

내가 해야만 하는 것은 이를테면 어떤 왕의 직무를 기술하는 것과 같다;—그것을 할 때 나는 왕의 유용성에 의해서 왕의 존엄성을 설명하려 하는 오류에 빠져서는 안 되며, 그 유용성도 존엄성도 무시해서는 안 된다.

나는 실제적인 작업에서 표현의 변형 결과에 따라 인도되고 있다.

그러나 그렇다면 "여기에 625개의 호두가 있다"라고 말하든 "여기에 25×25개의 호두가 있다"라고 말하든간에, 그것이 동일한 것을 뜻한다고 어떻게 나는 여전히 말할 수 있는가?

"여기에 625개의 …이 있다"라는 명제를 검증하는 사람은 그와 함께 또한 "여기에 25×25개의 …이 있다"를 검증하고 있다; 등등. 그러나 전자의 형식과 후자의 형식은 검증 방식이 상이하다.

어떻게 당신은 "…625…"와 "…25×25…"가 동일한 것을 말한다고 주장할 수 있는가?—우리의 산술을 통해서만 비로소 그것들은 하나가 된다.

161 나는 예를 들어 셈에 의해 한때는 전자의 기술 방식에 다다르고, 다른 때는 후자의 기술 방식에 다다를 수 있다. 즉 나는 그 두 가지 형식의 각각에 각각의 방식으로, 그러나 상이한 경로로 다다를 수 있다.

이제 다음과 같이 질문할 수도 있을 것이다: 만일 명제 "… 625 …"가 한때는 이런 방식으로, 그리고 다른 때는 다른 방식으로 검증되었다면, 그 명제는 두 경우에 동일한 것을 의미했는가?

또는: 만일 한 검증 방법이 '625'를 산출하지만, 다른 검증 방법은 '25×25'를 산출하지 않는다면 무슨 일이 일어나는가? —"… 625 …"는 참이고 "… 25×25 …"는 거짓인가? 아니다! —전자를 의심한다는 것은 후자를 의심한다는 것을 뜻한다: 이는 우리의 산술이 이 기호들에 부여한 문법이다.

만일 그 두 가지 셈 방식이 하나의 수를 제시하는 것에 대한 근거여야 한다면, 오직 하나의 수 제시만이 비록 상이한 형식에서일지라도 거기에 존재한다. 반면에 다음과 같이 말하는 데에는 어떤 모순도 없다: "전자의 셈 방식에 의해 나는 25×25 (따라서 625)를 얻으며, 후자의 방법에 의해서 625 (따라서 25×25)를 얻지 않는다." 산술은 여기에 대해 어떤 반대도 하지 않는다.

이렇게 말할 수 있을텐데 산술이 두 개의 표현을 동일화하는 것은 문법적인 수법이다.

그와 함께 산술은 어떤 특정한 방식의 기술(記述)을 배제하며, 그 기술을 다른 통로로 유도한다. (그리고 이것이 경험의 사실과 관련되어 있다는 것은 두말 할 필요가 없다.)

4· 내가 어떤 사람에게 곱하기를 가르쳤다고 상상해 보자. 그렇지만 어떤 정식화된 일반적 규칙의 도움을 받아서가 아니라, 단지 어떻게 내가 그 사람 앞에서 예제를 계산하는지를 그가 봄으로써 [그랬다고 하자]. 그러고 나서 나는 그에게 어떤 새로운 문제를 써주고 이렇게 말할 수 있다: "내가 아까 그 수들로 했던 것과 같이 이 두 수로 그와 동일한 것을 하라." 그러나 나는 또한 다음과 같이 말할 수 있다: "만일 당신이 이 두 수로 내가 그 다른 수들로 했던 것을 한다면, 당신은 …라는 수

에 이를 것이다." 이는 어떤 종류의 명제인가?

"당신은 그러그러한 것을 쓸 것이다"는 하나의 예측이다. '만일 당신이 그러그러한 것을 쓴다면, 내가 당신에게 해보였던 대로 당신은 그렇게 하게 될 것이다'는 그가 "그의 예를 따르기"라고 부르는 것을 결정한다.

'이 문제의 해답은 …이다.'—만일 내가 그 문제를 계산해 내기 전에 그것을 읽는다면—그것은 어떤 종류의 명제인가?

"만일 당신이 내가 그 다른 수들로 당신에게 해보였던 것을 이 수들로 한다면, 당신은 …을 얻게 될 것이다"—이는 확실히 "이 계산의 결과는 …이다"를 뜻한다.—그리고 이는 예측이 아니라 수학적 명제이다. 그러나 그럼에도 불구하고 또한 예측이다!—특수한 방식의 예측이다. 어떤 사람이 세로열로 수를 더할 때 정말로 그러그러한 값이 나온다는 사실을 마지막에 발견하고서 진정으로 놀라움을 감추지 못하고는 예컨대 "맙소사, 정말 그 값이 나왔어!"라고 환호성 지를 수 있는 것처럼.

162 그저 이러한 예측과 확증의 과정을 어떤 특수한 언어 놀이로서 생각해 보라.—내가 의미하는 것은: 산술의 나머지 부분과 그 적용으로부터 고립된 것으로서.

이런 예측 놀이에서 그렇게 특이한 것이란 무엇인가? 나에게 특이하다고 떠오르는 것은 그 예측이 다음과 같다면 사라져 버릴 것이다: 즉 "만일 당신이 나의 예를 따랐다고 믿는다면, 당신은 그것을 산출했을 것이다." 또는 "만일 모든 것이 당신에게 옳게 보인다면, 그것이 그 결과일 것이다." 이 놀이는 예컨대 어떤 특정한 독약의 복용과 관련될 수도 있을 것이며, 거기에서 예측이란 그 약을 투입하면 우리의 능력, 예를 들어 기억력이 그러그러한 방식으로 영향받으리라는 것이 될 것이다.—그러나 만일 우리가 어떤 독약의 복용으로 하는 놀이를 상상할 수 있다면, 왜 일반 약품의 복용으로 하는 놀이는 상상할 수 없는가? 그러나 그때에도 예측의 주안점은 건강한 사람이 그것을 결과로서 간주한다는 점에 여전히 항상 의존할 수 있다. 또는 아마도: 그것이 그 건강한 사람을 만족시킨다는 점에.

"나를 따라 하라. 그러면 당신은 그것을 얻게 될 것이다"는 물론 "나를 따라 하라. 그러면 당신은 나를 따라 할 것이다"를 뜻하지 않으며, 더구나 "그렇게 계산하라. 그러면 당신은 그렇게 계산할 것이다"를 뜻하지도 않는다. ―그러나 "나를 따라 하라"는 무엇을 뜻하는가? 언어 놀이에서 그것은 단지 "지금 나를 따라 하라!"라는 명령일 수 있다.

다음의 예측들간의 차이란 무엇인가?: 즉 "만일 당신이 옳게 계산하면, 당신은 그것을 얻게 될 것이다"―그리고: "만일 당신이 옳게 계산한다고 믿는다면, 당신은 그것을 얻게 될 것이다."

그렇다면 위의 나의 언어 놀이에서 그 예측이 후자를 의미하지 않는다고 누가 말하는가? 그 예측은 그것을 의미하지 않는 것으로 보인다 ――그러나 어떻게 그것은 보여지는가? 어떤 상황에서 그 예측이 전자를 뜻하는 것으로 보이고, 어떤 상황에서 후자를 뜻하는 것으로 보이는지 당신 자신에게 물어보라. 왜냐하면 그 나머지의 상황에 의존한다는 것이 명확하기 때문이다.

내가 그것을 산출하게 될 것이라고 나에게 예측해 주는 사람은, 내가 이 결과를 옳은 것으로 간주하리라는 것을 그저 예측하고 있지 않은가? ―"그러나"―아마도 당신은 이렇게 말한다―"그야말로 그것이 정말로 옳기 때문에!"―그러나 "나는 그 계산이 옳기 때문에 옳은 것으로 간주한다"는 무엇을 뜻하는가?

그래도 우리는 다음과 같이 말할 수 있다: 나의 언어 놀이에서, 계산하는 사람은 그 사실―그가 이것을 산출했다는 사실―이 그의 본성의 특이성이라는 점에 관해 생각하지 않는다; 그 사실은 그에게 심리학적인 사실로 보이지 않는다.

나는 그가 이미 존재해 있는 어떤 한 가닥의 실을 그저 따라갔다는 인상 아래에 있다고 상상하고 있다. 그는 어떻게 따라가느냐 하는 것을 자명한 것으로 받아들이고 있고; 또 그의 행동에 대한 단 하나의 설명 즉 그 실이 어떻게 앞으로 나 있는가 하는 것만을 알고 있다.

163 그는 규칙이나 예들을 따를 때 실제로 나아가고 있지만, 그가 하는 것을 그의 과정의 특수성으로 간주하지 않는다; 그는 "따라서 그렇게 나는 나아갔다"라고 말하지 않고, "따라서 그렇게 나아가는 것이다"라고 말한다.

그러나 이제 어떤 사람이 그럼에도 불구하고 우리의 언어 놀이에서 계산의 마지막에 다음과 같이 말했다고 하자: "따라서 그렇게 나는 나아갔다!"—또는: "따라서 이 과정이 나를 만족시킨다!"—나는 이제 그가 전체의 언어 놀이를 오해했다고 말할 수 있는가? 확실히 그렇지 않다! 그가 달리 그것을 바람직하지 않게 적용하지 않는 한.

계산이 나아가고 있지 우리가 나아가는 것은 아니라는 그러한 파악을 불러일으키는 것은 그 계산의 적용이 아닌가?

왜 당신은 수학을 항상 행위의 관점이 아니라 발견의 관점에서 고려하고자 하는가?

계산을 하면서 우리가 낱말들 "옳은", "참", "거짓"과 진술의 형식을 사용한다는 것은, 우리에게 대단히 큰 영향을 끼침에 틀림없다. (고개를 흔들기 그리고 끄덕이기.)

왜 나는 계산을 배운 모든 사람이 그렇게 계산한다는 지식이 수학적 지식이 아니라고 말해야 하는가? 왜냐하면 그것은 어떤 다른 연관을 지시하는 것처럼 보이기 때문에.

그렇다면 어떤 사람이 계산을 통해 얻게 될 것을 계산하는 것은 이미 응용 수학인가? ——따라서 나 자신이 얻게 될 것을 계산하는 것도?

5. 수학적 명제가 어떤 언어 놀이에서는 기술(Beschreibung)을 하는 명제와 대조해서 묘사(Darstellung)의 규칙들의 역할을 한다는 것은 전혀 의심의 여지가 없다.

그러나 이는 이러한 대조가 모든 방향으로 퇴조해 버리지 않는다고는 말하지 않는다. 그리고 이는 다시 그 대조가 아주 중요한 것은 아니라고 말하지도 않는다.

수학적 증명이 보여주는 것은 내적 관계로 정립되며, 의심으로부터 면제된다.

6. 수학적 명제와 수학적 증명이 둘 다 "수학적"이라고 불린다는 것에서 그 공통점이란 무엇인가?

수학적 명제가 수학적으로 증명되어야만 한다는 점은 아니다; 수학적 증명이 수학적 명제를 증명해야만 한다는 점은 아니다.

증명되지 않는 명제(공리)에 대해서 수학적인 것이란 무엇인가? 이것이 수학적 증명과 공통으로 갖고 있는 것이란 무엇인가?

"수학적 증명의 추론 규칙은 항상 수학적 명제이다"라고 나는 대답해야 하는가? 또는 "수학적 명제와 증명은 추론에 기여한다"라고? 그것은 진리에 보다더 근접한 것이 될 것이다.

164 우리는 증명은 그림이라고 말한다. 그러나 이 그림은 우리가 검산할 때 그 그림에 부여하는 인가(Approbation)를 필요로 한다.

참으로 그렇다; 그러나 만일 그것이 어떤 사람으로부터는 인가를 얻어내고 다른 사람으로부터는 그렇지 않다면, 그리고 그들이 어떤 상호 이해에도 이를 수 없다면—우리가 여기에서 지니게 되는 것은 계산일까?

따라서 그것을 계산으로 만드는 것은 인가만이 아니라 그 인가의 일치이다.

왜냐하면 또 다른 놀이도 아주 잘 상상할 수 있기 때문인데, 그 놀이에서 사람들은 가령 일반 규칙들과 유사한 표현들에 의해서 일련의 기호들이 특정한 실제적 작업(Aufgabe)을 위해, 그리하여 그 목적으로 그들에게 떠오르도록 자극받으며, 그리고 이것은 더구나 확증된다. 그리고 여기에서 그 '계산들'은, 만일 사람들이 그것들을 그렇게 부르고자 한다면, 서로 일치할 필요가 없다. (여기에서 사람들은 '직관'에 관해 이야기할 수도 있을 것이다.)

인가의 일치는 우리의 언어 놀이의 선결 조건이며, 그 일치는 그 안에서 확인되지 않는다.

만일 계산이 실험이라면, 그리고 그 조건들이 충족된다면, 우리는 산출되는 것을 그 결과로서 받아들여야만 한다; 그리고 만일 계산이 실험이라면 그것은 그러그러한 것을 산출시킨다라는 명제는 결국 그러한 조건들 아래에서 이런 종류의 기호가 생겨난다라는 명제가 된다. 그리고 만일 이러한 조건들 아래에서 한때는 어떤 결과가 다른 때에는 어떤 다른 결과가 나타나면, 우리는 "여기에는 뭔가가 잘못되었다"라거나 "두 계산이 모두 옳을 수는 없다"라고 말해서는 안 되며, 오히려 이 계산은 항상 동일한 결과를 산출하는 것은 아니라고(그 이유는 알려질 필요가 없다) 말해야만 할 것이다. 그러나 비록 그 과정이 이제 똑같이 흥미롭고, 아마도 훨씬더 흥미로울지라도, 여기에는 더 이상 어떤 계산도 없다. 그리고 이는 다시금 "계산"이라는 낱말의 사용에 대한 문법적 견해이다. 그리고 물론 이 문법은 어떤 목적(Pointe)을 지니고 있다.

한 계산의 결과에서의 어떤 차이에 관해서 이해하게 된다는 것은 무엇을 뜻하는가? 이는 확실히 어떤 한결같은 계산에 도달한다는 것을 뜻한다. 그리고 만일 사람들이 이해에 이를 수 없다면, 어떤 사람은 다른 사람도 계산을 하고 있다고, 그저 다른 결과를 보이며 계산하고 있을 뿐이라고 말할 수 없다.

7. 이제 다음은 어떠한가? —동일한 의미는 오직 하나의 증명만을 가질 수 있다고 나는 말해야 하는가? 또는 하나의 증명이 발견될 때 그 의미는 바뀐다고?

물론 어떤 사람들은 이것에 반대하면서 다음과 같이 말할 것이다: "그렇게 되면 한 명제의 증명은 결코 발견될 수 없을 것이다. 왜냐하면 만일 그것이 발견되었다고 한다면, 그것은 더 이상 이 명제의 증명이 아니기 때문에." 그러나 이는 아직 전혀 아무것도 말하고 있지 않다. —

165 무엇이 명제의 의미를 확정하느냐가 바로 문제이다. 즉 무엇에 대해서 우리가 그것은 명제의 의미를 확정한다고 말할 것이냐이다. 기호들의 사용이 그것을 확정지음에 틀림없다; 그러나 우리는 무엇을 사용으로 간주하는가? —

증명들이 동일한 명제를 증명한다는 것은, 이를테면 그 명제가 동일한 목적에 대한 적절한 도구라는 것을 그 두 증명이 보여줌을 뜻한다.

그리고 그 목적은 수학 외적인 어떤 것을 암시하고 있다.

나는 한때 '수학적 명제가 무엇을 말하는지를 알고자 한다면 그 명제의 증명이 증명하는 것을 보라'고 말했다. 자, 그 말에는 참인 것과 거짓인 것이 있지 않은가? 우리가 그저 그 증명을 따를 수 있게 되자마자, 수학적 명제의 의미, 그 의의는 실제로 명확한가?

두 개의 증명이 동일한 명제를 증명할 때, 우리는 물론 다음의 상황을 상상할 수 있다: 즉 이 증명들을 연결하는 전체 환경이 없어져 버리고, 그래서 그것들이 걸친 옷을 벗고 단독으로 있게 되면서, 그것들이 어떤 공통점을 가졌다고, 동일한 명제를 증명했다고 말할 아무런 근거도 없게 되는 상황.

우리는 그 증명들에는 두 개의 증명을 한데 담아서 연결짓는 적용의 유기적 구조가 없다고, 말하자면 그저 벌거벗은 채로 거기에 있다고 상상하기만 하면 된다. (마치 유기체를 둘러싼 다양한 연관으로부터 분리해 낸 두 개의 뼈와 같이;그 안에서만 우리는 그것들을 생각하는 데 익숙하다.)

우리가 예컨대 25×25=625임을 보여주는 다양한 그림열에 관해 말할 때, 두 개의 경로로 도달하는 이 명제의 자리를 확정시키는 것이 무엇인지를 인식하는 것은 아주 쉽다.

새로운 증명은 그 명제를 어떤 새로운 질서 속에 자리 매긴다;이때 한 종류의 조작을 아주 다른 종류의 조작으로 번역하는 것이 종종 일어난다. 우리가 방정식을 곡선으로 번역할 때처럼 말이다. 그러고 나서 우리는 곡선에 대해서, 그리고 이를 통해 방정식에 대해서 뭔가를 깨닫는다. 그러나 무슨 권리로 우리는 우리의 사유의 대상으로부터 외관상 아주 전적으로 동떨어진 사유 과정에 의해 확신하게 되는가?

자, 우리의 조작은 가령 십진법 체계에서의 나눗셈이 호두의 분배에 대해 동떨어져 있는 것보다도 더 그 대상으로부터 동떨어져 있지 않다. 특히 우리가 그 조작은 원래 분배 등과는 다른 어떤 목적을 위해 발명되었다고 상상할 때(이것은 쉽게 상상할 수 있다) 그렇다.

만일 당신이 "무슨 권리로?"라고 묻는다면, 그 대답은 아마도 아무런 권리도 없다일 것이다. —무슨 권리로 이 체계의 전개가 저 체계와 항상 평행하게 나아가리라고 말하는가? (그것은 마치 당신이 인치와 피트를 둘 다 단위로 확정시키고, $12n$인치는 n피트와 길이가 항상 동일할 것이라고 주장하는 것과 같다.)

166 8. 러셀의 '$\sim f(f)$'가 결여하는 것은 무엇보다도 그 적용이며, 그리하여 그 의미이다.

그러나 그럼에도 불구하고 이 형식을 사람들이 적용한다면, 이는 '$f(f)$'가 그 어떤 일상적 의미에서 명제여야 한다거나 또는 '$f(\xi)$'가 명제 함수여야 함을 말하는 것이 아니다. 왜냐하면 논리학의 명제 개념을 별도로 하면 명제의 개념은 러셀에 의해 단지 일반적이고 관행적인 특징들 속에서만 설명되기 때문이다.

여기에서 우리는 언어 놀이를 바라봄 없이 그 언어를 바라보고 있다.

다음과 같이 가정해 보자: 사람들이 수를 가지고 계산을 하는데, 때때로 $(n-n)$ 형식의 표현들에 의해 나눗셈도 하며, 이런 방식으로 이따금씩 우리의 곱셈 등등의 정상적인 결과와는 다른 결과를 얻는다. 그러나 아무도 이것을 개의치 않는다. ―다음과 비교해 보라: 사람들이 명부, 목록을 제작하는데, 그들은 우리가 하는 것과 같이 가나다순으로 하지 않는다; 그래서 몇몇 명부에서는 동일한 이름이 한 번을 초과해서 나타나는 일이 벌어진다. ――그러나 지금 우리는 다음을 가정할 수 있는데, 그 사실이 어느 누구에게도 떠오르지 않는다거나 또는 그 사람들이 그 사실을 보면서도 아무런 걱정 없이 받아들인다고 말이다. 이는 다음과 같이 상상해 볼 수 있는 경우와 같다: 즉 어떤 종족의 사람들은 땅바닥에 동전이 떨어져 있을 때 그것을 줍는 일을 가치 있는 것으로 여기지 않는다. (이 경우 그들은 가령 "그것은 다른 사람의 것이다"라든지, 또는 그와 같은 어떤 어법을 가지고 있다.)

그러나 이제 세월은 흘러 변했고 사람들은(처음에는 단지 몇몇 사람이) 정확성을 요구하기 시작했다. 정당하게? 부당하게? ―이전의 명부는 정말 명부가 아니었는가? ―

가령 우리가 어떤 숨겨진 모순을 통하여 여러 계산 결과를 얻었다고 하자. 그런 이유로 해서 그 계산 결과들은 부당하게 되는가? ――그러나 우리가 지금 그러한 결과들을 철저하게 받아들이지 않으려고 하지만, 그래도 어떤 것이 간과되었을지도 모른다고 두려워한다고 하자. ―

자, 그렇다면 우리는 그리하여 새로운 계산법에 모델로서 기여할 수도 있을 어떤 생각을 갖게 된다. 마치 우리가 어떤 새로운 놀이에 대한 생각을 갖게 될 수 있는 것과 같이.

러셀의 모순이 불안하게 보이는 것은 그것이 모순이기 때문이 아니라, 오히려 그 모순에서 절정에 이르는 전체 성장이 아무런 목적과 의미 없이 정상적인 신체에서 자라나온 것처럼 보이는 암적인 성장이기 때문이다.

이제 사람들은 "우리는 보다더 확실하게 우리에게 진리를 말해 주는 어떤 계산 체계를 원한다"라고 말할 수 있는가?

그러나 당신은 확실히 모순을 승인할 수 없다! — 왜 그럴 수 없는가? 우리는 이런 형식을 때때로 우리들의 이야기 속에서 사용한다. 물론 드물게 그렇지만. — 우리는 모순이 항시적인 도구가 되는 어떤 언어 기술을 상상할 수도 있을 것이다.

167 예컨대 운동중에 있는 어떤 대상에 대해서 우리는, 이 장소에 그것은 존재하고 동시에 존재하지 않는다고 말할 수도 있을 것이다; 변화는 모순에 의해서 표현될 수도 있을 것이다.

하이든 음악(합창곡 성 안토니우스)의 어떤 주제를 취하고, 그 주제의 첫번째 부분에 상응하는 브람스의 변주곡 중 하나의 일부분을 취하여, 전자의 첫번째 부분의 스타일 속에서 변주곡의 두번째 부분을 작곡하는 과제를 세워 보라. 이는 수학적 문제와 같은 종류의 문제이다. 만일 가령 브람스가 제시하듯이 그 해결이 발견된다면 우리는 어떤 의심도 하지 않는다; — 이것이 해결이다.

우리는 이 경로로 동의한다. 그렇지만 다른 경로들이 쉽게 있을 수 있고, 그래서 그것들 각각에 우리는 동의할 수 있으며, 그 각각이 일관적(konsequent)이라고 말할 수도 있을 것이라는 점은 이 지점에서 명확하다.

'우리는 순전히 합당한—즉 규칙에 의해 허용되는—단계들을 취했는데 갑자기 어떤 모순이 산출된다. 따라서 그 규칙 목록은 있는 그대로는 아무 쓸모가 없다. 왜냐하면 그 모순은 전체 놀이를 폐기시키기 때문에.' 왜 당신은 그 놀이를 폐기시키는가?

그러나 내가 원하는 것은, 우리가 어떤 모순적 결과에 도달함 없이 규칙에 따라 기계적으로 추론할 수 있어야 한다는 것이다. 자, 그럼 어떤 종류의 예견을 당신은 원하는가? 현재의 당신의 계산 체계가 허용하지 않는 어떤 것을? 자, 그 때문에 그 계산 체계가 수학의 해로운 부분인 것은 아니며, 또한 가장 완전한 의미에서 수학인 것도 아니다. "기계적"이라는 낱말의 의미는 당신을 오도하고 있다.

9. 당신의 계산 체계가 지금까지는 할 수 없었던 바 어떤 실제적 목적을 위해서 당신이 어떤 모순을 기계적으로 피하고자 한다면, 이는 이를테면 지금까지는 그저 시행 착오에 의해서만 그릴 수 있었던 …각형의 작도를 찾는 것과 같으며, 또는 지금까지는 단지 근사치만을 얻었던 3차 방정식의 해를 찾는 것과 같다.

여기에서는 해로운 수학이 개선되고 있는 것이 아니라, 수학의 어떤 새로운 부분이 발명되고 있다.

내가 어떤 무리수에 대해서 '777'이라는 형태가 그 소수 전개에서 나타나지 않는다고 결정하려고 한다고 가정하자. 나는 π를 취하고, 만일 그 형태가 나타나면 그것은 '000'으로 대치된다고 결정할 수도 있을 것이다. 이제 혹자는 나에게 말한다: 그것으로는 충분하지 않다. 왜냐하면 그 자리들을 계산하는 사람은 누구든지 그 앞의 자리들을 검산하는 것이 저지되기 때문에. 이제 나는 또 다른 계산 체계가 필요하게 되는데, '777'을 산출할 수 없다고 미리부터 내가 확신할 수 있는 그러한 계산 체계 말이다. 이것은 하나의 수학적 문제이다.

'무모순성이 증명되지 않는 한, 생각 없이 그러나 규칙에 맞게 계산하

는 어떤 사람이 그 어떤 잘못된 것도 산출해 내지 않으리라는 것을 나
168 는 결코 완전히 확신할 수 없다.' 따라서 그러한 예견이 획득되지 않는 한, 그 계산 체계는 신뢰할 만하지 않다. ―그러나 내가 이렇게 묻는 경우를 생각해 보자: "얼마나 신뢰할 만하지 않은가?"―만일 우리가 신뢰할 만하지 않음의 정도에 대해 이야기한다면, 그로 인해서 우리는 형이상학적 가시를 붙잡게 되지 않을까?

그 계산 체계의 처음의 규칙들은 좋지 않았는가? 자, 우리는 그저 그것들이 좋았기 때문에 그것들을 제시했다. ―만일 나중에 어떤 모순이 생겨나면―그것들은 그 의무를 다하지 않은 것인가? 확실히 아니다. 그것들은 이러한 적용을 위해 주어지지 않았다.

나는 어떤 특정한 종류의 예견을 나의 계산 체계에 부여하려고 할 수도 있다. 이 예견은 그 계산법을 수학의 본래적인 부분으로 만들지 않지만, 가령 어떤 목적을 위해서는 더 유용한 것으로 만든다.

수학의 기계화라는 생각. 공리적 체계라는 유행.

10. 그러나 '공리'와 '추론 방법'이 그 어떤 구성 방법일 뿐만 아니라 절대적으로 확실시되는 구성 방법이라고 가정하자! 자, 그렇다면 이는 이 요소들로부터의 구성이 확실시되지 않는 경우들도 있다는 것을 뜻한다.

그리고 만일 우리가 명제 변항들에 원래는 아무도 예상하지 않았던 구조들을 대입시킬 때, 다시 말해 공리들의 진리성에 (최초에) 무조건적인 승인을 부여했을 때에는, 사실상 논리학적인 공리들은 전혀 확실한 것은 아니다.

그러나 다음과 같이 말하면 어떠한가?: 즉 공리와 추론 방법은 확실히 어떤 거짓 명제도 증명할 수 없게끔 선택되어야 한다고.

'우리는 상당히 신뢰할 만한 계산 체계뿐만 아니라, 절대적으로 신뢰

할 수 있는 계산 체계를 원한다. 수학은 절대적이지 않으면 안 된다.'

내가 '여우와 사냥꾼' 놀이에 대한 규칙들을 세웠다고 가정하자—아주 즐겁고 재미있는 놀이라고 상상하면서. —그렇지만 나중에 나는 사냥꾼인 술래가 일단 어떻게 할지를 알기만 하면 항상 이길 수 있다는 것을 발견하게 된다.

이제 나는 말하자면 나의 놀이에 만족하지 못한다. 내가 세웠던 그 규칙들은 나에게는 그 놀이를 망쳐 버리게 하는 내가 예상하지 못한 결과를 야기시켰다.

11. "N씨는 사람들이 계산중에 종종 '$(n-n)$'이라는 형식의 표현으로 약분해 왔다는 것을 알게 되었다. 그는 그로 인해 발생하는 결과들의 불일치를 지적해 내었고, 어떻게 인간의 삶이 이런 방식의 계산에 의해 길을 잃게 되었는지를 보여주었다."

그러나 다음을 가정해 보자: 즉 다른 사람들 역시 그러한 모순들을 알아차렸지만, 어디에서 그 모순들이 나왔는지에 대해 설명할 수 없었을 뿐이었다. 그들은 말하자면 뭔가 꺼림칙한 느낌을 지닌 채 계산했을 것
169 이다. 그들은 모순적인 결과들 사이에서 비록 불확실하지만 한 가지를 선택했을 것이고, 반면에 N씨의 발견은 그들에게 완전한 확신을 주었을 것이다. —그러나 그들은 "우리의 계산법에 뭔가 잘못된 것이 있다"라고 스스로 말했는가? 그들의 불확신은, 우리가 어떤 물리적 계산을 할 때 이 공식들이 여기에서 실제로 옳은 결과를 산출하느냐의 여부를 확신하지 못할 때의 우리의 불확신과 같은 종류인가? 또는 그것은 그들의 계산이 정말로 계산이냐 하는 회의였는가? 이 경우에: 그 곤경을 극복하기 위해서 그들은 무엇을 했는가?

그 사람들은 지금까지는 0이라는 값의 표현에 의한 약분을 그저 상당히 드물게 사용했을 뿐이다. 그러나 언젠가 누군가가 그들이 이러한 방식으로 실제로 어떤 임의의 결과에라도 이를 수 있다는 것을 발견한다.

—그들은 이제 무엇을 하고 있는가? 자, 우리는 아주 다양한 것들을 상상할 수도 있을 것이다. 그들은 이제 예컨대 이런 종류의 계산이 그 사실과 함께 그 의의(Witz)를 상실해 버렸으며, 그와 같은 방식으로는 장차 더 이상 계산되지 않으리라고 공언할 수 있다.

'그는 그가 계산하고 있다고 믿는다'—혹자는 이렇게 말하고 싶을텐데—'[그러나] 사실상 그는 계산을 하고 있지 않다.'

12. 만일 내가 이제 어떤 임의의 결과라도 산출해 낼 수 있는 방법을 알게 되자마자 그 계산이 나에 대해서 그 의의를 잃어 버린다면—내가 그것을 알지 못했던 한에서 그 계산은 어떤 의의도 지니지 않았던 것인가?

나는 물론 지금 이 모든 계산이 무효라고 공언할 수도 있다—나는 바로 지금 그것을 더 이상 수행하지 않는다——그러나 그 때문에 그것은 전혀 계산이 아니었는가?

나는 한때 어떤 숨겨진 모순을 경유해서 그것을 알지 못한 채 추론했다. 나의 결과는 이제 잘못된 것인가 혹은 어쨌든 부당하게 얻어낸 것인가?

만일 모순이 아무도 알아차릴 수 없을 만큼 잘 숨겨져 있다면, 왜 우리는 우리가 지금 하고 있는 것이 진짜 계산이라고 불러서는 안 되는가?

우리는 모순이 계산 체계를 무효화할 것이라고 말한다. 그러나 그것이 이제 고정적인 계산 도구로서가 아니라 조그만 양으로, 이를테면 섬광과 같이 나타난다면, 그 모순은 그 계산 체계를 역시 무효화할 것인가?

$(a+b)^2$이 a^2+b^2과 동일해야만 한다고 상상해 왔던 사람들을 생각

해 보라. (이렇게 상상하는 것은 자와 컴퍼스로 각을 3등분하는 것이 가능해야만 한다고 상상하는 것과 종류가 같은가?) 그렇다면 두 개의 계산 방법이 똑같지 않음에도 불구하고 동일한 결과를 산출해야만 했다고 사람들은 상상할 수 있는가?

나는 어떤 세로열을 더하고, 그것을 상이한 방식들로 더하며, 예컨대
상이한 순서열로 그 수들을 취하고서 계속 되풀이해서 불규칙하게 뭔가
상이한 결과를 얻어낸다. —나는 아마도 이렇게 말할 것이다: "나는 완
전히 혼란에 빠졌다; 나는 불규칙한 계산의 오류를 범하고 있든지, 아니
170 면 어떤 특정한 연관 속에서 어떤 계산의 오류를, 가령 '6+3=9' 다음
에 항상 '7+7=15'라고 말하는 오류를 범하고 있다."

또는 나는 갑자기 그 계산중에 더하기 대신에 빼기를 한 번 하고 있다고 생각할 수도 있을 것이지만, 이제 어떤 다른 것을 하고 있다고는 생각하지 않는다.

이제 내가 그 오류를 발견하지 않았으면서도 내가 제정신이 아니었다고 여기는 것이 가능할 수도 있다. 그러나 이것이 나의 반응일 필요는 없었을 것이다.

'모순은 계산 체계를 폐기한다'—이 특수한 지위는 어디에서 유래하는가? 내가 믿기로는 조금만 공상을 해보면 그것은 틀림없이 [그 기반이] 흔들릴 것이다.

이러한 철학적 문제를 해결하려면, 서로 비교하는 일이 어느 누구에게도 지금까지 진지하게 생각되지 않았던 것들을 우리는 비교하여야만 한다.

이러한 영역에서는 실로 주제에 속하지만 중심을 관통해 나아가지 않는 온갖 종류의 것들을 우리는 물을 수 있다.

어떤 특정한 계열의 물음들은 중심을 관통해서 밖으로 나아간다. 나머지는 부수적으로 대답된다.

중심을 관통해서 나아가는 길을 발견하기는 엄청나게 어렵다.

그 길은 새로운 예들과 비교들을 경유해서 나아간다. 진부한 것들은 그 길을 우리에게 보여주지 않는다.

러셀의 모순이 전혀 발견되지 않았다고 가정하자. 자—그렇게 되면 우리가 어떤 잘못된 계산 체계를 소유했을 것이라는 점은 전적으로 명확한가? 도대체 여기에는 다양한 가능성이 존재하지 않는가?

그리고 사람들이 모순을 실제로 발견했지만 그것에 대해 더 이상 자극받지 않으며, 가령 모순으로부터는 어떤 결론도 이끌어 낼 수 없다고 결정했다고 한다면 어떻게 되는가. (아무도 '거짓말쟁이'[역설]로부터 어떤 결론도 이끌어 내지 않는 것처럼.) 이것은 명백한 오류였을까?

"그러나 그렇게 되면 그것은 진짜 계산 체계는 아니다! 그것은 엄격성을 모두 잃어 버린다!" 자, 모두는 아니다. 그리고 만일 사람들이 엄격성이라는 특정한 이상을 추구한다면, 어떤 특정한 양식의 수학을 지어올린다면, 그는 그저 완전한 엄격성을 지니고 있지 않을 뿐이다.

'그러나 수학에 있어서의 모순은 확실히 수학의 적용과는 양립 불가능하다.'

'만일 모순이 일관성 있게 적용된다면, 즉 임의의 결과들을 산출하도록 적용된다면, 모순은 수학의 적용을 익살극으로 또는 일종의 쓸데없는 의식으로 만들어 버린다. 그것의 효과는, 가령 팽창하고 수축하기 때문에 상이한 측정 결과들을 허용하는 단단하지 않은 자의 효과와 같다.' 그러나 걸음에 의해서 재는 것은 재는 것이 전혀 아닌가? 그리고 만일 사람들이 밀가루 반죽으로 만들어진 자들을 가지고 일한다면, 그것은 그 자체로 잘못되었다고 불려야 할까?

171 자가 어떤 탄력성을 지니는 것이 바람직할 수도 있는 근거들은 쉽게 상상할 수 있지 않을까?

"그러나 더욱더 단단하고 불변하는 재료로 자를 만들어 내는 것이 옳지 않은가?" 확실히 그것은 옳다; 만일 사람들이 그렇게 원한다면!

"그렇다면 당신은 모순을 옹호하고 있는가?!" 천만에; 말랑말랑한 자를 옹호할 수 없는 것처럼.

피해야 할 오류가 하나 있다: 혹자는 모순이 뜻이 없어(sinnlos)야만 한다고 생각한다: 즉 만일 우리가 예컨대 'p', '∼', '.'이라는 기호들을 일관성 있게 사용한다면, '$p.\sim p$'는 아무것도 말할 수 없다는 것이다. —그러나 생각해 보라: '일관성 있게' 그러그러한 사용을 계속해 나아간다는 것은 무엇을 뜻하는가? ('이 곡선을 일관성 있게 계속 그어 나가기.')

13. 수학은 무엇을 위해 기초를 필요로 하는가?! 내가 믿는 바로는, 물리적 대상에 대한 명제들—또는 감각 인상을 다루는 명제들이 어떤 분석을 필요로 하지 않는 것과 마찬가지로 수학은 어떤 기초를 필요로 하지 않는다. 그러나 당연히 수학적 명제들이 필요로 하는 것은 그 다른 명제들과 마찬가지로 그 문법의 명료화이다.

이른바 정초라는 수학적 문제가 우리에게 수학의 기반이 아닌 것은 그림 그려진 바위가 그림 그려진 성의 기반이 아닌 것과 같다.

'그러나 프레게의 논리학은 모순에 의해서 산술의 정초에 쓸모없게 되어 버리지 않았는가?' 그렇다! 그러나 그렇다면 이러한 목적을 위해서 그것이 유용해야만 한다고 도대체 누가 말했는가?!

어떤 사람이 어떤 미개인에게 산술적 명제를 도출해 내기 위한 도구로서 프레게의 논리학을 주었다고 상상할 수도 있을 것이다. 그 미개인은 모순임을 알아차리지 못하고 모순을 도출해 냈고, 이제 그것으로부터 임의의 참 명제와 거짓 명제를 도출해 내었다.

'지금까지 어떤 착한 천사가 이 길로 가지 못하도록 우리를 지켜 주었다.' 자, 당신은 더 이상 무엇을 원하는가? 내가 믿기로는 혹자는 다음과 같이 말할 수도 있을 것이다: 당신이 무엇을 하든지 어떤 착한 천사가 항상 필요하게 될 것이다.

14. 어떻게 계산이 그렇게 실용적일 수 있는지를 보이기 위하여 혹자는 계산이 실험이라고 말한다. 왜냐하면 실험이 실제로 실용적인 가치를 지니고 있다는 것을 우리는 알고 있기 때문이다. 단지 사람들은, 자연사적 사실인 기술(技術) 덕분에 계산이 이러한 가치를 소유하고 있지만, 그 기술의 규칙들은 자연사의 명제들의 역할을 지니고 있지 않는다는 점을 망각할 뿐이다.

"경험의 한계."—(우리는 삶이 실용적이기 때문에 사는가? 우리는 사유가 실용적이기 때문에 사유하는가?)

172 그는 실험이 실용적이라는 것을 알고 있다; 따라서 계산은 실험이다.

우리의 실험적인 활동들은 실로 어떤 특징적인 모습을 지니고 있다. 만일 어떤 사람이 실험실에서 시험관에 어떤 액체를 붓고 분센 버너 위에서 끓이는 것을 본다면, 나는 그가 실험을 하고 있다고 으레 말하게 된다.

셈을 할 수 있는 어떤 사람들이—우리와 마찬가지로—다양한 종류의 실용적 목적을 위하여 수들을 알고자 한다고 가정해 보자. 그리고 이를 위해 그들은 어떤 사람들에게 묻는데, 실용적인 문제를 설명해 달라고 하면 그들은 눈을 감고서 그 목적에 상응하는 수를 떠올린다——여기에는 제시되는 수들이 아무리 신뢰할 만하더라도 어떤 계산도 없을 것이다. 물론 이렇게 수를 결정하는 것이 어떤 계산보다도 실제로 훨씬 더 신뢰 가능할 수도 있을 것이다.

계산은—이렇게 말할 수도 있을텐데—이를테면 실험 기술의 일부분이지만, 그 단독으로는 실험이 아니다.

실험에 그 과정의 어떤 특정한 적용이 속한다는 것을 도대체 사람들은 잊고 있는가? 그리고 계산은 그 적용을 매개한다.

왜냐하면 어떤 열쇠에 의한 어떤 암호의 번역을 실험이라고 부른다고 모든 사람이 생각하게 될까?

n 곱하기 *m*이 *l*을 산출할 것인지를 내가 의심할 때, 나의 의심은 우리의 계산에 혼란이 돌발할 것이냐의 여부에 관한 것이 아니며, 또한 가령 인류의 반은 어떤 것이 옳다고 여기고 또 다른 반은 다른 것이 옳다고 여길 것이냐의 여부에 관한 것도 아니다.

활동은 오직 어떤 관점에서 보여졌을 때 '실험'이다. 그리고 계산 활동이 또한 실험일 수 있다는 것은 분명하다.

나는 예컨대 이 사람이 그러한 상황에서 이러한 문제 설정에 대해 무엇을 계산하는지를 시험해 보고자 할 수 있다. — 그러나 그것은 당신이 52×63이 얼마인지를 알고자 할 때 바로 당신이 묻는 것이 아닌가! 물론 나는 그렇게 물을지도 모른다 — 나의 물음은 심지어 이 낱말들로 표현될지도 모른다. (다음과 비교해 보라: "들어 보라. 그녀는 신음하고 있다!"라는 문장은 그녀의 행위에 대한 명제인가, 아니면 그녀의 고통에 대한 명제인가?)

그러나 이제 내가 그의 계산을 검토한다고 하면 어떻게 되는가? — '자, 그렇다면 나는 모든 정상적인 인간이 그와 같이 반응한다는 것을 완전히 확실하게 알아내기 위해 여전히 실험을 하고 있다.' — 그리고 만일 그들이 이제 한결같게 반응하지 않는다면 — : 어느 것이 수학적인 결과인가?

15. "만일 계산이 실제적이어야 한다면, 계산은 사실들을 명백하게 드러내지 않으면 안 된다. 그리고 실험만이 그것을 할 수 있다."

173 그러나 어떤 것들이 '사실들'인가? 당신은 어떤 사실이 의미되었는지를, 가령 손가락으로 그것을 지적함으로써 보여줄 수 있다고 믿는가? 그렇게 하는 것은 어떤 한 사실의 '확립'이 하는 역할을 명확하게 만드는가? ―당신이 '사실'이라고 부르는 것의 성격을 이제 수학이 비로소 규정한다고 하면!

'이 음이 얼마나 많은 진동수를 갖고 있는지 아는 것은 흥미롭다.' 그러나 산술이 이 물음을 당신에게 비로소 가르쳐 주었다. 산술은 이러한 종류의 사실을 보도록 당신에게 가르쳐 주었다.

수학은―나는 이렇게 말하고 싶은데―당신에게 단순히 한 물음에 대한 대답을 가르치지 않으며, 오히려 물음 및 대답과 함께 전체 언어놀이를 가르친다.

수학이 우리에게 셈을 가르친다고 말해야 하는가?

수학에 대해서 우리는 그것이 우리에게 실험적인 탐구 방법을 가르친다고 말할 수 있는가? 또는 그러한 탐구 방법을 우리가 발견하게끔 돕는다고?

'수학이 실용적이기 위해서는 우리에게 사실들을 가르쳐 주어야만 한다.'―그러나 이 사실들은 수학적 사실들이어야 하는가? ―그러나 왜 수학은 '우리에게 사실들을 가르치는 것' 대신에 우리가 사실이라고 부르는 것의 형식들을 창조해서는 안 되는가?

"그렇다. 그러나 그래도 사람들이 그와 같이 계산한다는 경험적 사실은 남아 있다!"―그렇다. 그러나 그와 함께 그 계산 명제가 경험적 명제로 되는 것은 아니다.

"그렇다. 그러나 확실히 우리의 계산은 경험적 사실들에 기초해야만 한다!" 확실히 그렇다. 그러나 당신은 지금 어떤 경험적인 사실들을 염두에 두고 있는가? 그것을 가능하게 하는 심리적이고 생리적인 것들인가, 아니면 그것을 어떤 유용한 활동으로 만드는 것들인가? 후자와의 연관은 항상 그렇듯이 계산이 실험의 그림이라는 점에 있다. 전자로부터 그것은 그것의 요점을, 그것의 외관을 얻는다: 그러나 이 점이 수학의 명제들이 경험적 명제들의 기능을 갖는다고 말하는 것은 전혀 아니다. (이는 마치 오직 배우들만 각본에 등장하기 때문에, 어떤 다른 사람도 극장의 무대 위에서 유용하게 채용될 수 없다고 어떤 사람이 믿는 것과 거의 같다.)

계산에서는 어떤 인과적 연관들도 없으며, 오직 그림의 연관들만이 있을 뿐이다. 그리고 이 점에 대해서 증명 그림을 승인하기 위해 우리가 그 증명 그림을 검토한다는 사실로 인해서 달라지는 것은 아무것도 없다. 그리하여 그것이 심리적 실험에 의해 산출되었다고 우리가 말하고 싶은 유혹을 느낀다는 사실도. 왜냐하면 심적인 과정은 우리가 계산할 때 심리적으로 탐구되지 않기 때문이다.

'1분은 60초이다.' 이 명제는 수학적 명제와 아주 유사하다. 그 진리
174 는 경험에 의존하는가? ―자, 시간 감각이 전혀 없다면, 시계가 전혀 없다면, 또는 물리적인 이유들로부터 [시계가] 있을 수 없게 된다면, 우리의 시간 측정에 뜻과 의미를 부여하는 모든 연관들이 존재하지 않는다면 우리는 분과 시에 대해서 말할 수 있을까? 이 경우에―우리는 이렇게 말하게 될텐데―시간 측정은 그 의미를 잃어 버리든가(장기 놀이가 사라지면 장군을 부르는 행위가 그럴 것처럼)―또는 전적으로 다른 어떤 의미를 갖게 될 것이다. ―그러나 그렇게 기술된 경험은 그 명제를 거짓으로 만들고, 다르게 기술된 경험은 참으로 만드는가? 아니다; 그것은 그 기능을 기술하지 않을 것이다. 그것은 전적으로 달리 기능한다.

'계산은 실용적일 수 있으려면 경험적 사실들에 기초해야만 한다.' ――왜 그것이 경험적 사실들인 것을 오히려 결정해서는 안 되는가?

다음을 음미해 보라: '우리의 수학은 실험을 정의로 변형시킨다.'

16. 그러나 전적으로 우리의 의미에서의 측정과 마찬가지로, 전적으로 우리의 의미에서의 계산이 존재하지 않는 어떤 인간 사회도 우리는 상상할 수 없는가? — 아니다. — 그러나 그렇다면 왜 나는 수학이 무엇인지 밝혀내기 위해 노력하고 있는가?

왜냐하면 우리에게는 하나의 수학이 있고, 그것에 대한 특이한 파악이, 말하자면 그것의 지위와 기능에 대한 어떤 이상(Ideal, 이념)이 있기 때문이다 — 그리고 이것은 명확하게 밝혀져야만 한다.

너무 많이 요구하지 말라. 그리고 너의 정당한 요구가 점점 작아져서 사라져 버릴 것이라고 두려워하지 말라.

나의 과제는 러셀의 논리학을 안으로부터 공격하는 것이 아니라, 밖으로부터 공격하는 것이다.

다시 말해: 그것을 수학적으로 공격하는 것이 아니라 — 그렇지 않다면 나는 수학을 해야 할 것이다 — 그것의 위치, 그것의 지위를 공격하는 것이다.

나의 과제는 예컨대 괴델의 증명에 대해 말하는 것이 아니라, 그것의 옆을 지나가서 말하는 것이다.

17. 다음의 벽그림에서

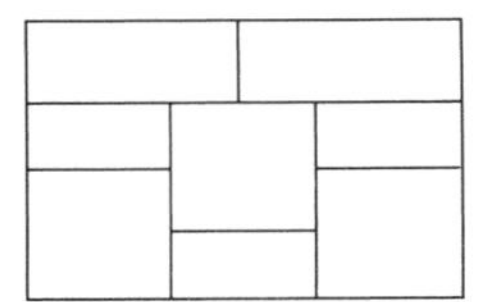

빠뜨리거나 반복함이 없이 그 경계선을 다 지나갈 수 있는 방법의 수를 발견하라는 문제를 사람들은 모두 수학적인 문제로서 인식한다. — 만일 이 그림이 훨씬더 복잡하고 크다면, 그래서 단번에 다 볼 수 없다면,

그것은 우리가 알아차리지 못한 사이에 변해 버린다고 가정할 수도 있
175 을 것이다; 그리고 그렇게 되면 (아마도 규칙적으로 변하는) 그 수를 찾아내는 문제는 더 이상 수학적인 문제가 되지 않을 것이다. 그러나 설령 그것이 변하지 않는다고 하더라도, 그 문제는 이 경우에는 수학적이지 않다. ——그러나 그 벽그림을 단번에 다 볼 수 있을지라도, 그로 인해서 그 문제가 수학적인 문제로 된다고 말할 수 없다—우리가 이 문제는 이제 발생학의 문제이다라고 말하는 것과 같이. 오히려: 여기에서 우리는 어떤 수학적 해결을 필요로 한다. (여기에서 우리가 필요로 하는 것이 어떤 견본 Vorlage 인 것과 같이.)

우리는 수학이 도면의 자취를 다루기 때문에 그 문제를 수학적인 것으로 '인식'했는가?

그렇다면 왜 우리는 이 문제를 곧장 '수학적'인 문제라고 부르는 쪽으로 기우는가? 왜냐하면 여기에서 수학적 물음에 대한 대답이 우리가 필요로 하는 모든 것과 마찬가지라는 점을 곧바로 보기 때문에. 비록 그 문제가 예컨대 심리학적 문제로서 쉽게 보여질 수 있을지라도.

한 장의 종이를 그러그러하게 접는 문제도 그와 비슷하다.

여기에서 마치 수학이 단위들을 갖고서 실험을 하는 과학인 것처럼 보일 수 있다; 즉 어떤 종류의 단위라도 문제가 되지 않는, 그리하여 그것이 강남콩이든, 유리 구슬이든, 선분이든 등등 문제가 되지 않는 실험 말이다. —수학은 이 모든 것들에 대해서 타당한 것만을 발견한다. 따라서 예컨대 그것들의 용해점에 대해서는 아무것도 발견하지 않지만, 그것들의 2 더하기 2가 4라는 것을 발견한다. 그리고 그 벽그림 문제는 바로 수학적인 문제이며, 즉 이러한 종류의 실험에 의해서 해결될 수 있다. —그리고 수학적 실험은 무엇에 있는가? 그야, 사물들을 거기에 놓고 이리저리 옮겨 놓는 것, 선을 긋는 것, 표현, 명제를 써놓는 것 등에. 그리고 우리는 이 실험들의 외적 현상이 물리적·화학적 실험 등

의 외적 현상이 아니라는 점에 의해서 혼란을 겪어서는 안 된다. 그것은 그저 종류가 다를 뿐이다. 거기에는 오직 하나의 어려움만이 있다: 즉 일어나는 것을 보고 기술하기가 충분히 쉽다는 점이다. ―그러나 어떻게 그것이 실험으로서 보여질 것인가? 여기에서 무엇이 실험의 머리이고 무엇이 실험의 꼬리인가? 무엇이 실험의 조건들이고 무엇이 그 결과인가? 그 결과란 계산에 의해 산출된 것인가, 아니면 계산의 그림인가, 아니면 (이것이 무엇에 있건간에) 계산하는 사람들의 동의(Zustimmung)인가?

그러나 만일 우리가 가령 역학의 원리들에 해석의 여지를 남겨 두고 나서 이제 어떤 측정 체계가 생겨나게끔 적용한다면, 역학의 원리는 순수 수학의 명제로 되는가?

'수학적 증명은 조망 가능해야만 한다'―이는 그 도형의 조망 가능성과 연결되어 있다.

176 18. 자기 자신에 대해 그 자신이 증명 불가능하다고 주장하는 명제가 수학적 언명으로 파악될 수 있다는 점을 잊지 말라――왜냐하면 그 점은 자명하지 않기 때문에.

그러그러한 구조가 구성 가능하지 않다는 명제가 수학적 명제로서 파악될 수 있다는 점은 자명하지 않다.

즉: 혹자가 "그것은 그 자신에 대해 주장한다"라고 말했다면―이것은 어떤 특수한 방식으로 이해되어야 한다. 왜냐하면 여기에서 "이 명제는 …에 대해 뭔가를 주장한다"라는 표현의 다채로운 사용에 의해 쉽게 혼란이 유발되기 때문이다.

이러한 의미에서 '625=25×25'라는 명제 또한 그 자신에 대해서 뭔가를 주장하고 있다: 즉 좌변의 수는 우변에 있는 수들을 곱할 때 얻어진다는 것을.

그 자신에 대해서 뭔가를 주장하는 괴델의 명제는 그 자신을 언급하지 않는다.

'그 명제는 이 수가 이 수들로부터 이런 방식으로는 얻어지지 않는다고 말하고 있다.'—그러나 당신은 그것을 한국어로 올바르게 번역했다고 또한 확신하는가? 확실히 그런 것처럼 보인다.—그러나 여기에서 길을 잘못 들 수 없는가?

다음과 같이 말할 수도 있을까?: 우리가 어떤 수학적 증명을 실제적으로 명제 도형(Satzfigur)이 증명 규칙에 따라 구성 가능하다는 증명으로서 파악하고자 한다면, 그 수학적 증명은 또한 신뢰할 수 있어야만 한다고 괴델은 말하고 있다고?

또는: 수학적 명제는 실제로 그 자신에게 적용 가능한 기하학의 명제로서 파악될 수 있어야만 한다. 그리고 만일 사람들이 그렇게 한다면, 사람들은 어떤 경우에는 어떤 증명에 의존할 수 없다는 것이 드러난다.

경험의 한계는 보장되지 않은 가정 또는 직관적으로 옳다고 인식된 가정들이 아니다. 오히려 비교와 행위의 방식과 방법들이다.

19. '어떤 특정한 수 …가 …, …, …라는 수들로부터 그러그러한 조작들에 의해 얻어질 수 없다고 말하는 어떤 산술적 명제를 우리가 가지고 있다고 가정해 보자. 그리고 어떤 번역 규칙이 주어질 수 있는데, 이 번역 규칙에 따라 이 산술적 명제가 그 첫번째 수의 숫자로 번역될 수 있고—그 산술적 명제를 증명할 수 있게 하는 공리들은 그 다른 수들의 숫자들로 번역될 수 있으며—우리의 추론 규칙들은 그 명제에서 언급된 조작들로 번역될 수 있다고 하자.—그리고 나서 만일 우리가 우리의 추론 규칙에 따라 그 공리들로부터 그 산술적 명제를 도출했다
177 면, 우리는 그로 인해서 그것의 도출 가능성을 실증해 보인 것이 될 것이지만, 동시에 우리는 그 번역 규칙에 따라서 이(즉 우리의) 산술적 명제는 도출 불가능하다라고 표현될 수 있는 명제를 또한 증명한 것이

될 것이다.'

이제 여기에서 무엇이 행해져야만 할까? 나는 우리가 우리의 명제 기호의 구성을 신뢰하고, 따라서 기하학적 증명을 신뢰한다고 생각하고 있다. 따라서 우리는 이 '명제 도형'이 그러그러하게 그러한 것들로부터 얻어질 수 있다고 말한다. 그리고 이는 그저 다른 기호법으로 번역된 채로 이 숫자는 이 조작들에 의해서 그러한 것들로부터 얻어질 수 있다는 것을 뜻한다. 지금까지 그 명제와 그것의 증명은 어떤 특수한 논리학과도 하등 관계가 없었다. 여기에서 구성된 명제는 단지 그 구성된 숫자의 다른 표기법이었다;그것은 명제의 형식을 갖추고 있었지만, 우리는 그것을 이러저러하게 말하고 어떤 의미를 지니는 기호로서 다른 명제들과 비교하지 않았다.

그러나 물론 그 기호가 명제 기호로도 또한 수기호로도 간주될 필요가 없다고 말해져야 할 것이다.—당신 자신에게 물어 보라:그것을 전자로 만드는 것은 무엇이고, 후자로 만드는 것은 무엇인가?

만일 우리가 이제 그 구성된 명제(또는 그 숫자)를 수학적 언어(가령 한국어에서의)의 명제로서 읽는다면, 그 명제는 바로 우리가 증명된 것으로 간주한 것의 부정을 말한다. 따라서 우리는 그 명제의 실제 의미가 거짓이라고 논증하였고, 동시에 그 명제를 증명하였다—즉 만일 우리가 허용된 추론 규칙에 의해서 허용된 공리로부터 그것의 구성을 증명으로서 간주한다면 말이다.

만일 그러한 가정들이 논리학적 또는 수학적 가정들이기 때문에 그러한 가정들을 내세울 수 없다고 어떤 사람이 우리에게 반대한다면, 우리는 다음과 같이 대답한다:즉 어떤 사람이 어떤 계산의 오류를 범했고, 그로 인해서 우리가 '가정하는' 결과에 도달했으며, 당분간 그는 이 계산의 오류를 찾을 수 없다고 가정하는 것이 그저 필요할 뿐이라고.

여기에서 우리는 다시 "증명이 우리를 확신시켜 준다"라는 표현으로 되돌아가게 된다. 그리고 여기에서 그 확신에 대해서 우리를 흥미롭게 하는 것은 목소리나 몸짓에 의한 그것의 표현도 아니요, 만족 또는 그와 비슷한 감정도 아니며, 오히려 증명된 것의 적용에 있어서의 그것의 확증이다.

괴델의 증명이 우리의 작업에 대해서 어떤 중요성을 갖는지 우리는 정당하게 질문할 수 있다. 왜냐하면 수학의 어떤 부분은 우리를 곤경에 빠뜨리는 종류의 문제를 풀 수 없기 때문에.—그 대답은 그러한 증명이 우리를 데려가는 그 상황이 우리에게 흥미롭다는 것이다. '우리는 이제 무엇을 말해야 하는가?'—이것이 우리의 주제이다.

아무리 기묘하게 들릴지라도 괴델의 정리에 관한 한 나의 과제는 그저 "이것이 증명될 수 있다고 가정하자"와 같은 명제가 수학에서 무엇을 의미하는지를 명확하게 밝히는 데에 있는 것처럼 보인다.

178 20. 우리가 "얼마나 많이?"라고 묻고 이 물음에 이어서 [갯수를] 세고 계산한다는 것은 우리에게는 너무도 자명하게 떠오른다!

우리는 세는 것이 실용적이기 때문에 세는가? 우리는 센다!—그리고 그렇게 우리는 또한 계산한다.

우리는 실험—혹은 그것을 달리 뭐라고 부르고 싶든지간에—의 근거 위에서 때때로 측정된 것의 측정치를, 때때로 더욱 적절한 척도를 결정할 수 있다.

그렇다면 따라서 측정 단위는 측정의 결과인가? 그렇기도 하고 그렇지 않기도 하다. 측정의 결과가 아니라, 아마도 측정의 귀결(Folge)이다.

"경험이 그렇게 계산하도록 우리에게 가르쳐 주었는가?"라는 물음과 "계산은 실험인가?"라는 물음은 별개일 것이다.

21. 예컨대 '이논리적' $\in$ 이논리적 $\equiv \sim$('이논리적' $\in$ 이논리적)과 같은 모순이 '이논리적'이라는 개념의 논리적 속성을 보여주고 있다고 왜 말해서는 안 되는가?

"'두 음절의'는 이논리적이다" 또는 "'네 음절의'는 이논리적이지 않다"는 경험적 명제이다. 형용사들이 그것들이 나타내는 속성을 갖고 있는지 아닌지를 알아내는 것은 어떤 맥락에서는 중요할 수도 있을 것이다. 이 경우에 "이논리적"이라는 단어는 한 언어 놀이에서 사용되고 있다. 그러나 이제 "'b' $\in$ b"라는 명제는 경험적 명제이어야 하는가? 명백하게도 그렇지 않으며, 설령 그 모순을 발견하지 못했다 하더라도 우리는 그것을 우리의 언어 놀이에서 명제로서 허용하지 않게 될 것이다.

'b' $\in$ $b \equiv \sim$('b' $\in$ b)는 '참다운 모순'이라고 불릴 수도 있을 것이다. —그러나 확실히 이 모순은 어떤 뜻 있는 명제가 아니다! 당연하다. 그러나 논리학의 동어 반복도 확실히 뜻 있는 명제가 아니다.

여기에서 "그 모순은 참다운 것이다"는 다음을 뜻한다: 그것은 증명된다; 그것은 단어 "b"에 대한 규칙으로부터 도출된다. 그 적용이란 "'b'"는 'ξ $\in$ b'에 대입되었을 때 어떤 명제도 산출하지 않는 단어라는 점을 보여주는 것이다.

"그 모순은 참다운 것이다"는 다음을 뜻한다: 그것은 실제로 하나의 모순이며, 따라서 당신은 단어 "'b'"를 'ξ $\in$ b'의 논항으로서 사용해서는 안 된다.

22. 나는 어떤 놀이를 규정하고 다음과 같이 말한다: "만일 당신이 이런 수를 두면 나는 그렇게 두고, 만일 당신이 저런 수를 두면 나는 그렇게 둔다. —자, 놀이를 시작하자!" 그리고 이제 그는 어떤 수를 두거나 또는 수를 두는 것으로 내가 받아들여야만 하는 어떤 것을 하며, 내가 나의 규칙에 따라 응수하고자 할 때, 내가 무엇을 하든 그 규칙과

위배된다는 것이 판명된다. 어떻게 이런 일이 일어날 수 있었는가? 내
179 가 규칙들을 설정하고 나서 뭔가를 말했을 때, 가령 '나는 어떤 관례 (Brauch)를 따랐다. 나는 우리가 무엇을 계속하게 될지를 예견하지 않았거나, 그저 어떤 특정한 가능성만을 보았다'라고 말했을 때. 이것은 마치 내가 어떤 사람에게 "그 놀이를 그만두라; 당신은 이 말로는 외통수로 몰 수 없다"라고 말하면서 외통수로 몰 가능성이 하나 존재한다는 것을 간과하는 경우와 같다.

다양하고 반은 농담에 찬 논리적 역설의 표현법들은, 우리가 역설의 기능을 적절하게 이해하기 위해서 역설에 대한 진정한 표현법이 필요하다는 점을 상기시켜 주는 한에서만 흥미로울 뿐이다. 다음의 문제가 일어난다: 그러한 논리적 오류는 언어 놀이에서 어떤 역할을 할 수 있는가?

가령 한 사람이 어떤 사람에게 그러그러한 경우에 어떻게 행동해야 하는지를 가르친다; 그리고 이 가르침이 나중에 무의미한 것으로 판명된다.

23. 논리적 추론은 언어 놀이의 일부분이다. 그리고 그 언어 놀이에서 논리적 추론을 수행하는 사람은 언어 놀이의 배움 과정에서 자신에게 주어진 어떤 가르침을 따른다. 만일 조수가 가령 어떤 명령에 따라 집을 짓는다면, 그는 이따금씩 건축 재료 등의 운반을 중단하고서 종이 위에 기호들로 어떤 조작을 수행해야만 하며, 그러고 나서야 그는 그 결과에 조응해서 다시 그의 건축 작업을 착수한다.

손수레를 밀고 있는 어떤 사람이 힘을 주어 밀어도 그 손수레가 잘 나아가지 않을 때에는 그 바퀴의 축을 청소해야만 한다고 알게 되는 과정을 생각해 보라. 나는 그가 "그 손수레가 잘 나아가지 않을 때에는 언제나…"라고 자신에게 말하는 경우를 염두에 두고 있지 않다. 오히려

그는 단순히 그렇게 행동한다. 그리고 이제 그는 어떤 다른 사람에게 외치게 된다:“그 손수레가 잘 나아가지 않아, 그 축을 청소해!” 또는 “그 손수레가 잘 나아가지 않아, 그러니 그 축을 청소해야만 해.” 자, 이것이 추론이다. 물론 논리적 추론은 아니다.

나는 이제 다음과 같이 말할 수 있는가?:“비논리적 추론은 잘못된 것으로 판명될 수 있지만, 논리적 추론은 그럴 수 없다.”

논리적 추론이 규칙들에 따라 행해지면, 그 논리적 추론은 옳은가? 또는 옳은 규칙들에 따라 행해지면? 예컨대 p는 항상 $\sim p$로부터 따라 나와야 한다고 누군가가 말했다면, 이는 잘못된 것일까? 그러나 왜 우리는 오히려 다음과 같이 말해서는 안 되는가? 그러한 규칙은 ‘$\sim p$’와 ‘p’ 같은 기호에 그것들의 일상적인 의미를 부여하지 않는다고.

우리는—나는 이렇게 말하고 싶은데—추론 규칙이 기호에 그 의미를 부여하며, 이는 추론 규칙이 이 기호의 사용의 규칙이기 때문이라고
180 파악할 수 있다. 추론 규칙은 기호의 의미의 규정에 속한다고. 이러한 의미에서 추론 규칙은 잘못될 수도 옳을 수도 없다.

집을 짓는 과정에서 A는 한 구역의 길이와 너비를 측정하고, B에게 “15×18개의 판자를 가져오라”는 명령을 내린다. B는 곱셈을 하고 그 결과에 조응해서 판자의 갯수를 세도록 훈련받았다.

‘15×18=270’이라는 문장은 물론 결코 발화될 필요가 없다.

다음과 같이 말할 수도 있을 것이다:실험—계산은 인간 활동이 그 사이로 움직이는 양극이다.

24. 우리는 이러이러한 방식으로 한 사람을 조건짓는다;그러고 나서 어떤 물음을 통해 그에게 영향을 주며, 어떤 숫자 기호를 얻는다. 이것을 우리는 우리의 목적을 위해서 계속 사용하며, 그것은 실용적임이 판

명된다. 바로 이것이 계산이다. —아직은 아니다! 이것은 아주 합목적적인 과정일 수도 있을 것이다—그러나 우리가 '계산'이라고 부르는 것일 필요는 없다. 소리들이 현재 우리의 언어가 기여하는 목적을 위해 발화되지만, 그 소리들이 여전히 어떤 언어도 형성하지 않는 경우를 우리가 상상할 수도 있는 것과 같이.

옳게 계산하는 모든 사람들이 동일한 계산 그림을 산출한다는 것은 계산[계산의 개념]에 속한다. 그리고 '옳게 계산하는'은 어떤 명석한 지성에 의해서 또는 혼란 없이 계산함을 뜻하는 것이 아니라, 오히려 그렇게 계산함을 뜻한다.

모든 수학적 증명은 수학적 건물에 [그것이 딛고 설] 새로운 다리를 부여한다. (나는 책상의 다리를 생각했다.)

25. 나는 이렇게 자문했었다: 순전히 공상적인 적용을 지니는 수학은 그래도 수학이 아닌가? —그러나 문제는 일어난다: 가령 여기에서 공상적인 적용으로부터 비공상적인 적용에로 건너가는 이행, 다리가 있다는 단지 그러한 이유 때문에 우리는 그것을 '수학'이라고 부르지 않는가? 다시 말해: 만일 기호들로 하는 계산과 조작을 사람들이 단지 불가사의한 목적을 위해 이용한다면, 우리는 그 사람들이 수학을 보유하고 있다고 말하게 될 것인가?

26. 그러나 그렇다면 수학에 대해서 본질적인 것은 수학이 개념을 형성한다는 것이다라고 말하는 것은 틀린 말이 아닌가? —왜냐하면 수학은 결국 하나의 인류학적 현상이기 때문에. 따라서 우리는 그 점을 대부분의 수학('수학'이라고 불리는 것)에서 본질적인 것으로서 인식할 수 있지만, 그 점은 다른 영역에서는 아무런 역할도 하지 않는다고도 말할 수 있다. 물론 이러한 통찰은 그것만으로도 이제 그렇게 수학을 보는 방법을 배우는 사람들에게 어떤 영향을 끼칠 것이다. 그렇게 되면 수학

은 하나의 가족이다; 그러나 이는 그것 안에 통합되는 모든 것이 우리에게 다 똑같다고 말하는 것은 아니다.

181 우리는 다음과 같이 말할 수도 있을 것이다: 만일 당신이 선택 공리를 이해하는 것보다도 더 어떤 수학적 명제도 이해하고 있지 않다면, 당신은 수학을 이해하지 못하고 있다.

27. —여기에 어떤 모순이 있다. 그러나 우리는 그것을 보지 못하고, 그로부터 결론들을 이끌어 낸다. 가령 수학적 명제들, 그리고 거짓 명제들을. 그러나 우리는 이 결론들을 승인한다. —그리고 만일 이제 이 계산을 기초로 해서 우리가 지은 어떤 다리가 붕괴된다면, 우리는 그것에 대해 어떤 다른 원인을 찾든가 신이 그것을 원했다고 말한다. 자, 그러면 우리의 계산이 잘못된 것인가, 아니면 그것은 전혀 계산이 아니었는가?

확실히 만일 우리가 그렇게 하는 사람들을 관찰하는 탐험가라면, 우리는 아마도 이 사람들은 전혀 계산하고 있지 않다고 말할 것이다. 또는: 그들의 계산에는 어떤 자의적인 요소가 있어서, 그들의 수학은 우리의 수학과는 그 본성이 다르다고. 그럼에도 불구하고 우리는 이 사람들이 수학을 지니고 있다는 것을 부인할 수 없을 것이다.

그 포로가 끌고 간 어색한 상황으로부터 곧장 탈출하기 위해서, 그 왕*은 어떤 종류의 규칙들을 제시해야 하는가? —이것은 어떤 종류의 문제인가? —이것은 확실히 다음의 문제와 유사하다: 그러그러한 상황이 일어날 수 없게 하기 위해서 이 놀이의 규칙들을 나는 어떻게 바꿔

* 추정하건대 그 왕은 "이 나라에 들어오는 모든 이방인은 자신의 입국 목적을 진술해야 하며, 이때 거짓말하는 자는 교수형에 처한다"는 법령을 만들었다. 그런데 어떤 궤변가가 나타나 말하기를, 자신은 그 법령에 따라 교수형을 받으러 왔노라고 했다—편집자 주.

야만 하는가? 그리고 그것은 수학적 문제이다.

그러나 수학을 수학으로 만드는 것이 도대체 수학적 문제일 수 있는가?

다음과 같이 말할 수 있는가?:"이 수학적 문제가 풀린 이후에야 인간은 진정으로 계산하기 시작했다."

28. 은행이 사실상 일반적으로는 모든 고객에 의해 하루 아침에 도산되지 않지만, 그래도 만일 그 일이 일어나면 도산된다는 것에 기초하는 확실성은 어떤 종류의 확실성인가?! 자, 그것은 더 원초적인 확실성과는 다른 종류의 확실성이지만, 그래도 그것은 하나의 확실성이다.

내가 의미하는 것은 다음과 같다: 만일 어떤 모순이 실제로 산술에서 발견된다면—이제 이는 그러한 모순을 지니고 있는 산술이 아주 상당한 기여를 할 수도 있다는 것을 그저 증명할 뿐이다; 그리고 그것이 참으로 전혀 옳은 산술 체계가 아니었다고 말하는 것보다, 우리가 필요로 하는 확실성의 개념을 조정하는 것이 더 나은 일이 될 것이다.

"그러나 확실히 그것은 이상적인 확실성이 아니다!"—이상? 어떤 목적을 위한?

논리적 추론의 규칙들은 언어 놀이의 규칙들이다.

182 29. "사자들의 집합은 사자가 아니지만 집합들의 집합은 집합이다"는 어떤 종류의 명제인가? 그것은 어떻게 검증되는가? 어떻게 사람들은 그것을 사용할 수 있을까?—내가 아는 한, 오직 문법적 명제로서. "사자"라는 낱말은 어떤 한 마리 사자의 이름과는 근본적으로 상이하게 사용되지만, 보통 명사 "집합"은 집합들 중의 하나, 가령 사자들의 집합을 지칭하는 것과 유사하게 사용된다는 점에 대해 어떤 사람에게 주의를 환기시키기 위해서.

혹자는 설령 그가 예를 들어 러셀의 유형론을 받아들인다 할지라도 "집합"이라는 낱말이 재귀적으로 사용된다고 말할 수 있다. 왜냐하면 그것은 거기에서도 역시 재귀적으로 사용되기 때문에.

물론 이러한 의미에서 사자들의 집합이 사자가 아니라고 말하는 것 따위는 어떤 사람이 구술을 기술로 오인했을 때, 그가 "ㅜ"를 "ㅣ"로 오인했다고 말하는 것과 유사하다.*

어떤 입방체 그림에 있어서의 갑작스러운 파악 방식의 변화 그리고 '사자'와 '집합'을 비교 가능한 개념들로서 바라보는 것의 불가능성.

모순은 "…을 조심하라"고 말한다.

그러나 어떤 사람이 어떤 특정한 사자(가령 사자들의 왕)에게 "사자"라는 이름을 준다면 어떻게 되는가? 그러면 당신은 이렇게 말할 것이다: 그러나 확실히 "사자는 한 마리 사자이다"라는 문장에서 낱말 "사자"가 두 가지 상이한 방식으로 사용되고 있다는 것은 명확하다(《논리-철학 논고》**). 그러나 나는 그것들을 한 종류의 사용으로 간주할 수 없는가?

그러나 만일 이러한 방식으로 "사자는 한 마리 사자이다"라는 문장이 사용된다면, 내가 두 가지 "사자"의 사용의 차이에 주의하고 있는 것에 대해 나는 아무런 주의도 환기시키지 않을 것인가?

우리는 어떤 동물이 고양이인지 아닌지를 검사할 수 있다. 그러나 고양이라는 개념은 여하튼 그렇게 검사할 수 없다.

비록 "사자들의 집합은 사자가 아니다"가 사람들이 단지 의례적으로

---

* 원문의 내용을 그대로 번역하면 다음과 같다: "어떤 사람이 Kugel을 Kegel로 오인했을 때, 그가 "u"를 "e"로 오인했다고 말하는 것과 유사하다"—옮긴이 주.

** *Tractatus* 3.323 참조—편집자 주(증보판).

만 어떤 의미를 부여할 수도 있을 헛소리처럼 보일지라도 나는 이 문장을 그와 같이 간주하고 싶지 않으며, 오히려 이 문장이 오직 옳다고 간주될 때에만 옳은 문장이라고 간주하고 싶다. (따라서 《논리-철학 논고》에서와는 다르게.) 그리하여 여기에서 나의 생각은 말하자면 다른 것이다. 그런데 이는 내가 다음과 같이 말하고 있음을 뜻한다:이런 문장들로 이루어지는 언어 놀이도 역시 존재한다.

"고양이들의 집합은 고양이가 아니다."—어떻게 당신은 이것을 아는가?

동물 우화에서 "사자가 여우와 함께 산책을 나갔다"라는 문장은 한 마리 여우와 함께 한 마리 사자라는 것도, 그러그러한 여우와 함께 그러그러한 사자라는 것도 뜻하지 않는다. 그리고 실제로 여기에서 사자라는 종(種)은 한 마리 사자로 보여지는 듯하다. (이는 레싱이 말한 바와 같이,* 어떤 특정한 사자가 그 어떤 사자들을 대치하는 듯하지 않
183 다. "오소리 그림바르트"는 "그림바르트"라는 이름을 지닌 한 마리의 오소리를 뜻하지 않는다.**)

사자들의 집합이 "모든 사자들의 사자"라고 불리고, 나무들의 집합이 "모든 나무들의 나무" 따위로 불리는 어떤 언어를 상상해 보라.—왜냐하면 그 사람들은 모든 사자들이 모여서 한 마리 큰 사자를 형성한다고 상상하기 때문에. (우리는 말한다:"신은 인간을 창조했다.")

그렇게 되면 누군가가 모든 사자들의 수는 확정적이지 않다는 역설을 내세울 수도 있을 것이다.

그렇지만 그러한 언어에서 셈과 계산은 불가능할까?

---

* G.E. Lessing, *Abhandlungen über die Fabeln* (1759) 참조—편집자 주(증보판).

** 이 문장을 의역하면 다음과 같다:"별주부"는 "별주부"라는 이름을 지닌 한 마리의 거북이를 뜻하지 않는다—옮긴이 주.

30. 우리는 다음과 같이 질문할 수도 있다: "나는 항상 거짓말한다"와 같은 문장은 인간의 삶에서 어떤 역할을 할 수 있는가? 그리고 이 점에 대해 우리는 다양한 것들을 상상할 수 있다.

31. 인치로 된 길이를 센티미터로 환산하는 것은 논리적 추론인가? "그 실린더의 길이는 2인치다. —따라서 그것의 길이는 대략 5 cm이다." 이것은 논리적 추론인가?

그렇다. 그러나 하나의 규칙은 자의적인 것이 아닌가? 즉 내가 확정해 놓은 어떤 것? 그리고 나는 곱셈 18×15가 270을 산출시키지 않아야 한다고 확정할 수 있을까? —왜 그럴 수 없는가? —그러나 그렇게 되면 그 곱셈은, 내가 먼저 확정해 놓았고 그 사용에 대해 내가 연습했던 규칙에 따라 단지 일어나지 않았을 뿐이다.

도대체 어떤 규칙으로부터 따라나오는 것은 다시 하나의 규칙인가? 그리고 만일 그렇지 않다면—어떤 종류의 명제를 나는 규칙이라고 불러야 하는가?

"인간에게는… 하나의 대상을 그 자신과 다른 것으로서 인정하는 것은 불가능하다." 그렇다. 내가 어떻게 그 일이 이루어지는지를 조금이라도 알고 있다면—나는 곧바로 시도했을 것이다! —그러나 만일 우리에게 하나의 대상을 그 자신과 다른 것으로서 인정하는 것이 불가능하다면, 두 개의 대상을 서로 다른 것으로서 인정하는 것은 아주 가능한가? 가령 내 앞에 두 개의 의자가 있고, 나는 그것들이 두 개라는 것을 인정한다. 그러나 여기에서 나는 어떤 상황에서는 확실히 그것이 그저 하나일 뿐이라고 믿을 수도 있다; 그리고 이러한 의미에서 나는 한 개의 의자를 두 개의 의자로 간주할 수도 있다. —그러나 그와 함께 나는 그 의자가 그 자신과 다른 것이라고 인정하고 있지 않다! 정말 그렇다; 그러나 그렇다면 나는 그 두 개를 서로 다르다고 인정하지도 않았다. 이것을 할 수 있다고 믿고 있고, 일종의 심리학적 놀이를 하고 있는 사람은 이것을 몸짓 놀이로 번역한다. 그는 자기 앞에 두 개의 대상이 놓여 있으면 양손으로 두 대상을 하나씩 가리킨다; 말하자면 그것들이 독립된 것임을 그가 암시하고자 하는 듯. 만일 그 사람 앞에 오직 하나의 대상이 놓여 있다면, 그는 그 대상과 그 대상 자체간에 어떤 구별도 지을 수 없다는 것을 암시하기 위해서 양손으로 그것을 가리킨다. —그러나 그렇다면 왜 우리는 그 반대 놀이를 해서는 안 되는가?

184 32. 낱말 "옳은"과 "그른"은 규칙에 따라 진행해 나가는 과정에서 교육할 때 사용된다. "옳은"이라는 낱말은 그 학생으로 하여금 계속하게 하며, "그른"이라는 낱말은 그만두게 한다. 그렇다면 그 학생에게 그 낱말 대신에 "이것은 이 규칙과 일치한다—저것은 그렇지 않다"라고 말함으로써 이들 낱말을 설명할 수 있을까? 그야, 만일 그가 일치라는 개념을 갖고 있다면. 그러나 만일 바로 이것이 비로소 형성되어야만 한다면 어떻게 되는가? (문제는 그가 "일치하다"라는 낱말에 어떻게 반응하느냐이다.)

우리는 "일치"라는 낱말의 사용을 먼저 배움으로써 어떤 규칙을 따르는 것을 배우지 않는다.

오히려 어떤 규칙을 따르는 것을 배움으로써 "일치"의 의미를 배운다.

"규칙 따르기"가 무엇을 뜻하는지를 이해하고자 하는 사람은, 이미 그 자신이 어떤 규칙을 따를 수 있어야만 한다.

"만일 당신이 이 규칙을 받아들인다면, 당신은 이것을 해야만 한다." —이것은 다음을 뜻할 수 있다: 그 규칙은 여기에서는 당신에게 두 길을 허용하지 않는다. (수학적 명제.) 그러나 내가 의미하는 것은 다음과 같다: 그 규칙은 단단한 벽으로 된 통로와 같이 당신을 인도한다. 그러나 이에 반해서 혹자는 이 규칙은 온갖 가능한 방식으로 해석될 수 있다고 확실히 반대할 수 있다.—여기에서 그 규칙은 명령과 흡사하며, 그 효과도 역시 명령과 흡사하다.

33. 어떤 다른 것을 가져오는 언어 놀이, 동일한 것을 가져오는 언어 놀이. 자, 우리는 어떻게 그 놀이가 행해지는지 상상할 수 있다.—그러나 어떻게 나는 그것을 어떤 사람에게 설명할 수 있는가? 나는 그에게 이런 가르침을 줄 수 있다.—그러나 그렇다면 그가 그 다음 번에 '동일한 것'으로서 무엇을 가져와야 할지를 그는 어떻게 아는가?—무슨 권리로 나는 그가 옳은 것 또는 잘못된 것을 가져왔다고 말할 수 있는가?—나는 물론 어떤 경우에 사람들이 반대하는 태도를 보이며 나에게 대들 것이라는 것도 잘 알고 있다.

그렇다면 이는 이제 가령 "동일한"의 정의가 다음과 같다는 것을 뜻하는가? 즉 동일함이란 모든 혹은 대부분의 인간이 일치하여 그렇게 간주하는 것이라고?—물론 그렇지 않다.

왜냐하면 동일성을 확인하기 위해 나는 당연히 인간의 일치를 사용하지 않기 때문이다. 그렇다면 당신은 어떤 기준을 사용하는가? 전혀 아무것도.

정당화 없이 낱말을 사용한다는 것은, 그것을 부당하게 사용한다는 것을 뜻하지 않는다.

앞의 언어 놀이의 문제는 당연히 나에게 빨간 것을 가져오라 하는 언어 놀이에도 존재한다. 왜냐하면 어떤 것이 빨갛다는 것을 나는 무엇으로부터 식별하는가? 그 색과 어떤 견본과의 일치로부터?—무슨 권리로 나는 "그렇다. 그것은 빨갛다"라고 말하는가? 자, 나는 그렇게 말하며, 그것은 정당화될 수 없다. 그리고 모든 인간이 아무런 걱정 없이
185 그것에 동의할 수 있다는 점은, 앞의 언어 놀이에서와 마찬가지로 이
언어 놀이에도 특징적이다.

수학의 미결정적인 명제는 규칙으로서도, 그 반대 규칙으로서도 승인되지 않는 것이며, 수학적 진술의 형식을 지니고 있다. —그러나 이 형식은 명확하게 경계지어진 개념인가?

$\lim_{n \to \infty} \phi n = e$가 (가령) 어떤 음악 작품의 속성이라고 상상해 보라. 그러나 물론 그 작품이 끝없이 계속 나아가는 그러한 속성이 아니라, 귀로 식별 가능한 그 작품의 속성(말하자면 대수적 속성)으로서 말이다.

장식물(벽지 견본)로서 사용되는 방정식들을 상상하고, 이제 어떤 종류의 곡선에 그것들이 대응하는지를 알아낼 목적으로 이 장식물을 검사하는 경우를 상상해 보라. 그 검사는 음악 작품의 대위법적인 속성에 대한 검사와 유사할 것이다.

34. '777'이라는 형태가 π의 소수 전개에서 나타난다는 것을 보여주지만, 어디에서 나타나는지는 보여주지 못하는 증명. 자, 그렇게 증명되었다면 이 '존재 정리'(Existenzsatz)는 어떤 목적을 위해서는 전혀 규칙이 아닐 것이다. 그러나 그것은 예컨대 소수 전개 규칙을 분류하는 수단으로 이용될 수 없을까? 가령 유사한 방식으로 '777'이 π^2에 나타나지 않지만 $\pi \times e$ 따위에는 나타난다고 증명될 것이다. 문제는 그저 이럴 것이다:즉 그 문제가 되는 증명에 대해 그것이 이 소수 전개에서 '777'의 존재를 증명한다고 말하는 것은 합리적인가? 이것은 단순히 오도적일 수 있다. 그것은 바로 수학에 있어서의 산문의 저주이며, 특히 러셀의 산문의 저주이다.

예컨대 신이 모든 무리수를 다 알고 있다고 말한다면 무엇이 해롭게 되는가? 또는:그것들은, 비록 우리가 그것들 중에 어떤 것만을 알고 있다 하더라도, 이미 다 거기에 있었다고 말한다면? 왜 이 그림들은 무해하지 않은가?

왜냐하면 한 가지는 그것들이 어떤 문제들을 은폐시키기 때문에.

사람들이 π의 소수 전개를 한없이 계속해서 계산해 나간다고 가정하자. 전지한 신은 따라서 세계의 종말의 시간까지 그들이 '777'에 이르게 될 것인지의 여부를 알고 있다. 그러나 그의 전지성은 세계의 종말 이후에 인간이 그 형태에 이를 것인지를 결정할 수 있는가? 그럴 수 없다. 나는 이렇게 말하고 싶다: 신도 역시 수학적인 것을 오직 수학에 의해서만 결정할 수 있다고. 그에게도 역시 그 단순한 소수 전개 규칙은 그것이 우리에게 결정해 주지 않는 어떤 것도 결정해 줄 수 없다고.

우리는 그 점을 다음과 같이 말할 수도 있을 것이다: 만일 소수 전개 규칙이 우리에게 주어졌다면, 이제 어떤 계산은 다섯번째 자리에 숫자 '2'가 있다는 것을 우리에게 가르쳐 줄 수 있다. 이것을 신은 이 계산 없이 그저 소수 전개 규칙으로부터 알 수 있었을까? 나는 이렇게 말하고 싶다: 아니다.

186 35. 내가 수학에 대해서 수학의 명제는 개념들을 형성한다고 말했을 때, 이 말은 모호하다; 왜냐하면 '2+2=4'는 '$p \supset p$', '$(x).fx \supset fa$' 또는 데데킨트의 정리와는 다른 의미에서 한 개념을 형성하기 때문이다. 요컨대 경우들의 가족이 있다.

무한 소수의 형성에 대한 규칙의 개념은—당연하게도—결코 특수한 수학적 개념이 아니다. 그것은 인간적 삶 속에서 확고하게 결정되는 활동과 관련된 개념이다. 이 규칙의 개념은 규칙 따르기의 개념보다도 더 수학적인 것은 아니다. 또는: 후자가 그러한 규칙 자체의 개념보다도 덜 날카롭게 정의된 것은 아니다. —실제로 규칙의 표현과 그 의미는 단지 언어 놀이의 일부분 즉 규칙 따르기일 뿐이다.

우리는 일반적으로 그러한 규칙들에 대해서 그 규칙들을 따르는 활동에 대해 말하는 것과 동일한 권리로 이야기할 수 있다.

사람들은 물론 예컨대 규칙에 대해서 "우리의 개념에 이미 그 모든 것이 놓여 있다"라고 말한다. —그러나 그 말이 뜻하는 것은 우리가 이 개념 결정에로 나아가는 경향이 있다는 것이다. 왜냐하면 이 모든 결정을 이미 포함하는 그 무엇을 우리는 도대체 머리 속에 지니고 있는가?!

수는 프레게가 말했듯이 개념의 속성이다——그러나 수학에서 수는 수학적 개념의 징표이다. $\aleph_0$은 기수의 개념의 징표이고, 하나의 기술(技術)의 속성이다. $2^{\aleph_0}$은 무한 소수의 개념 징표이지만, 이 수는 무엇의 속성인가? 다시 말해: 어떤 종류의 개념에 대해서 사람들은 그것을 경험적으로 주장할 수 있는가?

---

36. 한 명제의 증명은 내가 그 명제가 참이라는 것에 의거해서 무엇을 하고자 하는지를 보여준다. 그리고 다른 증명들도 나로 하여금 동일한 것을 하게끔 할 수 있다.

놀라운 것은 역설인데, 이것은 오직 어떤, 말하자면 결함 있는 환경에서만 역설이다. 사람들은 역설로 보이는 것이 더 이상 그렇게 보이지 않게끔 이 환경을 보충해야만 한다.

만일 내가 18×15=270임을 증명했다면, 그와 함께 나는 또한 '18×15'라는 기호에 어떤 변형 규칙을 적용함으로써 '270'이라는 기호를 얻는다는 기하학적 명제를 증명한 것이다. —그러면 이제 그 어떤 독약에 의해서 명확하게 볼 수 없거나 올바르게 기억할 수 없는 사람들이 (지금 우리가 표현하고자 하는 것처럼) 이 계산에서 '270'을 얻지 못한다고 가정해 보자. —만일 어떤 사람이 정상적인 상황에서 산출해 낼 것을
187 계산에 따라 올바르게 예측할 수 없다면 그 계산은 쓸모없는 것 아닌가? 자, 설령 그렇다 하더라도, 바로 그 점이 '18×15=270'이라는 명제가 '사람들은 일반적으로 그와 같이 계산한다'라는 경험적 명제라는 점

을 보여주지 않는다.

한편 계산하는 사람들의 일반적인 일치가 사람들이 "계산"이라고 부르는 모든 것의 특징적인 징표인지는 명확하지 않다. 나는 이렇게 상상할 수도 있다. 계산하기를 배운 어떤 사람들이 특정한 상황에서, 가령 마약의 영향 아래서 서로 다르게 계산하기 시작했고 이 계산을 사용했다; 그리고 사람들은 이제 그들이 전혀 계산하지 않았다거나 계산 능력이 없다고 말하지 않으며, 오히려 그들의 계산을 합리적인 절차로서 받아들인다고 말한다.

그러나 최소한 그들은 동일한 계산을 하도록 훈련되어야만 하지 않는가? 이 점은 계산의 개념에 속하지 않는가? 나는 우리가 여기에 대해서도 여러 일탈 사례를 상상할 수 있을 것이라고 믿는다.

37. 수학이 실험적 탐구 방법, 문제 설정을 가르쳐 준다고 말할 수 있는가? (173면). 자, 예컨대 어떤 한 물체가 어떤 한 포물선의 방정식에 따라 운동하는지의 여부를 질문할 수 있도록 수학이 나에게 가르쳐 준다고 말할 수 없는가? —그러나 이 경우에 수학이 하는 것은 무엇인가? 그것이 없다면 또는 수학자가 없다면 우리는 물론 이 곡선의 정의에 도달하지 못했을 것이다. 그러나 이 곡선을 정의하는 것은 이미 수학이었는가? 예컨대 실 한 가닥과 못 두 개로 이루어지는 타원의 작도에 의해서 어떤 물체의 궤적을 나타낼 수 있는지에 의거해서 사람들이 그 물체의 운동을 연구했다면, 이는 수학을 전제했는가? 이런 종류의 탐구를 발명한 사람이라면 누구나 다 수학을 하고 있었던 것인가?

그는 어떤 새로운 개념을 창조했다. 그러나 수학과 같은 방식으로 이것을 했는가? 이것은 $18 \times 15 = 270$이라는 곱셈이 우리에게 새로운 개념을 주는 방식과 같은가?

38. 그렇다면 수학이 우리에게 셈을 가르친다고 말할 수 없는가? 그러나 만일 그것이 우리에게 셈을 가르친다면, 왜 그것은 또한 색깔을

서로 비교하는 법을 가르치지 않는가?

명확하게도 만일 어떤 사람이 우리에게 타원의 방정식을 가르친다면, 그는 우리에게 새로운 개념을 가르치고 있다. 그러나 만일 어떤 사람이 이 타원과 이 직선이 이 점들에서 교차한다는 것을 우리에게 증명해 보인다면, 이제 그는 또한 우리에게 새로운 개념을 주고 있는 것이다.

타원의 방정식을 우리에게 가르치는 것은 우리에게 셈을 가르치는 것과 유사하다. 더구나 그것은 우리에게 다음과 같은 질문을 하도록 가르치는 것과 유사하다: "여기에 있는 구슬은 저기에 있는 구슬의 100배인가?"

188 만일 내가 이제 어떤 언어 놀이에서 어떤 사람에게 이 질문과 그것에 대답하는 방법을 가르쳤다면, 나는 그에게 수학을 가르친 것인가? 또는 그저 그가 기호들로 조작을 하기만 하면 그렇게 되는 것인가?

(그것은 가령 다음과 같이 묻는 것과 같을 것이다: "오직 유클리드의 공리들로만 이루어진 것도 기하학일 것인가?")

산술이 우리에게 "얼마나 많이?"라는 물음을 가르친다면, 왜 그것은 또한 "얼마나 어두운가?"라는 물음을 가르치지 않는가?

그러나 "여기에 있는 구슬은 저기에 있는 구슬의 100배인가?"라는 물음은 확실히 수학적인 물음이 아니다. 그리고 그 대답도 수학적 명제가 아니다. 수학적인 물음은 다음일 것이다: "구슬 170개는 구슬 3개의 100배인가?" (더구나 이것은 응용 수학이 아니라 순수 수학의 물음이다.)

이제 나는 이렇게 말해야 하는가? 즉 셈과 그와 유사한 것을 우리에게 가르치는 사람은 우리에게 새로운 개념을 주는 것이며, 마찬가지로 그러한 개념으로 우리에게 순수 수학을 가르치는 사람도 그러하다고?

새로운 개념 결합은 새로운 개념인가? 그리고 수학은 개념 결합들을 창조하는가?

"개념"이라는 낱말은 참으로 너무나 모호하다.

수학은 우리에게 새로운 방식으로 개념들을 가지고 조작하는 것을 가르친다. 그리하여 우리는 수학이 우리의 개념적 작업을 변화시킨다고 말할 수 있다.

그러나 그야말로 증명되었거나 또는 공준으로서 가정된 수학적 명제가 그렇게 하는 것이지, 문제 있는 명제가 그렇게 하는 것은 아니다.

---

39. 그러나 우리는 수학적으로 실험할 수 없는가? 예컨대 정사각형 종이를 고양이의 머리 모양으로 접을 수 있는지 시행해 보는데, 이때 빳빳함이나 탄력성 따위의 그 종이의 물리적 속성들을 문제 삼지 않는다면? 그러면 확실하게 우리는 여기에서 시행에 대해 말하고 있다. 그렇다면 왜 실험에 대해 말하고 있는 것은 아닌가? 이 경우와 유사한 것은 $x^2+y^2=25$라는 방정식에서 그 방정식을 만족시키는 것을 발견해 내기 위해 시행 착오를 겪으면서 수들의 순서쌍을 대입시켜 보는 경우이다. 그리고 드디어 $3^2+4^2=25$에 도달한다면, 이 명제는 이제 실험의 결과인가? 도대체 왜 우리는 그 과정을 시행이라고 불렀는가? 만일 어떤 사람이 언제나 단번에 완전한 확신을 가지고(확신한다는 표시를 보이며) 그 문제를 풀어 버리지만 계산 없이 그러했다면, 우리는 이를 또한 그렇게 불렀을까? 여기에서 실험은 무엇에 있는가? 그가 그 해답을 주기 전에 그 해답이 그에게 환영처럼 보인다고 가정해 보자. —

189 40. 형태들을 더할 때 그 변들이 융합되도록 더하는 것은 우리의 삶에서 아주 사소한 역할을 한다. —

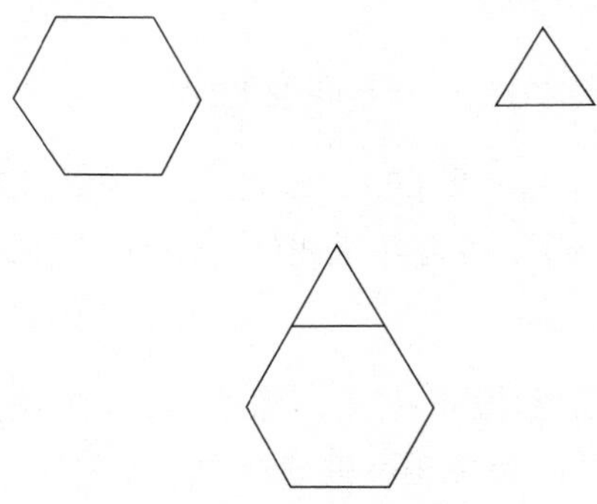

위의 두 도형이 아래의 도형을 산출할 때와 같이. 그러나 만일 이것이 어떤 중요한 조작이었다면, 우리의 일상적인 산술적 덧셈의 개념은 아마도 달랐을 것이다.

정사각형 종이 조각을 (어떤 규칙들에 따라) 배, 모자 등으로 접을 수 있다는 것은 우리에게는 자연스럽게도 물리학이 아니라 기하학의 문제로서 간주될 것이다. 그러나 그렇게 이해된 기하학은 물리학의 일부분이 아닌가? 그렇다;우리는 기하학을 물리학으로부터 분리시킨다. 기하학적 가능성을 물리적 가능성으로부터. 그러나 만일 우리가 그것들을 함께 둔다면 어떻게 되는가? 만일 사람들이 그저 "만일 당신이 이 종이 조각으로 그렇게, 그렇게, 그렇게 하면 이것이 산출될 것이다"라고 말했다면? [그렇게] 해야 할 일은 시구(詩句)로 표현될 수도 있을 것이다. 그렇다면 어떤 사람이 그 두 가지 가능성을 전혀 구별하지 않는 것은 가능하지 않은가? 가령 이 기술을 배운 어떤 어린 아이처럼. 그 어린 아이는 이 종이 접기의 결과가, 그 종이가 그때 그러그러한 방식으로 펴지고 접혀지기 때문에 가능한 것인지, 아니면 접혀지지 않기 때문에 가능한 것인지 알지 못하며, 또 그 점에 대해서 생각하지도 않는다.

그렇다면 이제 그것은 산술에서도 마찬가지 아닌가? 왜 사람들이 수학적 사실과 물리학적 사실이라는 개념 없이 계산하는 법을 배울 수 없어야 하는가? 그들은 주의하면서 그들이 배운 것을 할 때 항상 그것이 산출되어 나온다는 것을 그저 알고 있을 뿐이다.

우리가 계산하는 동안에 종이 위의 숫자들이 돌발적으로 변해 버린다고 상상해 보라. 1은 갑자기 6으로 되어 버리고, 그러고 나서 5로 되며, 다시 1로 되는 식으로 말이다. 그리고 나는 이런 사실로 해서 그 계산에서 변하는 것은 전혀 아무것도 없다고 일단 가정하고 싶은데, 왜냐하면 내가 계산하기 위해서 또는 적용하기 위해서 어떤 숫자를 읽자마자, 그 숫자는 다시 우리가 계산할 때 지니는 바로 그 숫자로 되기 때
190 문이다. 그렇지만 동시에 사람들은 계산하는 도중에 숫자들이 어떻게 변하는지를 당연히 볼 것이며, 그럼에도 우리는 그 점을 더 이상 염려하지 않도록 지도받았다.

이 계산은 당연하게도 비록 우리가 위의 가정을 하지 않더라도 유용한 결과에로 이를 수도 있을 것이다.

여기에서 우리는 엄격하게 규칙에 따라 계산하지만, 그래도 이 결과가 산출되어야만 하는 것은 아니다. ―나는 숫자들이 변할 때 우리가 어떤 종류의 규칙성도 보지 못하는 경우를 가정하고 있다.

나는 이렇게 말하고 싶다: 우리는 이 계산 과정을 실제로 실험으로 파악할 수도 있을 것이고, 그래서 예컨대 "내가 이 규칙을 적용하면, 무엇이 지금 산출될지를 시행해 보자"라고 말할 수도 있을 것이다.

또는: "다음과 같이 실험을 해보자: 우리는 이 화합물 …로 된 잉크로 그 숫자를 쓰고 나서 …라는 규칙에 따라 계산한다."

이제 당신은 당연히 다음과 같이 말할 수도 있을 것이다: "이 경우에 규칙에 따른 그 숫자들의 조작은 전혀 계산이 아니다."

"우리는 오직 결과의 배후에 …여야만 함(Muß, 필연성)이 존재할 때에만 계산하고 있는 것이다."―그러나 지금 우리가 이 …여야만 함을 알지 못한다고 하면―그럼에도 불구하고 그것은 계산에 포함되는가?

또는 만일 우리가 아주 소박하게 그것을 한다면, 우리는 계산을 하고 있지 않은가?

다음의 경우는 어떠한가?: 계산하지 않는 사람이 한번은 이 결과를 얻고, 또 한번은 저 결과를 얻으며, 어떤 오류도 발견할 수 없을 때, 그 점에 만족하고서 다음과 같이 말한다: 이는 여전히 알려지지 않은 어떤 상황들이 그 결과에 영향을 끼치고 있다는 것을 그저 보여주고 있다.

이것은 다음과 같이 표현될 수도 있을 것이다: 만일 계산이 당신에게 어떤 인과적 연관을 드러내 보인다면, 당신은 계산을 하고 있지 않다.

어린 아이들은 계산 속에서 훈련될 뿐만 아니라, 어떤 계산의 오류에 대해 아주 특정한 태도를 받아들이도록 훈련된다.

내가 말하고 있는 것은 다음에 상당하는데, 수학은 규범적이라는 것이다. 그러나 "규범"은 "이상"과 동일한 것을 의미하지 않는다.

41. 새로운 추론 규칙의 도입은 새로운 언어 놀이에로의 이행으로서 파악될 수 있다. 나는 다음의 언어 놀이를 상상하고 있는데, 가령 한 사람이 '$p \supset q$'라고 발화하고, 다음 사람은 'p'라고 발화하며, 세번째 사람은 결론을 이끌어 낸다.

42. 한 평면이 빨갛고 파랗게 색칠되어 있다는 것을 관찰하면서, 그 평면이 빨갛다는 것을 관찰하지 못하는 것은 가능한가? 사람들이 반은 빨갛고 반은 파란 것들에 일종의 색채 형용사를 사용한다고 상상해 보라. 사람들이 그것을 '빨란'이라고 부른다고 하자. 그러면 이제 어떤 것이 '빨란'인지를 관찰할 수 있게끔 훈련받은 어떤 사람이, 그것이 또한 빨갛다는 것을 관찰할 수 없게끔 훈련받을 수 없을까? 이 사람은 그렇
191 다면 "빨란이다"라거나 "빨란이 아니다"라고 보고하는 것만을 알게 될 것이다. 그리고 전자의 보고로부터 우리는 그 사물이 부분적으로 빨갛

다는 결론을 이끌어 낼 수도 있을 것이다.

나는 관찰이 어떤 심리학적인 체(Sieb)를 통해 일어난다고 상상하고 있는데, 그 심리학적인 체는 예를 들어 평면이 파랑-하양-빨강이라는 사실(프랑스의 삼색기) 또는 그렇지 않다는 사실만을 통과시킨다.

만일 이제 그 관찰이 평면이 부분적으로 빨갛다는 특수한 관찰이라면, 어떻게 앞의 관찰로부터 이 관찰이 논리적으로 따라나오는가? 확실히 논리학은 우리에게 우리가 무엇을 관찰해야만 하는지를 말해 줄 수 없다.

어떤 사람이 상자에 있는 사과를 세고 있다; 그는 100까지 센다. 어떤 다른 사람이 말한다: "따라서 그 상자에는 어쨌든 사과가 50개 있다" (이것이 그를 흥미롭게 하는 전부이다). 그것은 확실히 논리적 결론이다. 그러나 그것은 또한 특수한 경험이 아닌가?

43. 몇 개의 띠들로 구분된 어떤 평면이 몇몇 사람에 의해 관찰되고 있다. 그 띠의 색깔들은 매분마다 모두 동시에 변한다.

지금 그 색깔은 빨강, 초록, 파랑, 하양, 검정, 파랑이다.

다음이 관찰된다:

빨강. 파랑 ⊃ 검정. ⊃. 하양*

---

* 이 페아노의 기호법은 이 책의 초판과 증보판에서 상이하게 사용되고 있는데 여기에서는 증보판을 따랐다. 그리고 이를 현대적인 기호법으로 옮기면 다음과 같다:

또한 다음이 관찰된다:

~초록 ⊃ ~하양

그리고 어떤 사람은 다음의 결론을 이끌어 낸다:

~초록 ⊃: 빨강. 파랑. ~검정*

그리고 여기에서 함언은 러셀의 의미에서의 '실질 함언'이다.

그러나 그렇다면 다음은 관찰 가능한가?

빨강. 파랑 ⊃ 검정. ⊃. 하양

우리는 색깔들의 배열을, 그러니까 가령 빨강. 파랑. 검정. 하양**이라는 것을 관찰하고 나서 그 명제를 도출하지 않는가?

그러나 어떤 사람은 한 평면을 관찰하면서, 그것이 초록으로 될 것이냐 아니면 초록이 아닌 색으로 될 것이냐라는 문제에 완전히 사로잡힐 수 없는가? 그리고 그가 이제 ~초록임을 보게 되면, 그는 그 평면의 특수한 색깔에 주의해야만 하는가?

192 그리고 어떤 사람은 빨강. 파랑 ⊃ 검정. ⊃. 하양이라는 국면에 완전히 사로잡힐 수 없을까? 예를 들어 만일 그가 다른 모든 것은 잊어버리고, 오직 이 관점에서만 평면을 보게끔 배웠다면 말이다. (사람들에게는 특정한 상황에서 대상들이 빨간색인지 초록색인지는 아무렇지도 않지만, 그 대상들이 그 색깔들 중의 하나인지 아니면 제 3의 색깔을 지니는지는 중요할 수도 있을 것이다. 그리고 이 경우 "빨강 또는 초록"에 대한 어떤 색채어가 존재할 수도 있을 것이다.)

((빨강 · 파랑) ⊃ 검정) ⊃ 하양

그리고 물론 여기에서 색채어, 예컨대 "빨강"은 "첫번째 띠의 색깔은 시간 t에서 빨강이다"와 같은 하나의 문장으로 이해되어야 할 것이다—옮긴이 주.

* ~초록 ⊃ ((빨강 · 파랑) · ~검정)—옮긴이 주.

** 빨강 · 파랑 · 검정 · 하양—옮긴이 주.

그러나 사람들이

빨강.파랑 ⊃ 검정. ⊃. 하양

그리고

~초록 ⊃ ~하양

을 관찰할 수 있다면, 사람들은 다음을 추론할 뿐만 아니라 관찰할 수도 있다:

~초록 ⊃: 빨강.파랑. ~검정

만일 이것이 세 가지 관찰이라면, 세번째의 관찰이 앞의 두 개의 관찰로부터의 논리적 결론과 일치하지 않는 것도 또한 가능해야만 한다.

그렇다면 다음은 상상 가능한가?: 어떤 사람은 한 평면을 관찰할 때, 빨강-검정의 조합(가령 깃발과 같이)을 보지만, 만일 그가 그 두 개의 반쪽들 중의 하나를 보려고 초점을 맞추면, 그는 빨강 대신에 파랑을 보게 된다는 것. 글쎄, 어쨌든 당신은 바로 그것을 기술했다. —그것은 가령 다음과 흡사하다: 즉 어떤 사람이 한 무더기의 사과를 보게 되면, 그에게는 항상 그것들이 각기 두 개의 사과들로 된 두 무더기로 보이지만, 그가 한눈에 전부를 파악하려고 하자마자 그것들은 그에게 5개로 보인다. 이것은 아주 주목할 만한 현상일 것이다. 그리고 그것은 그 가능성에 대해 우리가 주목하는 현상은 전혀 아니다.

마름모가 다이아몬드형으로 보일 때, 평행사변형인 것처럼 보이지 않는다는 것을 기억하라. 이는 마주보는 변들이 평행하게 보이지 않아서가 아니라, 평행사변형이 우리에게 떠오르지 않기 때문이다.

44. 나는 다음을 상상할 수도 있을텐데, 즉 어떤 사람이 자신은 빨갛고 노란 별표를 보지만 노란 것은 아무것도 보지 못한다고 말한다—왜냐하면 그에게는 말하자면 그 별표를 색칠된 부분들의 조합으로서 보면

서 그것을 분리시키는 능력이 없기 때문이다.

예컨대 그 사람 앞에 다음과 같은 도형들이 있다:

193 그는 빨간 오각형을 보고 있느냐고 질문을 받으면 "그렇다"라고 말할 것이며, 노란 오각형을 보고 있느냐고 질문을 받으면 "아니오"라고 말할 것이다. 마찬가지로 그는 파란 삼각형을 보고 있지만 빨간 삼각형은 보고 있지 않다고 말한다. ―[그것에] 주의하게 하면, 그는 가령 이렇게 말했을 것이다: "그렇다. 지금 나는 그것을 보고 있다; 나는 그 별표를 그렇게 파악하지 않았던 것이다."

그리고 마찬가지로 그에게는, 사람들이 그 형태들을 분리시킬 수 없기 때문에 그 별표에서의 색깔들도 분리시킬 수 없다고 여겨질 수도 있을 것이다.

만일 당신이 어떤 전경 속으로 나아감에 있어서 어떤 경치를 어떤 다른 경치에 이르렀을 때 잊어버릴 정도로 아주 천천히 나아간다면, 당신은 그 전경의 지리를 조망하는 것을 배울 수 없다.

45. 왜 나는 항상 규칙에 의한 강제에 대해서 말하는가? 내가 그 규칙을 따라가고자 할 수 있다는 것에 대해서는 왜 말하지 않는가? 왜냐하면 이것 또한 마찬가지로 중요하기 때문이다.

그러나 나는 규칙이 나를 그렇게 행위하도록 강제한다고는 확실히 말하고 싶지 않다. 오히려 규칙은, 내가 그 규칙에 의해 제지되고, 또 그것에 의해 강제되고 하는 것을 가능하게 한다고 말하고 싶다.

그리고 예컨대 어떤 놀이를 하는 사람은 그 규칙에 의해 제지받는다. 그리고 사람들이 오락을 위해 규칙을 세우고, 그러고 나서 그것에 따라 제지받는다는 것은 흥미로운 사실이다.

나의 물음은 참으로 다음과 같다: "어떻게 사람들은 규칙에 의해 제지받을 수 있는가?" 그리고 여기에서 어떤 사람에게 떠오를 수도 있을 그림이란 어떤 짧은 난간의 그림인데, 나는 그 난간에 의해 그 난간이 미치는 것보다 더 멀리 나 자신을 끌고 가야 한다. 【그러나 거기에는 아무것도 있지 않다[그러나 거기에는 무無가 존재한다]; 그러나 거기에는 아무것도 없는 것은 아니다!】 왜냐하면 내가 "어떻게 사람들은 …을 할 수 있는가?"라고 질문할 때 그것이 뜻하는 것은, 여기에서 뭔가가 나에게 역설적으로 보인다는 것이며, 그래서 어떤 그림이 나를 혼란스럽게 한다는 것이기 때문이다.

"나는 그것이 또한 빨갛다고는 전혀 생각해 보지 않았다; 나는 그것을 여러 가지 색깔로 된 장식물의 일부분으로만 보았다."

논리적 추론은, 어떤 특정한 범형을 따르면 정당화되고 그 정당성은 다른 어떤 것에도 의존하지 않는 이행이다.

46. 우리는 "만일 당신이 곱셈을 할 때 실제로 그 규칙을 따른다면, 당신은 동일한 것을 산출해야만 한다"라고 말한다. 이제 만일 이것이 그저 뭔가 히스테릭한 대학 언어의 표현법일 뿐이라면, 그것이 우리에게 아주 흥미로운 것일 필요는 없다.

그러나 그것은, 우리의 삶의 도처에서 드러나는 계산 기술에 대한 어떤 태도에 관한 표현이다. …여야만 함에 대한 강조는 계산 기술과 셀 수 없이 많은 유사한 기술들에 대한 이러한 태도의 엄정성에 대응할 뿐이다.

194 수학적 …여야만 함은 수학이 개념들을 형성한다는 것에 대한 또 다

른 표현일 뿐이다.

그리고 개념들은 파악에 이바지한다. 그것들은 사태에 대한 특정한 처리에 대응한다.

수학은 규범들의 그물을 형성한다.

47. *A* 또는 *B*를 보는 것 없이, *A*와 *B*로 된 복합체를 보는 것은 가능하다. 이 복합체를 "*A*와 *B*의 복합체"라고 부르고, 이제 이 지칭이 이 복합체 전체가 *A*와 지니는, 그리고 *B*와 지니는 일종의 유사성을 지적해 준다고 생각하는 것도 가능하다. 따라서 어떤 사람이 *A*와 *B*로 된 복합체를 보고 있지만 *A*도 *B*도 보고 있지 않다고 말하는 것은 또한 가능하다. 가령 어떤 사람이 여기에 있는 것이 주황색이지만, 빨갛지도 않고 노랗지도 않다고 말할 수도 있듯이.

그러면 나는 내 앞에 *A*와 *B*가 있을 때 둘 다를 보지만, 오직 $A \vee B$만을 관찰할 수 있는가? 자, 어떤 의미에서는 이는 확실히 가능하다. 더구나 나는 그것을 다음과 같이 생각했다: 그 관찰자는 어떤 [특정한] 관점에 사로잡혀 있다; 가령 그는 그의 앞에 어떤 특정한 종류의 범형을 두고 있으며, 어떤 특정한 적용의 연습을 하고 있는 중이다라고. —그리고 그가 이제 $A \vee B$에 초점을 맞출 수 있는 것과 마찬가지로, 그는 $A.B$에도 초점을 맞출 수 있다. 그리하여 오직 $A.B$만이 그에게 떠오를 뿐, 예컨대 *A*는 떠오르지 않는다. $A \vee B$에 초점을 맞춘다는 것은 '$A \vee B$'라는 개념으로 그러그러한 상황에 대해 반응한다는 것을 뜻한다. 그리고 물론 $A.B$로도 바로 그렇게 할 수 있다.

가령: 어떤 사람이 오직 $A.B$에만 관심이 있고, 그래서 무엇이 일어나든 그는 오직 "$A.B$" 또는 "$\sim(A.B)$"만을 판단한다고 해보자; 그러면 나는 다음을 상상할 수 있는데, 그는 "$A.B$"를 판단 내리고 "당신은 *B*를 보는가?"라는 질문에 "아니다. 나는 $A.B$를 보고 있다"라고 말한다.

가령 $A.B$를 보지만 $A \vee B$를 보고 있다고는 인정하지 않을 어떤 사람들 처럼.

48. 그러나 평면이 '전부 빨갛다는 것을 보는 것'과 '전부 파랗다는 것을 보는 것'은 확실히 '순수한' 경험들이지만, 그래도 우리는, 사람은 그것들을 동시에 지닐 수 없을 것이라고 말한다.

그런데 만일 그가 이 평면이 실제로 전부 빨갛고 또 동시에 전부 파랗다는 것을 본다고 우리에게 확언한다면? 우리는 이렇게 말해야만 할 것이다: "당신은 우리에게 이해할 수 없는 말을 하고 있다."

우리에게 "1피트=… cm"라는 명제는 비시간적이다. 그러나 우리는 피트자와 미터자가 뭔가 조금씩 점차로 변하고, 그것들이 서로 환산되기 위해서는 그때마다 계속 비교되어야만 하는 경우를 또한 상상할 수 있을 것이다.

그러나 우리에게는 미터와 피트의 길이의 관계가 실험적으로 결정되지 않았는가? 그렇다[실험적으로 결정되었다]; 그러나 그 실험의 결과에는 규칙이라는 낙인이 찍혀졌다.

195 49. 어떤 의미에서 산술의 명제는 우리에게 어떤 한 개념을 준다고 말할 수 있는가? 자, 이제 그것을 명제, 어떤 물음의 결정으로서가 아니라, 어떻게든 승인된 개념들의 결합으로서 해석해 보자.

등호로 연결된 25^2과 625는 이제 나에게 어떤 새로운 개념을 준다고 말할 수 있을 것이다. 그리고 그 증명은 어떤 상황이 이 상등성과 관계하는지를 보여준다. ―"어떤 새로운 개념을 주다"는 어떤 새로운 개념 사용, 어떤 새로운 실천을 도입한다는 것을 뜻할 뿐이다.

"어떻게 사람들은 명제를 그것의 증명으로부터 분리시킬 수 있는가?" 물론 이 물음은 잘못된 생각을 보여주고 있다.

증명은 명제의 한 환경이다.

'개념'은 모호한 개념이다.

50. 사람들이 "개념"이라고 부르려고 하는 것이 모든 언어 놀이에 존재하는 것은 아니다.

개념이란 우리가 대상들을 비교할 때 사용하는 그림과 같은 것이다.

언어 놀이 (2)[1]에는 개념들이 존재하는가? 그러나 우리는 "석판", "벽돌" 등이 개념들이 되게 하는 방식으로 그 언어 놀이를 쉽게 확장할 수도 있을 것이다. 예컨대 그 대상들을 기술하거나 모사하는 어떤 기술에 의해서. 물론 개념들로 행해지는 언어 놀이와 다른 언어 놀이들간의 어떤 날카로운 경계선도 없다. 중요한 것은 "개념"이라는 낱말은 언어 놀이들의 메커니즘 속에서 일종의 방편을 시사한다는 것이다.

51. 어떤 기계 장치를 고려해 보자. 가령 다음을:

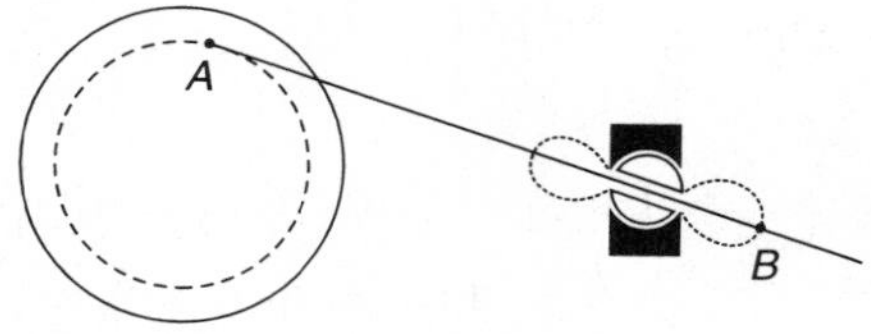

점 *A*가 원을 한 번 그리는 동안에, *B*는 숫자 8을 그린다. 우리는 이제 이것을 운동학적 명제로 적어 놓는다.

내가 그 기계 장치를 가동시킬 때, 그것의 운동은 나에게 그 명제를 증명해 준다; 종이 위에 작도된 것이 하는 것과 마찬가지로. 그 명제는 가령 그려진 점 *A*와 *B*의 행로들이 담긴 그 기계 장치의 그림에 대응한다. 따라서 그 명제는 어떤 관점에서는 그 운동의 그림이다. 그것은 증

1) *Philosophischen Untersuchungen*, §2—편집자 주.

명이 나에게 확신시켜 주는 것을 단단히 붙잡는다. 또는—그것이 나에게 설득시켜 주는 것을.

196 만일 그 증명이 그 규칙에 따라 그 과정을 기록한다면, 그렇게 함으로써 그 증명은 어떤 새로운 개념을 산출한다.

새로운 개념을 산출시키면서 증명은 나에게 뭔가를 확신시킨다. 왜냐하면 이 규칙에 따른 과정들이 항상 동일한 그림을 산출시켜야만 한다는 것이, 이 확신에 본질적이기 때문이다. (이를테면 우리의 일상적인 비교 규칙과 모사 규칙에 따라 '동일한'.)

이는 증명이 어떤 내적 관계의 존재를 보여주어야만 한다고 우리가 말할 수 있다는 점과 관련되어 있다. 왜냐하면 그 내적 관계란 어떤 구조를 다른 구조로부터 산출시키면서 이 이행 자체의 그림과 동등하다고 여겨지는 조작이기 때문이며—그래서 이제 이 일련의 그림들에 따른 이행은 당연히 그러한 조작 규칙들에 따른 이행이기 때문이다.

찾아보기

부 록

찾아보기

[ㅂ]

[ㅅ]

[ㅇ]

[ㅈ]

[ㅊ]

[ㅋ]

[ㅍ]

부 록

초판(1956)/재판(1967)	증보판(1978)	비 고
제 1부 1~133절	제 1부 1~133절	각각 한 절씩 동일함.
	134절	
134~169절	135~170절	각각 한 절씩 동일함.
	171절	
	부론 1 (1~27절)	
	부론 2 (1~13절)	
부론 1	부론 3	
부론 2	제 2부 1, 2절	
1절	3절	
	4, 5절	
1절	6절	
1절	7절	
	8~11절	
2절	12~16절	
3절	17~22절	
4절	23절	
5절	24~27절	
6절	28~32절	
7절	33, 34절	
8절	35~37절	
9절	38, 39절	

초판(1956)/재판(1967)	증보판(1978)	비　고
10절 11절 12절 13절 14절 15절 16절 17절 18절	40, 41절 42～44절 45, 46절 47, 48절 49, 50절 51, 52절 53～57절 58～60절 61, 62절	
제 2부	제 3부	
제 3부 1～41절 42절 43절 44～60절	제 4부 1～41절 43절 42절 44～60절	
제 4부	제 5부	· 증보판에서 초판 15절에서 3개의 소견이 추가됨. · 36절과 39절에서 각각 1개의 소견이 추가됨. · 증보판에서 초판의 53절 두번째 단락이 빠짐.
	제 6부(1～49절)	
제 5부 1～3절 4절 5절	제 7부 1～3절 4, 5절 6절	 · 증보판의 5절에 4개의 소견이 추가됨. · 증보판의 6절에 1개

초판(1956)/재판(1967)	증보판(1978)	비　고
		의 소견이 추가됨.
6절	7절	
	8절	
6절	9절	
7절	10절	·초판 7절과 8절의 소
8절	10절	견들이 증보판에서 순서
8절	11절	가 바뀌어 재배열됨.
9~20절	12~23절	
	24~27절	
21~39절	28~46절	
	47~60절	
40~51절	61~72절	·증보판에서 초판 51절
	73, 74절	에서 5개의 소견들이 추
		가됨.